中华书局
上海聚珍
——出品——

故宫掌门人

1925—1949

章宏伟 著

中华书局

图书在版编目(CIP)数据

故宫掌门人:1925-1949/章宏伟著. —北京:中华书局,2025. 3. —ISBN 978-7
-101-16667-5

Ⅰ. K928. 74

中国国家版本馆 CIP 数据核字第 2024JF6323 号

故宫掌门人 1925-1949

著　　者	章宏伟	
策划编辑	贾雪飞	
责任编辑	吴艳红　周　天	
责任营销	陈思月	
装帧设计	王铭基	
责任印制	管　斌	
出版发行	中华书局	
	(北京市丰台区太平桥西里 38 号　100073)	
	http://www. zhbc. com. cn	
	E-mail:zhbc@ zhbc. com. cn	
印　　刷	河北新华第一印刷有限责任公司	
版　　次	2025 年 3 月第 1 版	
	2025 年 3 月第 1 次印刷	
规　　格	开本/920×1250 毫米　1/32	
	印张 13¼　插页 14　字数 300 千字	
印　　数	1-6000 册	
国际书号	ISBN 978-7-101-16667-5	
定　　价	98.00 元	

章宏伟

历史学博士，故宫博物院研究馆员，南开大学兼职教授、博士生导师，主要研究方向为故宫学、中国图书史与明清史。独著有《出版文化史论》《故宫问学》《十六—十九世纪中国出版研究》《故宫学的视野》《作为学问的故宫学》等，合著有《当代中国的出版事业》《中国编辑出版史》等。曾以总策划、制片人的身份负责故宫博物院与中央电视台合作拍摄电视纪录片《故宫》。

目　录

序 章

◎

故宫掌门人1925—1949

从皇宫到博物院

　　故宫博物院是在明清两代皇宫的基础上建立的。明清两代，有二十四位皇帝在这里统治中国，创造了帝制时代最后的荣光，也吞咽了衰落带来的种种苦果。

　　1912年2月12日，隆裕太后下懿旨，颁布《清帝逊位诏书》（详见章后阅读链接1），决定接受《清室优待条件》（详见章后阅读链接2），同意把政权移让民国政府。根据《清室优待条件》，退位后的溥仪依然住在紫禁城保和殿北面的"后廷"里，享有"大清皇帝"尊号，沿用宣统年号，享受中华民国对待外国君主之礼遇。溥仪在仍居宫内的这段日子里，从稚童成长为了"阳光"青年，不仅接受了最好的教育，还享受着时尚的生活。电灯、相机、电话的使用给溥仪带来了新奇的体验，在宫中骑三枪牌自行车、打网球，和胡适聊新诗，跟庄士敦学习英语，这些美好的经历也丰富了他的观感。在时代风气的潜移默化下，溥仪崇尚西方文明，并对去西方学习抱有期待。

隆裕太后与太监合影

旨朕钦奉

隆裕皇太后懿旨前因民军起事各省响应九夏沸腾
生灵涂炭特命袁世凯遣员与民军代表讨论大局
议开国会公决政体两月以来尚无确当办法南北
暌隔彼此相持商辍於途士露於野徒以国体一日
不决故民生一日不安今全国人民心理多倾向共
和南中各省既倡议於前北方诸将亦主张於后人
心所向天命可知予亦何忍因一姓之尊荣拂兆民
之好恶是用外观大势内审舆情特率皇帝将统治
权公诸全国定为共和立宪国体近慰海内厌乱望
治之心远协古圣天下为公之义袁世凯前经资政
院选举为总理大臣当兹新旧代谢之际宜有南北
统一之方即由袁世凯以全权组织临时共和政府
与民军协商统一办法总期人民安堵海宇乂安仍
合满汉蒙回藏五族完全领土为一大中华民国予
与皇帝得以退处宽闲优游岁月长受国民之优礼
亲见郅治之告成岂不懿欤钦此

宣统三年十二月二十五日

内阁总理大臣臣 袁世凯
外务大臣臣 胡惟德
民政大臣臣 赵秉钧
度支大臣臣 绍英
学务大臣臣 唐景崇
陆军大臣臣 王士珍
海军大臣臣 谭学衡
司法大臣臣 沈家本
农工商大臣臣 熙彦
邮传大臣臣 梁士诒
理藩大臣臣 达寿

《清帝逊位诏书》

驱逐溥仪出宫

1924年9月15日，第二次直奉战争爆发，直系总统曹锟下令讨伐奉系，任吴佩孚为"讨逆军总司令"，率部进攻据守山海关的张作霖奉军，直系将领冯玉祥也奉命率部离京开赴直奉战争前线。10月22日夜，冯玉祥的部队突然倒戈，从滦平前线秘密班师回北京，23日凌晨发动震惊中外的"北京政变"。24日，直系军阀政府被推翻，总统曹锟被囚，吴佩孚的势力被逐出北京。"北京政变"成功后，冯玉祥将军被推为国民军总司令，并成立了中华民国临时执政府，由国民军支持的黄郛担任临时执政府代总理，摄行总统职务。

冯玉祥为了给"北京政变"找一个与革命相关的借口，借由张勋丁巳复辟所提供的口实，主张消灭复辟祸根、驱逐逊帝溥仪出宫。冯玉祥称，民国六年（1917）张勋复辟，破坏共和，捣乱虽

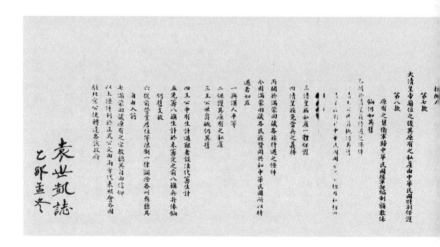

溥仪、润麒、溥杰与英文教师庄士敦于御花园合影

袁世凯在《清室优待条件》上的亲笔签注

在张逆，祸根实在清廷，不取消《清室优待条件》，不把逊帝请出宫，难免有人再搞复辟，共和政体势难安宁。现宜驱逐溥仪出宫，修改优待条件。

冯玉祥是这样评价自己驱逐溥仪出宫之举的：

这摄政内阁虽是过渡时期的政治机构，但成立后，却做了一件富有意义的事，那便是修改《清室优待条件》，驱逐溥仪出宫。

在中华民国的领土内，甚至在中华民国的首都所在地，竟然还存在着一个废清皇帝的小朝廷，这不仅是中华民国的耻辱（稍明事理的人，此时无不以留着辫子为可耻；如今留着溥仪，即不啻为中华民国留了一条辫子，可耻孰甚？），且是中外野心家时刻企图利用的祸根。民六讨伐复辟的时候，我即极力主张扫除这个奇怪的现象，铲除这一个祸根，可是当时竟未如愿。这次入京，便决心以全力贯彻之。在商得摄政内阁的同意后，便令鹿瑞伯去执行。[1]

其实，溥仪在这场政变中不过是充当了一个特殊的符号而已，他本人既没有复辟的主观意愿，更没有复辟的客观条件与可能，但从冯玉祥、清室善后委员会，到今天的学界，一直都在不断地强化"复辟"。冯玉祥自称此举"可告天下后世而无愧"[2]，既可避免"重演复辟之奇祸"，又使"国家得消灭违反共和之隐患"[3]，意图通过此举使"北京政变"享有一个正义的名声，为国民军获得广泛的支持，以维持其对首都的控制。

冯玉祥像

冯玉祥发动的这场政变被许多历史当事人称为"革命"，认为是辛亥革命的延续。有人指出：国民军倒曹，标举"革命旗帜"，修订优待条件，"竟辛亥革命未竟之功"，为民国断绝危险，乃"全国国民一致赞成之事"。如何认定事变的真正性质？赵世炎说："什么是革命？一个革命是社会经济变动，新生产力与旧生产关系矛盾，发生新阶级与旧阶级的冲突，经过激烈的阶级斗争，产生新的社会经济形势，及新的政治制度之统治。"[4]也就是说，"革命"须是颠覆性的政治变化，一般至少应含二义：一为不满现政府之措施，颠覆而易以自身信仰之政策；二为起兵"革命"时即标举主张，定为共同目的。而冯玉祥在政变中的处置殊少"革命"含义。他不仅承认既有法统及曹锟当选总统的合法性，还曾表示，发动政变系"革军权万能之命，非革政治之命，故曹总统之地位，吾并未推翻"⁵。对于"法统"所出机关国会，冯玉祥也未根本否定，将通电补送参、众两院，后来黄郛代阁之建立，形式上仍经曹锟总统"任命"，而胁迫曹锟退位，亦令其向国会"辞职"。但国会并未开会接受曹锟辞职，故依照法律，曹锟仍是合法总统。而冯以非常手段囚禁曹锟，其合法性自然遭到质疑。时人就批评冯玉祥"对付政局之手续，始终承认历年之法统"⁶，故将政变后的北京政局弄得"似革命非革命，似依法非依法"⁷。

冯玉祥的"革命"既难成立，他所发动的"北京政变"只是一场军人干政而已。虽然他表示发动政变是要"革军权万能之命"，实际就是"军权万能"。由他组织的摄政内阁实际上并不具有合法性。"北京政变"于1924年10月23日凌晨发生。摄政内阁虽是10月31日成立，但按照冯玉祥自己的说法，组建摄政内阁的决定在10月23日晚筹建国民军的会上便已做出⁸，而曹锟11月2日才被迫提出辞呈⁹。这表明组建摄政内阁的决定先于总统及内阁总理辞职做出，蓄意逼宫的意图十分明显。曹锟被迫递交辞呈后，将其选出并因此背了"贿选"骂名的国会并未接受其辞职；而有政治经验的曹锟虽被迫递交辞呈，却拒绝将总统印信交出。再次受到威逼，曹锟无奈之下才交出印信。政变之后囚禁总统，却用总统名义安排组阁；总统辞呈未经国会接受，新内阁也未见国会批准成立，却以内阁代摄总统职权；整个过程都是军事力量在支配，黄郛等人确系"违宪摄阁"。"违宪摄阁"对优待条件加以修改，自然应受到非议。

1924年11月4日，冯玉祥召京畿警卫司令鹿钟麟（字瑞伯）、京师警察总监张璧（字玉衡）到国民军总司令部驻地旃檀寺面谈。那天鹿钟麟患感冒，张璧一人前往。《冯玉祥日记》记述：11月4日下午"一点半，张玉衡来，余言，步兵当急移于城外，并即日请宣统出宫，以免段芝泉来后重生枝节"[10]。张璧以为：这件事过于重大，应当由内阁下命令方好。由卫戍司令部和警察厅自行办理，容易引起外人误会。当晚，摄政内阁立即召开内阁会议，通过了令溥仪自废尊号、离开故宫，以及修改优待条件的决议。修改清室优待条件由黄郛（时为代理内阁总理，并摄行总统职权）提出，经摄政内阁国务会议共同商定后，由司法总长张耀曾即座起草，黄郛斟酌修改。

临时执政府摄政内阁会议议决通过的《修正清室优待条件》如下：

今因大清皇帝欲贯彻五族共和之精神，不愿违反民国之各种制度仍存于今日，特将清室优待条件修正如左：

第一条　大清宣统帝从即日起，永远废除皇帝尊号，与中华民国国民在法律上享有同等一切之权利。

第二条　自本条件修正后，民国政府每年补助清室家用五十万元，并特支出二百万元，开办北京贫民工厂，尽先收容（清室）族人、旗籍贫民。

第三条　清室应按照原优待条件第三条，即日移出宫禁，以后得自由选择住居，但民国政府仍负保护责任。

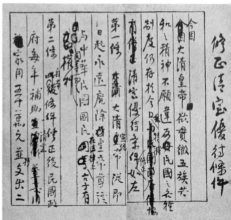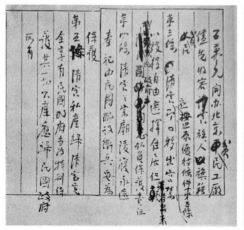

摄政内阁司法总长张耀曾撰拟，经黄郛改笔之《修正清室优待条件》

第四条　清室之宗庙、陵寝永远奉祀，由民国酌设卫兵，妥为保护。

第五条　清室私产归清室完全享有，民国政府当为特别保护。其一切公产，应归民国政府所有。

摄政内阁令京畿警卫司令鹿钟麟、京师警察总监张璧负责执行溥仪移出宫禁事宜。[11]

张璧列席了摄政内阁会议。散会后已是夜半之时，他即刻前往天安门内的鹿钟麟驻地，传达了冯玉祥和摄政内阁会议的决定，约好第二天八点到鹿钟麟处会齐出发。

彼时报刊中有关二人与溥仪交涉出宫情形的记载多为简略，又无甚外人在场，因而时人对此事的认知中多含有想象的成分。即使到了今天，各类研究论著中依然存在同样的问题——有关驱逐溥仪出宫过程的叙述并不完全是事实，且时有矛盾之处。如说派京畿警卫司令鹿钟麟、京师警察总监张璧与国民代表李煜瀛负责执行，各家叙述在以下问题中存在很大的差异：黄郛在其中的作用是什么？负责执行者是否包括李煜瀛？如果包括李煜瀛，其是否为摄阁所指定？不同的叙述反映了作者对于事件的判断和采择，但现有的叙述对于史源的利用是不完全的。

当事人鹿钟麟、溥仪虽在事后都对此有回忆性的文字记述，但因时、地、身份、处境的不同，在叙述时难免会携有不同的倾向性。张璧则未见相关文字。溥仪的英文老师庄士敦因为当时身处宫外，对于11月5日的行动也是一无所知，《紫禁城的黄昏》所写只是他在宫外的所历、所见、所闻。爱新觉罗·溥佳《溥仪出宫的前前后后》亦相类。而李煜瀛之侄、1929年出任国立北平故宫博物院秘书长的李宗侗在其自传中记述的《溥仪出宫的详情》一篇，是"于民国廿年九月下半月为此特别访问张玉衡先生于他的杨梅竹斜街住所楼上，最近在台湾并先后与家叔及徐次辰（永昌）先生加以印证，综合他们的谈话以成此篇"[12]。且从《李宗侗自传》来看，作者本着客观精神，不溢美、不辩诬，只叙事实经过，洵难得也（不然，则作者应花大笔墨来洗刷"盗宝案"。而作者反而回避，这对研究者来说是遗憾的事，但亦见作者态度），因而《溥仪出宫的详情》中的次第叙述——接受任务时鹿钟麟患感冒，张璧独见冯玉祥，又参加列席内阁会议，第二天一早临时抓李煜瀛做证人，以及对所以请李煜瀛原因的分析，均丝丝入扣，合情合理，值得研究者给予关注。

于自传中，李宗侗给出了李煜瀛出现的答案。据他所言，在

溥仪出宫当日移驻神武门之国民军十一师四十三团一营四连兵士

次日鹿钟麟、张璧执行任务前，为避嫌，"乃用电话约李先生（李煜瀛）来天安门，告诉他请他作证的意思。李先生慨然应允，乃同入宫。时已九点钟矣。张等已调保安队两队及军士多名分布于神武门外。当时守卫故宫外之护军已调往北苑改编，景山已换国民革命军驻守"[13]。李煜瀛的出现，最终促成了故宫博物院的诞生。

回到当日，鹿钟麟、张璧二人率领国民军二十多名士兵和四十多名警察至神武门，由西筒子步行而入。未到隆宗门即遇内务府之绍英等人。绍英等人和溥仪商议后，同意了《修正清室优待条件》，"但迁往颐和园，需要修理，不是仓促所能办到的事，需容其三个月"。后表示"三个月搬家可以改为一个月",又将一个月减为十天,最后说"收拾物件需三天可以完毕,到彼时方才可以搬家"。而这时李煜瀛说:"物品不必收拾,有关历史文化之物品,以不搬走为是,因系国宝,不宜归一人一姓。你们今天出去后,只将无职守的太监开去,各宫殿仍旧归原看守人看守,并加封条,以专责成。"

当时的鹿钟麟和张璧一心执行着"即日将溥仪驱逐出宫"的命令,未曾想到文物的处置。而李煜瀛长期在法国生活,对法国大革命后兴起的博物馆相当熟悉,才有了这样的对话。

李煜瀛的这句话提醒了鹿钟麟他们,除了要让溥仪出宫,还要考虑文物的处置,有历史文化价值的东西当收归国家所有。这是初次谈及文物的归属,也是后来财物划分公私的源头,以及日后成立故宫博物院的前提。双方因皇宫物品的归属问题争执不下,至下午三点多钟,溥仪生父、醇亲王载沣*得溥仪通知来到故宫,感到再坚持不搬已不可能,且有风险,力主即刻出宫。下午五点来钟,"溥仪及他的后妃,后面跟随宫女太监多人,最后是绍英等四人,最后面是摄政王,步行由御花园而出",乘坐国民军司令部为之预备的汽车,前往后海北岸的醇亲王府。[14]溥仪出宫后,留守故宫的国民军士兵和警察,会同清室内务府人员,逐一为溥仪及其后妃住所,各个存储文物、物品的主要宫殿和场所都贴上封条,加了锁。

---

* 载沣在宣统三年（1911）十月十六日,即袁世凯组阁十天之后,以施政不当为由,向隆裕太后请示辞去监国摄政王之位。

溥仪出宫后军警查封宫殿（1924年11月5日）

宫女出神武门（1924年11月7日）

宫女经内右门出宫（1924年11月7日）

宫中太监在军警监视下于
隆宗门外收拾箱笼，准备
出宫

瑨、瑜二太妃箱笼运出神武门
（1924年11月21日）

清室内务府大臣绍英、宝熙陪同鹿钟麟查看永寿宫（1924年11月7日）

　　学界普遍认为，驱逐溥仪出宫是完成辛亥革命未成的事业，得到当时民众的欢迎，并以出宫次日北京全城挂灯笼、放爆竹为证。殊不知这些行为是执行的京师警察厅的命令，并不能代表民意。冯玉祥驱逐溥仪出宫事件受到了社会各派的广泛关注，各派对冯玉祥之举评价不一，从中也反映了他们对民主共和的不同认识。

　　清朝宗室、遗老遗少们自然以保皇为号召，围绕保障溥仪安全、恢复优待条件以及复辟道路，奔走于社会各势力之间寻求支持，其间又夹杂着派系之间的争宠，最终目的均是企图复辟帝制。如康有为斥责冯玉祥之举，要求恢复《优待条件》、溥仪复号还宫，意图保留小朝廷。

> 夫中华之为民国，以清朝让之，非民国自得之也，故有优待皇室之条件，载在盟府，通告万国。自前岁冯贼玉祥乃毁法破约，逼帝搜宫，盗窃宝玉大弓，尽夺禁城皇产陵地至今。……望恢复皇室优待条件，以昭万国之大信，无贻千秋之谤议，以维人心，以对皇室，诸公岂无意乎？惟诸公图之。[15]

革命力量则赞成冯玉祥对逊清皇室的举措。如11月11日，孙中山致电冯玉祥称："报载执事鱼日*令前清皇室全体退出旧皇城，自由择居，并将溥仪帝号革除。此举实大快人心，无任佩慰。复辟祸根既除，共和基础自固，可为民国前途贺。"[16]孙中山在丁巳复辟时，曾倡议"戮伪主溥仪，以惩负约"[17]，相当激愤，而此时对溥仪出宫，态度已趋平和。孙中山卧病北京饭店时，接到原清室内务府的哀告信，汪精卫以孙中山先生秘书处名义复函，指出清室对《优待条件》中应履行之条款已悉行破弃，"逮民国六年复辟之举，乃实犯破坏国体之大眚，《优待条件》之效用至是乃完全毁弃无余，清室已无再请民国政府践履《优待条

---

* 民国时期电报的发报月份用地支代替，而日期用金代编的《平水韵》的韵目代替，从韵目表中挑选出代表日期的韵目30个，分别代表30天。前面15天用的是韵目平声的全部，接后是韵目上声的10个，再来是韵目去声的5个。照规定30日该用"陷"字，但由于军队忌讳，便用"卅"字代替。31日没有韵目可代，通常都用"世"或"引"字代替："世"字是"卅一"的合写，"引"字像阿拉伯数字"31"。鱼日表示6日。

件》之理"[18]。张继、王法勤、丁惟汾、续桐溪、彭养光、焦易堂、王用宾等通电赞同令溥仪出宫[19]。

而军阀如段祺瑞（字芝泉）在溥仪出宫当天致电冯玉祥："要知清室逊政，非征服比，优待条件全球共闻，虽有移住万寿山之条，缓商未为不可，迫之于优待不无刺谬，何以昭大信于天下乎？望即从长计议之可也。"[20]段氏在接见清室代表载洵时表示"办理清室出宫事件，类于孩提之胡闹"[21]，并派代表向清室致歉。张作霖在与庄士敦的密谈中表达了对冯玉祥之举的不满："他（张作霖）大骂冯玉祥、黄郛等人，如此对待皇上简直是罪大恶极。他打算帮助皇上挽回残局，不过，他不想招致国人猜忌，以免有阴谋复辟帝制之嫌。"[22]段、张的表态，或有维持《优待条件》之意，但都没有什么实质性的举措。

发言最多的是自由派知识分子，他们对冯玉祥之举评价不一。周作人、钱玄同、王世杰、周鲠生、李书华、李宗侗均赞成冯玉祥的当机立断，认为此举完成了革命未竟之业，铲除了复辟的一大祸端[23]。而胡适在溥仪出宫当天就致函外交总长王正廷，称："我是不赞成清室保存帝号的，但清室的优待乃是一种国际的信义，条约的关系。条约可以修正，可以废止，但堂堂的民国，欺人之弱，乘人之丧，以强暴行之，这真是民国史上的一件最不名誉的事。"[24]胡适发出此信后，还亲赴醇亲王府向溥仪表示慰问，声称"这在欧美国家看来，全是东方的野蛮"[25]。胡适认为冯玉祥以暴力替代程序，有损于民主共和，因此更注重从法理层面探讨问题，体现了其对建立法治国家、维护民主权利的要求。

周作人在致胡适信中说：

> 这次的事（指冯玉祥驱逐溥仪出宫——引者）从我们秀才似的迂阔
> 的头脑去判断，或者可以说是不甚合于"仁义"，不是绅士
> 的行为，但以经过二十年拖辫子的痛苦的生活，受过革命及
> 复辟的恐怖的经验的个人的眼光来看，我觉得这乃是极自
> 然、极正当的事，虽然说不上是历史上的荣誉，但也决不是
> 污点。[26]

溥仪为首的逊清皇室已经彻底离开了紫禁城，不管冯玉祥的
出发点是什么，结果已经产生了，紫禁城后来因此被改建为故宫
博物院。历史上，动机与结果往往是分离的。

成立清室善后委员会

黄郛内阁行动迅速，自始至终都在抓紧处理溥仪出宫后的善
后问题。溥仪出宫当天下午，摄政内阁开会，专门对此进行了研
讨。议决事项主要有：清室善后委员会（简称善后会）组织条例草案，
善后会委员名额、人选，各种善后问题的处理等。1924年11月6
日，函聘李煜瀛为善后会委员长。11月7日，发布"大总统令"：
"着国务院组织善后委员会，会同清室近支人员协同清理公产、
私产，昭示大公。所有接收各公产，暂责成该委员会妥慎保管。
俟全部结束，即将宫禁一律开放，备充国立图书馆、博物馆等项
之用，借彰文化，而垂永远。"[27]11月14日，《政府公报》上公布
《办理清室善后委员会组织条例》。[28]

11月19日，北京八所高等学校的代表召开联席会议，会上赞成组织善后会，希望成立一完全美满之图书馆、博物馆，由国家直接管理，并邀集各机关参与监督，期在公开保存，俾垂永远。摄政内阁教育总长易培基在谈话中表示了顺应民意的态度："予（易自称）意拟成立一国立图书馆与国立博物馆以保管之，地址即设在清宫中，惟组织完善，办法须极严密，以防古物意外损失。"[29]11月20日，清室善后委员会筹备就绪，宣告成立，李煜瀛就委员长职。汪兆铭（即汪精卫，到京以前由易培基代）、蔡元培（到京以前由蒋梦麟代）、鹿钟麟（兼常务委员）、张璧（兼常务委员）、范源濂、俞同奎、陈垣、沈兼士（兼常务委员）、葛文濬、绍英（兼常务委员）、载润、耆龄、宝熙、罗振玉、杨天骥、袁同礼等十六人为委员，自绍英至罗振玉五人为清室方面指定。另聘监察员六人，除以京师警察总监、京师高等检察厅长、北京教育会长为法定监察员外，由会特聘吴敬恒、张继、庄蕴宽三人为监察员。[30]

11月28日，溥仪之"内务府"致函北京临时政府内务部，声明："所有摄阁任意修正之五条件，清室依照法理不能认为有效。"[31]同时否认了清室善后委员会的有效性。同日，溥仪函各国公使求援，并对《顺天时报》记者发表谈话称："此次国民军之行动，以假冒国民之巡警团体，武力强迫余之签字，余决不如外间所传之欣然快诺。"[32]

12月6日，汪精卫、丁惟汾、邵元冲、张继、戴季陶、李煜瀛、孙科、马伯援、焦易堂、王用宾、王法勤共十一人在天津张园举行会议，讨论北京政局诸问题，主张清室问题须依照摄政府

《清室善后委员会点查清宫物件规则》（1924年12月20日）

所定修正优待条件由清室善后委员会继续办理。[33]

12月20日，李煜瀛召开善后会第一次会议，通过《清室善后委员会点查清宫物件规则》十八条（详见章后阅读链接3），从登记、编号到物品挪动，建立了严格的监督机制和责任制。[34]点查规则相当周到、严格，从制度上规范了工作人员清查文物的流程，即使有人想偷盗也不可能，使得故宫文物在点查时得到了较好的保护。严格的制度也防止了宫外人员染指故宫文物。会议决定23日起点查清宫物品。

但21日，委员会中清室代表五人缴还聘函，执政府秘书厅函致内务部查止点查："奉执政谕，据报清室善后委员会于本月二十三日点查清宫物件，现清室善后之事，政府正在筹议办法，该委员会未便遽行点查，着内务部暨警卫司令部即行查止。"李煜瀛又召开清室善后委员会会议，坚决主张"点查清宫物件，

清室善后委员会第一次正式出组，点查人员在乾清宫前合影（1924年12月24日上午）

第一排右一陈去病，右二蒋梦麟；第二排右一徐森玉，右二胡鸣盛，右四董作宾，右六庄蕴宽，右八庄尚严；第三排右二李宗侗，右四黄文弼。

点查坤宁宫的清室善后委员会工作人员合影（1924年12月24日下午）

系会内应有手续。又本会点查规则，经会同军警各机关，及各项专门学术人员，分组办理，亦系由本会合议决定，似非单纯行政机关可比"，答复内务部并转达执政府，表示点查工作"万难中止"。李煜瀛并允绍英等清室代表五人不妨随时到会，故仍于23日开始清点工作，然因警察未到，不合点查规定，未实行点查。

24日上午，警卫司令部派员已到，而监察员亦均到场监督，虽然清室代表无人到会，但善后会还是开始着手点查宫内物品。点查工作正式从乾清宫、坤宁宫开始。[35]其他宫殿的点查工作也陆续开展了。

庄尚严（又名庄严）在《山堂清话》一书中提到了清室善后委员会的办公地点：

> 点查为会（清室善后委员会）中最重要工作之一，已如上述。所以点查之前，先成立"点查事务室"，专办此事，主要的事，分配点查地点，点查应用物品及簿册，保管一切点查记录，编印点查报告，同时本室人员也入组参加点查工作。办事地址，最初在神武门内左边小屋，不久之后，工作繁重，地址狭小，移到隆宗门内，前清军机处原址，后又扩充到对面"军机章京"室中。[36]

以往大家说"段祺瑞与清室的遗老遗少们沆瀣一气，采取种种卑劣手段阻挠点查工作的进行"[37]，这是没有事实依据的。段祺瑞没有想染指、接管故宫，他在当上执政后，就对新生的清室善后委员会给予了极大的支持。作为反帝制的英雄、"三造共和"首勋的段祺瑞，自然清楚驱逐溥仪出故宫及清室善后的意义，因而他对清室善后委员会的态度是十分明确的，即要给予充分的尊重和积极的支持。至于染指、觊觎故宫宝物，在举世瞩目的情况下，恐怕是想都不敢想的。而且，黄郛"违宪摄阁"对优待条件进行的修改，自然应重新审议。新上台的段政府，要对已经下台的"违宪摄阁"做出的决定重新"筹议办法"，无可非议。12月24日，段祺瑞为处理故宫事宜，就清室善后委员会问题，召开国务会议议决办法五条：

　　一、原有之委员仍旧；

　　二、各部长官每日须有一二人前往察看；

　　三、各部遴派重要员司四人会同点查，但每日非有二人到会不可；

　　四、清查应需之经费由财政部指拨；

　　五、清查章程有应酌改者，会商委员会酌改。

　　这是清室善后委员会在其组织者摄政内阁下台后得以合法存在的法律依据，也是"故宫博物院"日后能够名正言顺诞生的最关键的一个文件。

　　点查清宫物品，以宫殿为单位，由入门左侧起，将物品逐件编号、依序记录。因清宫殿堂众多，善后会将各宫殿逐一按"千字文"编号，如乾清宫为"天"、坤宁宫为"地"、南书房为"元"、上书房为"黄"等。物品的编号有总号、分号之别：橱柜箱架各为一总号，以中文书写；置放其内之物则属总号之下的分

清室善后委员会封条

清室善后委员会第一次点查清宫物品出组单（1924年12月23日）

清室善后委员会点
查清宫物品用签牌
（"巨"代表养性殿）

交泰殿内铜壶滴漏

交泰殿内自鸣钟

号，以阿拉伯数字记之。对于天字第一号物品，庄尚严《山堂清话》载：

> 故宫博物院收藏物品，千百万件（包括留存大陆部分），铜器中周鼎商彝，字画中晋唐法书，宋元明清名画，瓷器中历朝名窑，都不计其数。如有人问我："天字第一号物品是什么？"我无疑的回答曰名叫"二层木踏凳"。我出此言并非开玩笑，确实如此。因为首先查的是乾清宫，乾清宫列为天字号，按照点查次序，入门顺序开始。当时进入殿门，首先触目应当查点者即是此物，所以将他高高的列入天字第一号记录之中。所不同者，一般习惯，凡是认作天字第一号的物品，一定是上上之品，而此二层木踏凳侥幸是在宫内天字的宫中，又是开头第一，无法可免了。[38]

点查作业以组为单位，将各组派赴各宫殿点查，谓之"出组"。每次清点，除工作人员外，还有军警参加，参与者最多时有近二十人。每组各有一张担任职务签名单，称为"组单"，上列六大工作项目：查报物品名目、登录物品、写票（据点查登录簿所记编号写成票签）、贴票（将票签粘贴或悬挂于物品上）、事务登记、照像（重要物品需照像）。

当时的点查环境十分艰苦：

> 初进清宫其地是一九二五年的一二月份，时正隆冬季节，当年北京平均温度好像比现在冬季低一些，有时到零下十几度。一进神武门洞无法行走，因为西北风打得身子直转，

故宫丛刊之一

故宫物品點查報告

中華民國十四年三月一日

清室善後委員會刊行

第一編　清　第一冊　宮　乾

存委員堂

2-1

《故宫物品点查报告》第一编第
一册（1925年3月1日）

身不由己地撞在神武门洞两壁，可以说是打着转进故宫的。进
得宫禁其凄凉之状跃然入目。每到一个院落都是蓬蒿满地，高
与人齐。吾辈青年手持锹镐镰刀为点查的政府官员、教授开
路。步入冷宫，寒气袭人，又无炉火，两足站地三至四小时痛
如刀刺。我在善委会里是一名书记员，是低级的办事者，就是
负责登记挂签之役。如某某物品其名称说出，我马上登记在
册，然后编出号数，随着将此物上挂上号或粘上标签。……
不仅如此，我要身穿特制无口袋的工作服，还以白带系紧袖
口，使双手无处可藏。此乃以预防发生偷盗之事也。[39]

清宫物品点查从1924年12月24日开始，在将近十个月中完

成了大量工作，善后会也开始编辑出版《故宫物品点查报告》，并向社会公开。物品点查工作的开展，对于故宫由皇宫向博物馆的转变起到了推动作用。

建院前的准备工作

1924年12月22日，根据善后委员会组织条例中第四条规定，成立了以易培基为主任的国立图书馆、博物馆筹备会，并着手建院前的准备工作。清宫物品点查过程中，李煜瀛等人考虑到故宫内"关于历史文化者甚巨"，只有把这项"革命事业"转化为"社会事业"，方不致"受政潮之波动"的影响。[40]成立博物院得到了段祺瑞执政府的支持，不仅善后会仍旧，每日还要派各部长官前往察看，由各部遴选出会同点查的四人中，也非有二人到会不可，且清查所需经费皆由财政部指拨。

1925年9月29日，李煜瀛召集清室善后委员会会议，讨论并通过了筹备会起草的《故宫博物院临时组织大纲》及《故宫博物院临时董事会章程》《故宫博物院临时理事会章程》。决定以溥仪原居住的清宫内廷为院址，尽快成立故宫博物院，断绝溥仪复宫的可能，保护国宝安全；考虑从清宫接收的公产多为古物和图书，而世界各大博物馆也大多藏有古物及图书文献，因此规定博物院设"古物""图书"两馆，采取董事会监督制和理事会管理制，并对董事会、理事会的职权与义务做出了详细的规定。[41]

经郑重遴选，讨论聘定了第一届董事及理事名单。二十一

清室善後委員會議事錄

民國十四年九月二十九日開善後委員會委員到會有十八人

胡若愚

易培基 代表汪兆銘

蔣夢麐 代表蔡元培

李煜瀛

徐鴻寶 代表汪鸞

沈兼士

陳垣　黃郛

萬文瀋　于右任

鹿鍾麟　袁同禮 代表張璧

委員長報告今日應行開會討論事項如左

一、故宮博物院事

二、文淵閣事

三、清室財產事

關於第一項

由委員長報告籌備經過情形並

應討論開院日期及本院各項事程草案

通過　故宮博物院臨時組織大綱

通過　故宮博物院臨時董事會章程

故宮博物院臨時理事會章程

通過臨時董事名單 以李煜瀛多少為次序

于右任　王正廷　汪大燮　吳敬恒

李煜瀛　李仲三　李祖紳　范源濂

胡若愚　許世英　黑士珩　莊蘊寬

鹿鍾麟　張璧　張學良　黃郛

蔡元培　熊希齡　盧永祥　薛篤弼

嚴修

通過臨時理事三人

李煜瀛　黃郛　鹿鍾麟

古物圖書兩館副館長為當然理事

關於第二項

由委員長報告政府欲將文淵閣

四庫全書移交京師圖書館並本會迆于現在

閣前建築界牆情形

黃委員郛謂文淵閣四庫全書止此一部

尤不能移至宮外並胡兄宮內物件一概不

能移去知書籍可移出宮外將來古物等

項承可移至萬萬不可此事應由本會

將本日反對情形登諸各報

蔣委員學澄贊同此議

李委員長提議請陳委員垣起草登報

眾贊成

關於第三項

李委員長報告謂清室財產

分為內外兩部份古物各物業經審查為博

儀私用物件者經溥儀並北京時先後取

失外其餘俱為公物應歸為物圖書兩館保

管至宮外各處故在各處載為複雜現仍

繼續清理惟各銀行抵押物品清室方面

未經本會函商辦理暫為擱置至

清室一切不動產均應作為博物院基金

歸專門委員會中之基金委員會

管理此項辦法在本委員會組織之初及

提議圖書博物館之際已得攝政內閣

《清室善後委員會議事錄》(1925年9月29日)

位董事都是政界、军界、学术界的名流，在社会上有着显赫的地位和影响力。有的人（如严修）虽被推为董事，但本人并没有接受[42]。董事会的职权为：推举临时理事长及理事；审核全院预算决算，保管院产；监察全院进行事项；议决理事会及各馆提出的重要事项；筹备正式董事会及拟定董事会条例。董事长没有选举，应该是有类似严修这样没有接受聘请的情况存在以致没有召开董事会。据《故宫博物院临时理事会章程》，理事会作为决策中心执行全院事务，分馆务、总务两种。馆务由古物馆、图书馆处理，总务设总务处处理。

现在学界普遍认为，善后委员会组织成立故宫博物院是遵行了黄郛摄政内阁于1924年11月7日下达的命令，因为李煜瀛在开院典礼上就是这么说的。但要知道，黄郛摄政内阁早已下台（1924年11月24日黄郛摄政内阁解散），如果做事都能执行前任政府命令，还用换政府吗？即便"萧规曹随"，执行的也是"曹"的政策。因此，故宫博物院的成立绝对不能说是执行1924年11月7日"大总统令"中的设计，而是"冯玉祥、黄郛摄政内阁驱逐溥仪出宫"这个因结的果，但其之所以在1925年得以成立，则离不开段祺瑞执政府的支持。

以往研究故宫博物院院史的论著，都强调故宫博物院成立的非政府性。确实，现在还没有发现足以证明是北洋政府成立故宫博物院的相关档案文献，但笔者在研读相关文献时，越来越倾向于故宫博物院的成立是政府行为。1925年10月10日，故宫博物院开院典礼后，清室善后委员会关于故宫博物院开院典礼的通电说："现已遵照去年政府命令，将故宫博物院全院部署就绪，内分古物、图书两馆，业于本日双十佳节举行开院典礼……"故宫博物院就开院事宜致国务总理呈文（底稿）："今国务院成立本院，合将组织大纲，及董事会、理事会章程，并董事、理事名单缮呈备案。"吴瀛说："执政府会同清室善后委员会拟订了开幕典礼主席团名单。"[43]这句话《故宫博物院前后五年经过记》里没有，《故宫盗宝案真相》里也没有，是到《故宫尘梦录》中才加进去的。尽管这是几十年以后的回忆文字，吴瀛作为故宫博物院成立的亲历者，也是第一位为故宫博物院写史的人，对于这样重大的历史事件的记述应该不会有误。我们可以这么理解：善后会就是政府成立的，虽然不占编制，但是由政府任命、经内阁商定而成，且政府负责相关经费，自然属于政府行为。同时，善后会照章行事，还得到了政府的积极支持与配合。段祺瑞执政府国务会议不仅批准了善后会继续存在、点查清宫物品，而且成立故宫博物院实际上也应该是在段祺瑞的批准和支持下实现的。不然，就不会有执政府会同清室善后委员会拟订了开幕典礼主席团名单的说法。

在故宫博物院开院前夕，京津各大报也都登出了"故宫博物院开幕广告"。

历史性的一刻——故宫博物院开院

开院之日，李煜瀛手书的"故宫博物院"匾额已高悬在神武门上方，顺贞门内竖起了大幅《全宫略图》。请柬发出了3 500

悬挂李煜瀛手书"故宫博物院"门匾之神武门门楼（1925年10月10日）

份，从临时执政段祺瑞，到军、政、警、法、工、商、学、新闻等各界，都在被邀之列。靠近北京的各省督办及名人，也都专柬邀请参加。黎元洪、冯玉祥、张作霖、李景林等不能亲自参加的，都复了信、派了代表。市民见到报上消息，很多也赶来参加，一时间故宫内竟然万头攒动，拥挤到不能转侧、丹陛上几无空隙的地步。

1925年10月10日下午二时，故宫博物院开幕典礼在乾清宫前隆重举行，庄严宣告故宫博物院成立。朝野各界人士出席了典礼。不仅开幕之日选在了中华民国的国庆双十节，而且开幕典礼上的讲话也充分揭示了故宫博物院的意义。

开院典礼由清室善后委员会监察员、故宫博物院临时董事会

李煜瀛委员长于故宫博物院开幕典礼致辞

黄郛于故宫博物院开幕典礼致辞

王正廷于故宫博物院开幕典礼致辞

董事庄蕴宽担任主席。清室善后委员会委员长、故宫博物院董事兼理事李煜瀛首先报告了清室善后委员会工作与故宫博物院筹备情形。前摄政内阁总理、故宫博物院董事兼理事黄郛讲话指出，故宫化私为公，成为博物院后完全属于公有财产，并对敌视故宫博物院者提出严正警告。京畿警卫司令、董事兼理事鹿钟麟称其去年所作之"驱逐溥仪出宫"是为民国、为公而"逼宫"，划开了与旧时代的距离。王正廷、蔡廷干、于右任、袁良等也都相继发言，阐述建立故宫博物院的深远意义，吁请各界支持。

（李煜瀛说）自溥仪出宫后，本会即从事将故宫物品点查，并编有报告，逐期刊布。现点查将次告竣，履行本会条例，并遵照摄政内阁命令，组织故宫博物院。内分古物、图书两馆。此事赖警卫司令部、警察厅及各机关方面同人之致力，乃有今日之结果。

（黄郛说）今日开院为双十节，此后是日为国庆与博物院之两层纪念。如有破坏博物院者，即为破坏民国之佳节，吾人宜共保卫之。

（王正廷说）今日故宫博物院开幕，鄙人发生两种感想：一即真正收回民权，二即双十节之特殊纪念。

（鹿钟麟说）大家听过"逼宫"这出戏。人也指我去年所作之事为"逼宫"。但彼之逼宫为升官发财，或作皇帝而为，我乃为民国而逼宫，为公而逼宫。[44]

北京各方市民纷纷涌到故宫，除观看开院大典外，更欲一睹数百年来壁垒森严的皇家禁地及神秘藏宝。《黄报》载："数千年

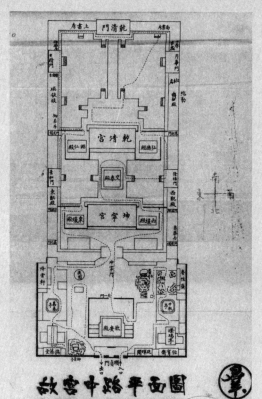

故宫中路平面图

（1925年4月10日）

清室善后委员会在乾清宫前合影（1925年10月15日）

故宫博物院建院当天的参观者

宫殿尊严，昔为梦想所不可得到者，今则略破悭囊，即允吾人昂首阔步，眺望谈笑于其间。不可谓非建国以来，求治益乱，求合益分之现象中，独此一事，是以差强人意者。""惟因宫殿穿门别户，曲折重重，人多道窄，汹涌而来，拥挤至不能转侧，殿上几无隙地，万头攒动，游客不由自主矣。"[45]（详见章后阅读链接4）

驱逐溥仪出宫、建立故宫博物院，将紫禁城这座昔日皇帝居住的禁区变为人民自由参观的场所：一座国家博物馆。紫禁城由皇宫转向博物院，所代表的是一种由国家权力所认可的主体记忆，既是去除帝制合法性的途径，也能够借此向民众渗透破除帝王权威、扫除旧有势力的观念，从而严厉地摧毁皇家权威和尊严。展现的虽是"文化遗产"，打造的却是政权合法性，强烈地传输了"革命"的意识形态，并将"共和"与"革命"画上了等号。同时塑造了现代文明的一个样板，开辟了中国博物馆事业的新纪元，在当时的社会及现代中国形成了巨大的效应，产生了诸多积极的作用。

故宫博物院的成立也是中国博物馆事业走上正轨的开端。

阅读链接

1.《清帝逊位诏书》

奉旨：朕钦奉隆裕皇太后懿旨：前因民军起事，各省响应，九夏沸腾，生灵涂炭。特命袁世凯遣员与民军代表讨论大局，议开国会，公决政体。两月以来，尚无确当办法。南北暌隔，彼此相持。商辍于途，士露于野。徒以国体一日不决，故民生一日不安。今全国人民心理多倾向共和，南中各省既倡议于前，北方诸将亦主张于后。人心所向，天命可知。予亦何忍因一姓之尊荣，拂兆民之好恶。是用外观大势，内审舆情，特率皇帝将统治权公诸全国，定为共和立宪国体。近慰海内厌乱望治之心，远协古圣天下为公之义。袁世凯前经资政院选举为总理大臣，当兹新旧代谢之际，宜有南北统一之方。即由袁世凯以全权组织临时共和政府，与民军协商统一办法。总期人民安堵、海宇乂安，仍合满、汉、蒙、回、藏五族完全领土为一大中华民国。予与皇帝得以退处宽闲、优游岁月，长受国民之优礼、亲见郅治之告成，岂不懿欤？钦此。

宣统三年十二月二十五日

2.《清室优待条件》

甲，关于大清皇帝辞位之后优待之条件：

今因大清皇帝宣布赞成共和国体，中华民国于大清皇帝辞退之后，优待条件如左：

第一款　大清皇帝辞位之后，尊号仍存不废，中华民国以待各外国君主之礼相待；

第二款　大清皇帝辞位之后，岁用四百万两，俟改铸新币后，改为四百万圆，此款由中华民国拨用；

第三款　大清皇帝辞位之后，暂居宫禁，日后移居颐和园，侍卫人等，照常留用；

第四款　大清皇帝辞位之后，其宗庙陵寝，永远奉祀，由中华民国酌设卫兵妥慎保护；

第五款　德宗崇陵未完工程，如制妥修，其奉安典礼，仍如旧制，所有实用经费，均由中华民国支出；

第六款　以前宫内所用各项执事人员，可照常留用，惟以后不得再招阉人；

第七款　大清皇帝辞位之后，其原有之私产，由中华民国特别保护；

第八款　原有之禁卫军，归中华民国陆军部编制，额数俸饷，仍如其旧。

乙，关于清皇族待遇之条件：

一、清王公世爵，概仍其旧；

二、清皇族对于中华民国国家之公权及私权与国民同等；

三、清皇族私产，一体保护；

四、清皇族免当兵之义务。

丙，关于满、蒙、回、藏各族待遇之条件：

今因满、蒙、回、藏各民族赞同共和，中华民国所以待遇者如左：

一、与汉人平等；

二、保护其原有之私产；

三、王公世爵概仍其旧；

四、王公中有生计过艰者，设法代筹生计；

五、先筹八旗生计，于未筹定之前，八旗兵弁俸饷，仍旧支放；

六、从前营业居住等限制，一律蠲除，各州县听其自由入籍；

七、满、蒙、回、藏原有之宗教，听其自由信仰。

3.《清室善后委员会点查清官物件规则》（十三年十二月二十日议决）

第一条　点查事项以左列人员担任之：

　　　甲　委员长、委员，或其指定之代表；

　　　乙　监察员（京师警察总监、京师高等检察厅长、北京教育会长及聘请员等，或其代表）；

　　　丙　各院部所派助理员；

　　　丁　委员会聘请之专门家及事务员；

　　　戊　守卫军警；

　　　己　前清内务府人员（由委员会中代表清室者指定之）。

第二条　点查时分组，每组分为执行及监视二部，其职务之分配，临时定之。

第三条　每组人数及组长，由委员长临时指定之。

第四条　每日应分若干组，每组应执务之地点，由委员长先一日指定。

第五条　每人应隶何组，按各部份人员分配，用抽签法抽定。

第六条　每组人员排定后，于进内执务前，均须在办公处签名，并须佩带徽章。

第七条　登录时，每种物品上均须粘贴委员会特制之标签一面，登记物品之名称及件数。凡贵重物品，并须详志其特异处，于必要时，或用摄影术，或用显微镜观察法，或其他严密之方法，以防抵换。

第八条　点查物品时，以不离物品原摆设之地位为原则；如必不得已须挪动地位者，点查毕后，即须归还原处，无论如何不得移至所在室之门外。

第九条　室内工作时，得视必要情形，更将组员分为小组，以免挤拥。

第十条　室内工作时，不得单独游息，不得先进或后退。

第十一条　室内工作时，监视人员须分立于执行事务人员之间，不得自由来往于事务地之外。

第十二条　室内工作时，不得吸烟。

第十三条　组员有违背规则时，监视人员得报告于委员长及监察员处理之。

第十四条　点查时间，每日两次：上午自九时起十二时止；下午一时起四时止。作息均不得逾法定时间。遇必要时，星期日亦得点查。

第十五条　各组组员，只须勤务半日，以节劳逸。每一处物品开始点查后，即由某组始终其事，以专责成。故每处点查时间，每日只限三小时。如组员愿终日在内勤务者，可声明志愿，得附隶于上下午勤务之两组。

第十六条　各组进屋勤务，无论已毕未毕，出屋时每次必须加以封锁，由本组会同军警签字，或作别种符号于上。点查未完之箱柜，亦照此办理。

第十七条　本会每日应将点查情形编出报告公布之。

第十八条　本规则遇有必须修改时，应由委员会开会行之。

4.《清室善后委员会参观故宫暂行规则》

（一）本会点查故宫尚未完竣，而各界要求参观者人数日多，自十四年四月十二日起，特酌收券费并修订参观规则，俾欲知故宫状况者皆得入览。

（二）参观地点计：御花园、坤宁宫、交泰殿、乾清宫、弘德殿、昭仁殿、南书房、上书房。

（三）参观时间：每星期六、星期日下午一时至六时，但三时即停止售票。

（四）券价每张大洋壹圆。

（五）军人、童仆一律购票。

（六）满二十人以上之团体，先行函知本会，得有允许者票价折半。

第一章

◎

故宫掌门人1925—1949

李煜瀛：
拨云见日的开拓者

"希望故宫将不仅为中国历史上所遗留下的一个死的故宫，必为世界上几千万年一个活的故宫。"

李煜瀛（1881—1973），字石曾。河北高阳县人，生于北京。父亲李鸿藻（1820—1897），清咸丰二年（1852）进士，曾为同治帝师。官至协办大学士、军机大臣、吏部尚书、总理各国事务衙门大臣，是显赫一时的晚清重臣。受洋务运动影响，力主向西方学习。李煜瀛说：

吾父为清末重臣，乃其时史地及一切一切之环境使然，与其子革命党之我，并非真正矛盾，并且吾父为我新思想之启发者，有两大要点：

（一）家庭教育中，父之言行"反官僚"时常不知不觉的流露，或无意识、潜意识的表现出来。父亲为人忠厚温和，惟对作官者之钻营，深恶痛绝，谓为"钻狗洞"等等，

李煜瀛像

在我不知不觉中受了这种影响，已种下不做官的根苗。

（二）家塾教育中，为我们兄弟请以新学著名的齐禊亭先生为师，以导我到革命思想与世界思想的途径。[1]

李煜瀛的父亲"思想虽新，但作梦也想不到他的儿子竟会做起'革命党'来的"[2]。

李煜瀛6岁启蒙读书，8岁起先后从族叔葆宸禀生、张傅霖孝廉（河间人）、华金寿太史（甲午翰林，字竹轩，天津人，李鸿藻门人）等读四书五经，14岁又从齐禊亭读书。李煜瀛曾说："父亲助我为新世纪革命之人，当然是无意的，或潜意识的；禊师则可谓半意识的开始，全意识的究竟。"[3]齐禊亭，名令辰，河北高阳人，清末壬辰科（1892）进士，曾为易州书院山长。齐氏思想开明，学贯中西，赞成变法，对李煜瀛进行的是新式教育，所传授的知识"经史之外，兼及舆地及国际形势"，"塾中悬地图，齐夫子行走指讲，一如今之课堂"。李煜瀛因此"早明世界大势，及中国积极（弱）不振的危险"。[4]李煜瀛说：

> 褉师尤高诵礼运篇与称赞游侠及王荆公不畏不拘之名言，诸如此类，与造成我之革命言行，均有重大之影响。……塾中褉师读报载"孙逸仙革命"，不惟不反对而且称许。……父师均科举出身，均不鼓励我作八股与试帖诗。[5]

> 尤要者清末守旧之风浓厚，在庚子不久之前，父竟开明以至聘维新之齐褉亭先生为吾兄弟侄辈等之师，废止馆阁体之教育，从事于温故知新之学，小学、地理、天算以及诸多西学与周游世界研习，鼓励一新之精神，孙逸仙与吴稚晖鼎鼎大名得闻于褉师，环境一奇迹也。[6]

> 由甲午至庚子这几年来是我受半家塾半书院半学校教育之时，是我学术思想行动——尤其是世界之行——奠基的重要时代。[7]

齐褉亭对李煜瀛的思想启蒙起到了很大的作用。由此，李煜瀛从幼年起就憎恶封建专制统治，厌恶清廷的服制[8]，厌恶清廷的官职，"幼以荫荐为户部郎中、道尹、盐运使衔等，张南皮（之洞）拟授以新学进士，袁项城（世凯）欲官以显职，皆不一顾"[9]。并得与齐褉亭的儿子齐竺山、齐如山、齐寿山来往密切，这三人"皆维新最早"[10]。

父、师的言行对李煜瀛以后无政府主义思想和资产阶级民主主义思想的形成起到了潜移默化的作用。

中国无政府主义思潮的旗手

甲午战争失败对年轻的李煜瀛触动很大。庚子年八国联军入侵时，李煜瀛已20岁，全家随长嫂逃离京城，艰难跋涉千余里，到河南开封避难，饱尝了颠沛流离之苦。清廷的无能、腐败，激发了李煜瀛救国图强的雄心壮志。"因黄思永之介[*]，先生（李煜瀛）得识吴兴张静江（人杰）于故都，共定环球旅游之约。清廷遣孙宝琦（慕韩）使法，先生与张静江均以随员名义随船往，至上海，访吴敬恒（稚晖），相谈甚得。敬恒勉先生多鼓励青年学子以'苦学'方式出国留学，是即先生等日后倡导勤工俭学之始源也。先生在沪，并于吴彦复（保初）组合制文人学者聚会场所中，初识蔡元培（孑民），遂缔交焉。李、张、吴、蔡四先生之缔交，乃共同从事革命事业之开端，于民国政治垂深远影响者也。"[11]他们四人志同道合，在几十年的活动中联系一直很密切。社会上将吴稚晖、蔡元培、张静江和李煜瀛并称为"四老"或"四皓"[12]。

* 此误，介绍两人认识的是状元黄思永之子黄秀伯（中慧）。

吴稚晖像　　　　　　　蔡元培像　　　　　　　张静江像

　　李煜瀛自述："我出国前原习英文，准备留美，因有赴法机缘，改习法文。"[13]1902年[14]的法国之行，李煜瀛得到了李鸿章的帮助："庚子之役……停战后李合肥（李鸿章）在京师贤良寺与联军议和，我又作为期一个月由南而北马背上之长征，到贤良寺谒见合肥，与商我出洋留学计划，承其赞许……"[15]驻法钦差大臣孙宝琦之父孙诒经与李煜瀛之父李鸿藻都曾为帝师，因而孙宝琦对李煜瀛关照有加，令他专心读书。李煜瀛说："在巴黎求学，当时感觉一事实之困扰，即使馆与侨商几十人终日相见，食宿与共，于习法语已难，更谈不到学问，颇自惶惶。"[16]

　　1903年李煜瀛入蒙达尼农业实用学校读预科，次年改入正科，学习三载，考试合格获毕业，名列第四。自述："此系平生仅有正式上班考试之一次，前后时间均为自由研究农业学术，中国大豆，国际合作，进化新理，社会学说，奠定一生精神生活与世界社主要基础。"[17]随后，他进入巴黎巴斯德学院，师从柏尔唐教授研究生物化学，特别从事大豆的研究。他以科学方法研究大豆的功用，发现大豆不但可以制成许多有营养的食品，而且可用以制造假象牙。1907年，他在巴黎以法文出版专书《大豆的研究》。

1906年在巴黎遇到的地理学家邵可侣影响了李煜瀛一生的思想和行动。邵可侣把克鲁泡特金所著《互助论》、陆谟克所著《生物互助并存论》、居友所著《自然道德论》等学说介绍给李煜瀛，"先生闻而乐之"[18]，人类互助与世界大同的思想深深扎根于他的头脑中。张静江"旅法数年，渐结识西欧无政府党诸学者，获聆蒲鲁东、巴枯宁、克鲁泡特金等学说……隐以中国无政府主义宣讲师自任"[19]，也深深地影响了李煜瀛。李煜瀛"为无政府党所引诱，以浪漫蒲鲁东、巴枯宁为神圣，尊崇其说"[20]。

1906年，经张静江介绍，李煜瀛在巴黎加入了中国同盟会，服膺革命。[21]次年又在巴黎结识了孙中山，两人从此成为好友，李煜瀛称孙中山为《新世纪》的"辅导员"[22]。"在'国父'谦光盛德，不以部属视李先生，而视之如友好，亦明称之为朋友。"[23]秦孝仪说："在革命先烈先进同志当中，能够'一言而为天下法''匹夫而为百世师'的人，为数不少；但曾经被'国父'称为'吾友'的人，实在没有几位；尤其被'国父'将其言其行，引为革命学说之理论依据者，更是难得一见，而石曾（李煜瀛）先生则是的确当之无愧。"[24]

1906年12月，李煜瀛与吴稚晖、张静江在巴黎组建"世界社"，作为传播沟通中西文化的机构，开始宣传革命，并着手组织中华印字局，积极筹备出版发行画刊杂志。"明年（1907）六月，新世纪周报创刊，纪年用'新世纪七年'字样，并用阳历月日，以示不承认满清。"[25] "先生（李煜瀛）用'真'或'真民'笔名发表言论，反对帝国主义，介绍万国革命风潮，主张社会革命与政治革命，包括排满在内。"[26]李煜瀛在《新世纪》第一期发表《新世纪之革命》，赞颂1789年的"法国大革命""革除王位，宣布人权，乃为新世纪革命之纪元。……亦足以为将来社会革命之先导"[27]。他主张社会革命与政治革命，包括倾覆清室在内。

1907年清廷"预备立宪"，发布上谕，要求"修明礼教"，"朝野联为一气，君民得以相安，为实行宪政之预备"。李煜瀛揭露并批判君主立宪丑剧，指出：

> 礼教是最不自由、最不合公理的东西。没有一个革命党喜欢他，也没有一个可以变成革命党的喜欢他。
>
> 请问革命的宗旨何在？无人不说是为平等、为自由。既有朝野（政府与民）之分，又有君民（制人者与被制者）之别，这就大背平等自由。清政府与民，制人者与被制者，本是仇敌，又有什么一气，什么相安可说。你们这般民贼，不必用甘言欺我，这"实行宪政之预备"话，与"实行革命之预备"无异了。[28]

李煜瀛所作《载沣时代之黑暗》一文揭露了清政府政治黑暗、官界腐败："载沣僭窃，以冷静之头脑，利用腐败之人心，于是除浮而无实之表面外，其内容之黑暗，全复野蛮不开化之旧观。……此即载沣时代，既入幽谷，更进深邃，其黑暗将伊于胡底。"[29] 李煜瀛又说："《新世纪》中人，乃主张社会革命者也，即主倾覆一切强权者也，满政府为今支那居最大之强权者，吾辈焉得而不排之。然吾辈不名吾辈所鼓吹之革命为排满，而名之为社会革命者，因社会革命足以包括排满（即排皇），而排满不足以包括社会革命故也。"[30]《新世纪》周刊成为欧洲反满革命浪潮的主要阵地，对于冲击封建思想发挥了应有的作用。

李煜瀛在读《民报》第十七号之《政府说》后，甚不满意，专门写了篇长文《无政府说》以论正之。他在这篇长文中说："余少时睹乡里私斗，而曲直恒以胜败为定，常退而思之，……后愤于国事之不振，而外侮迭乘，欲学陆军（以武），以泄吾愤。不就，继欲学法律（以文），以冀为一大律师，则社会不公平之事，亦可凭吾之三寸舌以辩护之。及深察律师之所为，心窃疑之，何是非之颠倒，竟不能换回耶！后阅克鲁泡特金之《告少年》，然后知世之不公平者，断非借律师之力，所能展移也。根本之问题……则社会组织之问题也。今以有政府为社会之组织，故军队不可不强，法律不可不严。""政府者，无论为君主、民主、立宪、共和，皆同轨一辙，为民之蠹、之蝗、之蛇蝎、之虎狼也。""无政府者，无强权也……无制限也……无阶级也……无私产也……无政府自有其名实，公平而正当。"[31] 系统地阐述了自己的无政府主义思想，但对中国而言，"若夫一无所恃，徒空言曰，无政府、无兵备、无种界、无国界，曰是大同也，是公理也，是自由平等也，吾恐只知有强权不知有公理之蟊贼"[32]。故

先必欲有政府，而后可求无政府。"时先生
与吴敬恒倾心无政府主义，周刊中亦多介绍
蒲鲁东（Pierre Joseph Proudhon, 1809—1865）、巴枯宁
（Mikhail A.Bakunin, 1814—1876）、克鲁泡特金（Prince
Petrkropotkin, 1842—1921）、拉马尔克*（Lamarak, 1744—
1829）等学说，尤以先生翻译为多，乃根据
进化论，而纠正世界强权之学说，一时影响
甚大。"[33]

* 即陆谟克。

当时严复介绍赫胥黎、达尔文、斯宾塞
的进化论思想到中国，风行一时，引起"有
强权无公理"的思想。李煜瀛将克鲁泡特金
所著的《互助论》翻译成中文，实是对"强
权论"思想的一种纠正。"互助论"，"以为
将来无政府社会的现实，全赖人类互助的精
神；因为人类都具有'连带心'，就是要将
自己所欲为之事施诸他人的心；是道德感情
底中心，利己、利他主义的调和。但是人类
互助的本能，是从生物昆虫，爬虫，鸟兽继
承来的，所以进化是互助发展的历史，这是
他对于达尔文'进化论'的修正，人类及动
物固因相互竞争而生存，而其所以生存，则
全赖于相互扶助的进行；所以克氏说：'团
结！实行互助；只有团结互助是对于个人及

全体给与最大的安全和保障知识的道德的生存进步的最确实方法。'"[34]人类互助与世界大同的思想在李煜瀛的脑海里已经根深蒂固。

李煜瀛宣传无政府主义是"义广理全，至公无私"的，民族主义、民权主义是狭隘的。民族主义是复仇主义，是自私主义，因为"满人非尽恶也"，因为帝国主义"干涉吾辈者，外人中之少数，其政府及要势也"。民权主义是自利主义，"所谓民权者，实富权也"。主张"至公无私"的无政府主义，宣布反对一切强权，反对军备，反对法律，反对赋税，反对财产，提倡"三纲革命""祖宗革命"，鼓吹建立起一种人与人绝对平等，无阶级、无家庭、无国家的新社会。[35]反对清朝专制统治，但不同意仅止于"复仇""夺他人之特权而己代之"的革命，主张实行平尊卑、平贫富的"完全革命"，去强权、共利益、爱众人、无国界，不求利己，自由平等博爱大同，实行"社会主义革命"。[36]

无政府主义思潮流入国内，成为马克思主义传入中国之前最有影响的一种思潮，对日后掀起莫大波澜并翻江倒海的主要思潮，如自由主义、共产主义、国家主义等均产生了极大影响。有学者评论说："《新世纪》出版于法国巴黎，《天义报》出版于日本东京，它们都打着无政府主义的旗号，但'主义'的内容却很不相同。两相比较，《新世纪》也许可以称做是'正统'的无政府主义者。"[37]李大钊、陈独秀、鲁迅、周作人、钱玄同、易培基、易白沙等都与无政府有莫大关联，新文化运动领导人中那些非无政府主义者，也可能在一定程度上受到无政府主义思想灵感的某种启迪。

留法勤工俭学运动的倡导者与实际组织者

李煜瀛说："大豆，西文为Soya或Soja便是，'尗'便是大豆，中国书中有'大豆尗也'一句。我在法国研究大豆与豆乳豆腐，发现其中含有大部分的乳质（Caseine）。西方以牛乳中的乳质合以其他化学品作成'乳石'（Galalithe），可以乳石作成种种用品如人造象牙之类；我则以大豆中的乳质合以化学品作成类似'乳石'者名曰Sojalithe即'尗石'或'豆石'的意思。苏东坡咏豆腐诗的'铛中软玉香'，已认豆腐有'似玉'之感。至于制造豆腐始自淮南子，更是中国古代的化学工业。"[38]1908年，李煜瀛因大豆研究成功，特发起创办巴黎豆腐公司，回国招股。数月后，偕齐竺山率同招募的第一批工人五名赴法，在巴黎附近西北郊区哥伦布（Colombes）地方购置仪器，设立工厂，名为"Usine Caseo-Sojaine"（"豆腐工厂"），以大豆制造各种食品及用品，聘齐竺山为经理主其事，并开张营业。[39]

1909年6月，孙中山到巴黎，参观了豆腐公司，对李煜瀛的创业志趣备加赞赏："吾友李煜瀛留学法国，并游于巴氏、高氏之门，以研究农学而注意大豆，以与开'万国乳会'而主张豆乳，由豆乳代牛乳之推广而主张以豆食代肉食，远引化学诸家之理，近应素食卫生之需，此巴黎豆腐公司之所由起也。"[40]巴黎豆腐公司的豆制品曾参加巴黎"万国食品博览会"，引起了西方人对豆制品的兴趣，但公司的运作并不成功，"其创办巴黎豆腐公司，并开设素食饭馆，皆有其Vegetarian的目的。可惜法国人吃不惯豆腐，连豆浆都嫌有豆腥味，故其豆腐公司的生涯寥落，后来只有靠法政府津贴，为参战华工做甜豆饼干与五香豆腐干"[41]。当然这是后话。

到1910年，巴黎豆腐公司"工人已增至三十余人。工人且以工兼学，不做工之时间或晚间学习中文及法文，兼及普通常识，工人不许吸烟、饮酒、赌博"[42]，"如有违犯者，当遣返回国"[43]。豆腐公司工人"尚俭乐学""以工兼学"的实践，"试之有效，乃提倡俭学会"。[44]1912年4月，李煜瀛与吴稚晖等人在北京创立了"留法俭学会"，倡导多送学生赴英、法各国留学："改良社会，尊重教育，欲输世界文明于国内，必以留学泰西为要图，惟西国学费，宿称耗大，其事至难普及，曾经同志筹思，拟兴苦学之风，广辟欧学界。今共和初立，欲造成新社会新国民，更非留学莫济。兹由同志组织留法俭学会，以兴尚俭乐学之风，而助其事之实行也。"[45]"五月，蔡元培至北京就任教育总长，允拨借北京安定门内方家胡同北顺天高等学堂旧址校舍，设立留法预备学校，先生乃积极筹备，由高阳齐如山主持其事，开始招收第一班学生"[46]，聘请法国老师教授法文，以六个月为一期。到1913年12月中旬，留法俭学会四班共百余名学生分别抵达法国巴黎。

正是豆腐公司的创办使李煜瀛探求到了留学的新途径，豆腐工厂的工人实际上成了中国最早的勤工俭学生。这些大都来自保定高阳县的工人，多数原为农民，文化水平很低。李煜瀛采取业余教育的方法，来提高他们的文化素质与工艺技能，使他们通过学习法语得到了一些进步，具备一些基本的文化知识，言行也逐渐文明起来。吴稚晖后来解释李煜瀛招募华工的思路或许可以为工人得到"亦工亦学"的机会作一注脚："李先生何以如此热心，把中国几十万华工招来法国。李先生是要这些人来法国，看见法国如此美丽，如此有秩序。只要每一来法华工回家后，能改良一个厕所，一个厨房，也就够了。"[47]李煜瀛希望通过学习西方先进国家的文化和科学技术，来改变国内封建势力的猖獗和民智的低下，以使中国人民素质提高，国家发展强大。

工人李广安、张秀波、齐云卿等人经过补习，1913年联合创业，办了一座"地涘泊人造丝厂"，也在厂内办起了类似的夜校。李煜瀛、蔡元培等到该厂参观，鼓励工人"工学并进"。"以工兼学"在留法华工中成为一时风气。[48]如此的成绩使李煜瀛信心大增，认识到勤工俭学是使中国贫穷子弟出国留学的好途径，可以造就大批可用之才，达到普及教育、振兴实业、改良社会、互通文化的目的。

第一次世界大战期间，有十四五万华工被招到法国做苦力。[49]华工们远在异国他乡，语言不通，又没有文化，不仅繁重的体力劳动辛苦，精神上也颇为寂寞痛苦。李煜瀛积极投身到华工教育之中，1915年夏在巴黎组织了"勤工俭学会"，以"勤于工作，俭以求学，以进劳动者之智识"为宗旨[50]，编辑出版《勤工俭学传》，积极向华工宣传勤工俭学；主持创办旅法华工学校，组织在华工所到之处开设夜班，共设323处[51]，"华工既来之后，其将组织完善，工余求学，以进人类于平等，而示国内以模范……惟教育是赖，即吾人所当致力者也"[52]，将留法勤工俭学运动推向了一个新的高度。

1916年6月22日，李煜瀛主事成立了"华法教育会"，这是中法人士联合组织的一个文化教育机构，推蔡元培、欧乐（Prof. Aulard）任中、法方会长，李煜瀛任中方书记。该会包容甚广：

（一）哲理与精神之部分：以传达法国新教育为务，如编辑刊印中、法文书籍与报章亦其职任。

（二）科学与教育之部分:（甲）联络中法学者诸团体;（乙）创设学问机关于中国;（丙）介绍多数中国留学生来法;（丁）助法人游学于中国;（戊）组织留法之工人教育;（己）在法国创设中文学校或讲习班。

（三）经济与社会之部分：其作用为发展中、法两国经济之关系与助进华工教育之组织，以法兰西民国之平等、公道诸谊为标准。[53]

华法教育会为李煜瀛宣传实践勤工俭学思想搭起了平台，李煜瀛作为留法教育的核心主导人物，从此不畏艰难，虽历经挫折，初衷不改，为留法勤工俭学运动奔走辛劳，成为运动的中坚与实际组织者。

1917年6月，李煜瀛在河北高阳布里村成立了中国第一所培养留法勤工俭学生的学校——"留法工艺学校"，并于9月25日呈报教育部备案。呈文指出：

> 窃维我国今日实业教育实为当务之急，而所重者又不仅在厚资大业之经营，其小农小工之职业教育与普通社会尤为有密切之关系。近来赴海外之侨工日多一日，若能先与以相当之教育始渡重洋，俟其返国所益于国民生计智识者必多。职此诸故，前与同志在法国组织勤工俭学会，近将于中国各省组织该会预备学校，以为以工求学之预备。[54]

充分表达了创办预备学校的目的所在。不久，又联络挚友王国光在保定育德中学创办了"留法高等工艺预备班"[55]。仅仅一年时间，到1918年前后，在华法教育会推动下，各地纷纷成立分会，如北京有华法教育会京兆分会、直隶第一分会，济南有山东分会，上海有上海分会，成都有四川分会，长沙有湖南分会，广州有广东分会，福州有福建分会，西安有陕西分会等。这些分会都有明确的会章、切实的组织机构和活动会址、大批会员等。而各地分会又千方百计办起了各种类型的留法勤工俭学预备学校，呈星罗棋布之势。

其中影响较大者有北京高等法文专修馆、高等法文专修馆长辛店分馆工业科、成都留法预备学校、上海留法勤工俭学预备科、布里村留法工艺实习学校、保定留法高等工艺预备班等。这些留法预备学校虽然在学制、招生对象、课程设置、校舍条件、师资水平、教学方法等方面各不相同，但都贯彻了实用原则，且具有留学预备学校和职业教育学校的双重性质，即便青年后来不能赴法留学，仍掌握了一定的知识和技能，能参加职业工作。[56]

李煜瀛本人也直接或间接地参与预备学校的创立，欧战之后，他"在京、津、保定、长辛店等处设立留法勤工俭学预备学校十余所"[57]，"几年之中，申请赴法青年达五百多名"，到五四运动之后则"迅速超过一千五百名"，从而掀起了留法勤工俭学的高潮。当时李煜瀛信心满满地说："勤工俭学现在已由提倡时代入于实行时代，今以数月之经验，已感完全不成问题。余深愿国中志趣坚定之青年，来此一试绝好之读书方法也。"[58]

1919年6月，李煜瀛到法国迎接大批勤工俭学生的到来，接待安排、照料以及暂时读书与立时觅工，"皆由李石曾君接洽"[59]，"先生竭力张罗，供应最低生活，一面补习法文，一面代谋工作或入学"[60]。"法国有些工厂，李石曾同他们很熟，写信介绍些学生加入"[61]，或是亲自奔波，"石曾先生到处进行，昼夜不遑"，"工界进行，商界进行，商会亦进行。昨到濛达时，遇一法友照像者，即便问之可带徒弟否？彼允带徒弟一名。于是有人可往学照像矣。顷又遇一法友业缝纫者，问可带徒弟否？彼亦允带徒弟一名。于是有人可以学缝纫矣。诸如此类，有隙便入"。[62]并与法国职业教育社所办的艺能专习所交涉，"先设法令其补习几个月法文，并设法使其学一种技艺"[63]，就这样"日日奔走以营，设法位置，所找的工作虽不能人人如他的志愿，还勉强可以过活"[64]。这些学生大多被分别送到蒙达尼、米兰等地中学补习法文或学习工艺，法国有90多所中学接纳过中国学生。他还"于每个工厂中派一个老华工（多为豆腐公司的工人）作翻译，以便学习"[65]。

李煜瀛作为勤工俭学运动的倡导者与实际组织者，视此事业为生命，他说："我是不从事政治生涯的，政治上无论如何腐败，我可忍下。若有人破坏我留学事业，反对我教育运动，充其量我可以牺牲一己之性命以办事。"[66] 为之苦心孤诣、殚精竭虑，始终以坚强的毅力克服种种困难，推动事业的发展，发挥了杰出的领导作用。勤工俭学生们赞扬李煜瀛是"专欲使工读的理想成诸事实，开辟留学途径，造福贫寒子弟，无丝毫利用存乎其间，心地光明正大，甚可钦佩"[67]。

> 假使没有李石曾先生在此经营，而无技艺又不通法文者必不能觅得任何工作，是其所以能容纳吾国做工的学生……实由于李石曾先生及华法教育会之利也。[68]

> 其为人宁静淡泊，遇事不忙，有诸葛之风。且事无大小，必自经手。……终日无一刻闲暇，少空谈论，而专主实行。此其所以为今日数百旅欧学生及将来数千万旅欧学生之泰山也。[69]

> 由此可知，石曾先生的"俭学会"及他后来所提倡的"勤工俭学"种种观念与政策，都是针对绝大多数平民为出发点的。

> 石曾先生深明此种情势，故提倡"俭学"与"勤工"，他可以说是先知先觉，为中国留学生"打工"的先声。[70]

> 至若勤工俭学之宗旨，纯系提拔一班贫而有志之士，使其来此实业发达之国家，学成一种工业知识和技能，以为他日归国振兴实业之预备。以目下现象观之，十年后中国实业

界当有一线异彩放乎其间也。[71]

"为我们办事的只有先生一人，一时难得完美的位置，无可讳言。"[72]这是勤工俭学生们对李煜瀛的评价。周恩来、徐特立、蔡畅等人也说李煜瀛是他们"信仰最深的人"[73]。

巴斯蒂评价李煜瀛"勤工俭学"的初衷时说："李石曾之所以提倡勤工俭学的计划，是抱定一种真诚的信念，特别要废除特权者对知识的垄断。"[74]叶隽认为李煜瀛倡导的勤工俭学运动在某种意义上显示出一种盲目的善意与理想行动。[75]勤工俭学运动高举"劳工神圣"大旗，以勤工为手段，解决学费问题，达到俭学目的，工读结合，学用一致，人人劳力，人人劳心，劳动互助以谋社会改造，实现没有剥削、没有压迫的自由平等新社会。这些都是对新社会、新教育的一种探索，属于旧民主主义范畴的教育救国运动，输入了西方文明——法兰西的民主自由思想和自然科学技术，为国家、民族培养了人才。

一部分青年克服工读主义、无政府主义的影响，走上与劳动群众相结合的革命道路，逐渐接受马克思主义，其中造就了周恩来、蔡和森、赵世炎、邓小平、陈毅、王若飞、刘伯坚、罗学瓒、向警予、李维汉、李富春、聂荣臻、蔡畅等一大批坚定的共产主义者和中华人民共和国的领导人；大部分学生矢志勤工、埋头苦读，接受西方文明熏陶，携政治、经济、教育、科学、文化新思想，与中华文明碰撞、交融、创新，学有所长，成为某学科、某领域的专家学者，如科学家李麟玉、李书华、王书堂、严济慈、钱学强、朱洗、何鲁、林镕、周太玄、赵雁来、贺康，艺术家林风眠、李健吾、常书鸿等，还有作家萧三、盛成等，为中国科技文化教育事业的发展做出了卓越贡献。留法勤工俭学运动在中国新民主主义革命和教育发展史上，都具有特别重要的意义，功绩不可磨灭。留法勤工俭学事业在李煜瀛的一生中占有重要地位，"几占他全部中之三分之一或占一半，也不为夸张"[76]。

主持京津同盟会

李煜瀛虽然倡导无政府主义，但其社会革命的思想中又有先以暴力革命手段获得政权的设想，这或许是他作为同盟会的骨干人物，接受孙中山"三民主义"思想的一个表现。他在撰于1910年的《革命风潮》文章中说："东也兵变，西也兵变，消息渐通，乌乎，军人真不负同胞，有如革命党君之言矣。新军万岁！革命万岁！"[77]1911年夏，李煜瀛返国参与革命，"我到北京天津在武汉起事之前，作地下工作；至武汉起义，京津同盟会乃半公开行动，汪精卫出狱后主其事，汪南行后，我主其事"[78]。此时的汪精卫因刺杀摄政王载沣而名动天下，他的狱中诗"慷慨歌燕市，从容作楚囚。引刀成一快，不负少年头"慷慨英勇，他日后背叛革命的行径令人不齿。

京津同盟会成立后，无经费，仅在法租界租屋为秘密办公处所，开支系向当时高阳同乡顺直咨议局议长阎凤阁借款应付，北京会所由李煜瀛主持，秘密机构设在镇江胡同高阳齐禊亭家的义兴局。[79]汪精卫、李煜瀛主张"联袁倒清",与袁世凯有妥协倾向,在南北和议僵持时,李煜瀛致电南京政府,认为"只要清帝退位,吾人即万事不宜深问"[80]。11月,汪精卫去上海参加南北和议,京津同盟会的工作由李煜瀛主持,李曾出银600两供京津同盟会发挥革命作用。[81]

1911年11月,李煜瀛在天津创办京津同盟会的机关报——《民意报》,赵铁桥、张煊、罗世勷等任编辑,以"鼓吹中央革命"为宗旨,李煜瀛"尝为民意报撰写社论,振聋发聩,直为北方革命之警钟"[82]。《民意报》是辛亥革命时期天津最有影响的革命派报纸。

1912年1月,孙中山在南京就任临时大总统,"时北方仍守旧制,革命党人认为清廷内阁总理大臣袁世凯及清军咨使良弼乃中华民国成立障碍,亟谋去之。十四日,先生（李煜瀛）遂分发手枪炸弹于京津同盟暗杀部杨禹昌等十余人,杨禹昌与黄之萌、张先培等党人乘袁世凯入朝过丁字街时,抛掷炸弹,中其副车,三人为清军警捕获,不数日处以绞刑。袁氏受此惊扰,乃知党人势不可侮。二十六日,京津同盟会党人彭家珍诡称良弼友人奉天标统崇恭往访良弼于其红罗厂私宅,适良弼方由衙门回家,彭掷弹,当场殒命,良弼毁一足,越日亦死,由此宗社党人人落胆,清廷震惊"[83]。这两次暗杀行动影响甚巨,在一定程度上震撼了清朝统治者,对当时中国的激进分子产生吸引力,具有唤醒人们反对专制主义的革命意识的作用。李煜瀛曾接孙中山通电:"天津民意报李石曾及全国各报馆钧鉴，现在清帝业已退位，民国统一，兹举行民国统一大庆典，孙文元[*]。"[84]特意将李煜瀛的名字标出，足见其当时地位重要。

* "孙文元"系电报语言，指：孙文，中华民国元年。

见证驱逐溥仪出宫

1924年1月，在国民党第一次全国代表大会上，李煜瀛当选为中央监察委员。

冯玉祥提出驱逐逊帝溥仪出故宫后，由于"当时交涉溥仪出宫的情形，各报所载多不太详细"，"外人当时不在场因而多想象其情景"[85]，李煜瀛是否为摄阁指定为国民代表参与执行，莫衷一是。不同的叙述反映了作者对于事件的判断和采择，但现有的叙述对于史源的利用是不完全的。

据《冯玉祥日记》，11月4日下午"一点半，张玉衡来，余言步兵当急移于城外，并即日请宣统出宫，以免段芝泉来后重生枝节"[86]。当晚，临时执政府摄政内阁会议议决《修正清室优待条件》，并令京畿警卫司

鹿钟麟像   张璧像

令鹿钟麟[*]、京师警察总监张璧负责执行溥仪移出宫禁事宜。

次日，鹿钟麟、张璧执行任务前，为避嫌，"乃用电话约李先生（李煜瀛）来天安门，告诉他请他作证的意思。李先生慨然应允，乃同入宫。时已九点钟矣。张等已调保安队两队及军士多名分布于神武门外。当时守卫故宫外之护军已调往北苑改编，景山已换国民革命军驻守"[87]。至神武门张璧等率警察四十余名，军士二十余名，步行由西筒子而入。未到隆宗门即遇内务府之绍英

* 鹿钟麟的身份职衔，一直以来大家都没有异议。但只要深入一步，就会发现这个时期北京的各种机构变化繁复。中华民国十三年（1924）九月二十三日，曹锟设京畿警备总司令部，与京畿卫戍司令部并存，即日任赵玉珂为警备司令，孙岳、聂宪藩（代京畿卫戍司令）、刘梦庚、薛之珩（京师警察厅总监）、车庆云为副司令。十月二十八日，国民军总司令冯玉祥暂派鹿钟麟充京畿警卫总司令、张璧为警察厅总监（此为冯玉祥个人名义派定者），以维持北京一带治安。曹锟政府既倒，黄郛摄阁，十一月三日即令派冯玉祥麾下旅长鹿钟麟暂为京畿警卫司令。十一月七日令裁撤旧有京畿警备总司令部及京畿卫戍司令部与步军统领衙门军警督察处等机构，另将筹组成立京畿警备司令部，以负责首都之警备及卫戍任务。十一月二十日，京畿警卫司令部升格为京畿警卫总司令部，仍由鹿钟麟任总司令。

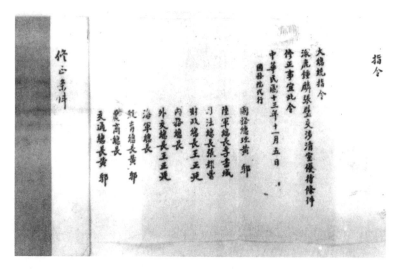

交涉修正清室优待条件事宜的指令（1924年11月5日）

等人。绍英等人和溥仪商议后，同意《修正清室优待条件》，但搬家需要的时间未能确定。这时李煜瀛说："物品不必收拾，有关历史文化之物品，以不搬走为是，因系国宝，不宜归一人一姓，你们今天出去后，只将无职守的太监开去，各宫殿仍旧归原看守人看守，并加封条，以专责成。"[88]这是初次谈及文物，与后来的故宫博物院的成立有很大的关系。

当初无论是冯玉祥、摄政内阁，还是具体执行的鹿钟麟、张璧，想的只是让溥仪出宫，没有考虑到文物的处置问题。而李煜瀛长期在法国生活，对法国大革命后兴起的博物馆相当熟悉，才有了这样的插话。李煜瀛的这句话提醒了鹿钟麟他们，除了让溥仪出宫，还要考虑文物的处置。溥仪出宫当天，摄政内阁开会，专门讨论溥仪出宫后的善后问题。11月6日，国务院致函李煜瀛："清室优待条件业经修正，所有清室善后事宜，亟应组织委员会以资处理。兹谨聘先生担任委员长一席，务希慨允，力膺艰巨，无任翘企。"[89]

11月7日，发布"大总统令"；11月14日，第3104号《政府公报》发布《办理清室善后委员会组织条例》；11月15日，财政整理委员会就接收清室财产事致内务部礼俗司公函（十三年财字第十三号）：

> 径启者：本会第三次会议关于接收清室财产案，议决由主管各司拟定筹备博物院章程暨接收官产整理办法，缮具议案，提出阁议，由部派员参加善后委员会，公同处理，以尽职责，而规久远。当经呈堂阅画。除分函职方司外，相应检同原案*，函请查照办理。[90]

可见，政府的行动紧锣密鼓。

11月19日，北京八所高等学校的代表召开联席会议，赞成组织善后委员会，并希望成立一完全美满之图书馆、博物馆，由国家直接管理，并邀集各机关参加监视，期在公开保存，俾垂永远。11月20日，清室善后委员会筹备就绪，宣告成立，李煜瀛就委员长职。

---

* 附原案："接收清室财产案：清室取消帝号，出居宫外，所有遗产已由善后委员会分别处理。惟清室古物，与历史文化美术有极大关系，本部有保存古物之责，理应接收。且内务府所属之地亩、房产均系官产，亦应由本部管理，可由主管司拟定筹办博物馆章程暨接收官产办法，缮具议案，提出阁议。议决由部派员参加善后委员会，公同处理，以尽职责，而规久远。又，步军统领衙门业已改属，该衙门所属官产官房，应归本部接管，似宜呈由部长派员迅速接收，以免损失。"

这里要补充一点，就是善后会委员人数，所有的著述都说是十四人，与1924年11月14日公布的《清室善后委员会组织条例》第二条规定一致，虽然未见当时的第一手原始记录，大家都深信不疑。而当时的新闻有多家报纸报道：1924年11月18日，国务院加派杨天骥、袁同礼为清室善后会委员。如《清室善后委员院方加派杨天骥袁同礼》，《申报》1924年11月19日；《清室善后委员会又加派两人》，《顺天时报》1924年11月19日；《加派清室善后委员》，《京报》1924年11月19日。因此，我们要据此修正说法，11月20日善后会成立时，委员人数应是十六人。

12月20日，李煜瀛召开清室善后委员会第一次会议，通过《点查清宫物件规则》十八条[91]，从登记、编号到物品挪动，建立了严格的监督机制和责任制。规定在室内工作时，不得吸烟（规则第十二条）；要求点查工作以不离开物品原摆设之地为原则，如必不得已，须挪动位置者，点查完毕后即须归还原处，无论如何不得移至所在室之门外（规则第八条）；要求每种物品上均须粘贴委员会特制之标签一面，登记物品之名称及件数，凡贵重物品，并须详志其特异处，于必要时，或用摄影术，或用显微镜观察法，或其他严密之方法，以防抵换（规则第七条），等等。点查规则相当地周到、严格，从制度上对参与清查文物的工作人员做出了规范，也防止了宫外人员染指故宫文物，使得故宫文物在点查时得到了较好的保护。[92] 会议决定23日起点查清宫物品。

21日，清室善后委员会中的清室代表五人缴还聘函，新上台的段祺瑞执政府对清室善后之事正在筹议办法，临时执政府秘书厅函内务部，要求"该委员会未便遽行点查，着内务部暨警卫司令部即行查止"[93]*，李煜瀛22日召开善后会会议，主张"反抗执政府此种违反民意不合手续之命令"，答复内务部，转达执政府，表示点查工作"万难中止"[94]。李煜瀛并允绍英等清室代表五人不妨随时到会，仍于23日上午开始点查清宫物品，然因警察未到，不合《点查清宫物件规则》规定，未实行点查。

24日上午，警卫司令部派员已到，监察员亦均到场监督，点查工作正式从乾清宫、坤宁宫开始。其他宫殿的点查工作也随即开始了。

首倡"将清宫改为博物院"

清宫物品点查从1924年12月24日以后，在将近10个月中已做大量工作。清宫物品点查过程中，李煜瀛等人考虑到故宫"关于历史文化者甚巨"，只有把这项"革命事业"渐进为"社会事业"，方不致"受政潮之波动"[95]的影响。李煜瀛早年"在赴法留学时，在巴黎见到法皇的狼宫，在法国大革命后改成罗浮博物院，也就是狼宫博物院。这引起了他的注意，想回国革命成功后，将清宫改为博物院"[96]。可以说，李煜瀛建立博物院的想法由来已久。1925年9月29日，李煜瀛召集清室善后委员会会议，

---

* 其他几乎所有相关论著都是如此记述的。韩信夫、姜克夫主编《中华民国大事记》第三卷，第2116页："22日，清室向段祺瑞呈诉，谓摄政内阁欺侮清室，欲将宫中所藏古物归作民国所有，请设法援助；并请日使芳泽向段说项。段遂令内务部、警卫司令部查止。"

讨论并通过了《故宫博物院临时组织大纲》及《故宫博物院临时董事会章程》、《故宫博物院临时理事会章程》，决定尽快成立故宫博物院，不许溥仪复宫，保护国宝安全；规定博物院设"古物""图书"两馆，采取董事会监督制和理事会管理制，并对董事会、理事会的职权与义务做出了详细的规定。经郑重遴选，讨论确定了第一届董事及理事名单，李煜瀛为董事、理事。议定在具有特殊纪念意义的10月10日下午举行故宫博物院开院典礼。与此同时，京津各大报都登出了"故宫博物院开幕广告"。

开院之日，李煜瀛手书的"故宫博物院"匾额*已高悬在神武门上方，顺贞门内竖起了大幅《全宫略图》。请柬发出了3 500份，从临时执政段祺瑞，到军、政、警、法、工、商、学、新闻等各界，都在被邀之列。下午二时，典礼在乾清宫前隆重举行，由清室善后委员会监察员、故宫博物院董事庄蕴宽主持。清室善后委员会委员长、故宫博物院董事兼理事李煜瀛报告了故宫博物

---

* 单士元《我与初建的故宫博物院及院匾轶事》说："忆当年故宫博物院成立的日子正式确定下来的前几天，清室善后委员会委员长、被选推为故宫博物院成立之后的理事长李煜瀛先生在当年故宫文书科内，粘连丈余黄毛边纸铺于地上，用大抓笔半跪着书写了'故宫博物院'五个气势磅礴的大字。李先生善榜书，功力极深，当时我有幸捧砚在侧，真是惊佩不已。在成立故宫博物院隆重的庆典大会上，已庄重地镶嵌在原皇宫北门神武门的红墙上。"（单士元：《故宫史话》，北京：新世界出版社，2004年，第120页）

　　宋兆麟《故宫院史留真》也说："民国十四年十月十日，故宫博物院于乾清门举行开幕大会……神武门外搭起花牌楼，门洞上方悬以李煜瀛理事长手书之颜体大字'故宫博物院'青石匾额。"（宋兆麟主编：《故宫院史留真》，台北："国立故宫博物院"，2013年，第21页）

　　但从历史照片来看，两位先生的叙述均有误，在1925年10月10日故宫博物院成立之时，在故宫博物院唯一的出入口——紫禁城北门神武门的中门上方，是悬挂的白底黑色大字木匾，手书匾留边较窄，并不是镶嵌的青石匾额。1930年8月30日，神武门原先所悬挂的李煜瀛题木质"故宫博物院"匾被撤下，代之石质的"故宫博物院"匾，依然为李煜瀛颜体手书，石匾四周加有一圈石质边框，新匾被直接嵌在了神武门中门洞的正上方。

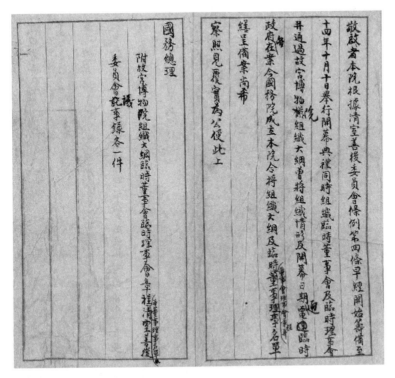

故宫博物院就开院事宜致国务总理呈文底稿

院的筹建经过，前摄政内阁总理、故宫博物院董事兼理事黄郛讲话，指出故宫化私为公，成为博物院完全公有，警告如有破坏博物院者，即为破坏民国之佳节，吾人宜共保卫之。之后，王正廷、蔡廷干、鹿钟麟、于右任、袁良等相继发言，阐述建立故宫博物院的深远意义，吁请各界支持。

　　北京各方市民纷纷涌到故宫，除观看开院大典外，更欲一睹数百年来壁垒森严的皇家禁地及神秘藏宝。从当时的报刊报道和后来的回忆文章中，可一睹开院之日的景象。

院物博宫故

1925年10月10日故宫博物院成立时的神武门

1930年8月30日以后的神武门

遵义门内拥挤的参观人群
（1925年10月10日）

数千年宫殿尊严，昔为梦想所不可得到者，今则略破悭囊，即允吾人昂首阔步，眺望谈笑于其间。不可谓非建国以来，求治益乱，求合益分之现象中，独此一事，是以差强人意者。……惟因宫殿穿门别户，曲折重重，人多道窄，汹涌而来，拥挤至不能转侧，殿上几无隙地，万头攒动，游客不由自主矣。[97]

此零仃孤苦幸得大众赞助未致漏产之故宫博物院，居然在万头攒动之中，脱颖而出。是日万人空巷，咸欲乘此国庆佳节，以一窥此数千年神秘之蕴藏。余适以事入宫略迟，中途车不能行者屡，入门乃与眷属及三数友人，被遮断于坤宁宫东夹道至两小时之久，始得前进。[98]

展览室中的拥挤更是不堪，想进去的进不去，想出来的也出不来。那天，我被派在外东路的养性殿照料，这里陈列的是《南巡图》及《大婚图》等，是画工很细致，雅俗共赏的展品，先进来的看完不走，后进来的人，把室内挤满了，他想走也走不成。

我站在一只圆凳上，大声喊叫，说："请前面的人走动走动，让后面的人陆续松动。"谁理你？

我看到一位先生，戴着眼镜，手里拿着一份报纸，走到门口，伸着头向里面探望。他也未必决定是不是进来看看，可是，被后面人一挤，就挤进来了，他成了"夹馅饼干"的馅子，夹在那里，缓缓移动，有时他伸伸脖子，向展览柜中望望，我想他也未必看到什么，然后被夹了出去。这个人是做什么来的，受了一顿挤，走了。我很莫名其妙。陈列室内的拥挤情形，大概都是这样子。[99]

随即，清室善后委员会发出通电：

北京段执政钧鉴，各部院、各机关、各省督办长、各总司令、各都统、各法团、各报馆钧鉴：本会成立半载有余，竭蹶经营，规模粗具。现已遵照去年政府命令，将故宫博物院全院部署就绪，内分古物、图书两馆，业于本日双十佳节举行开院典礼，观礼者数万人。除该院临时董事会、理事会各规程前已正式披露外，特电奉闻，诸希匡翼，临电无任翘企之至。清室善后委员会叩。民国十四年双十节。[100]

故宫博物院在中国近代文化舞台上充当着一个主要角色，在中国近代化全过程中占据重要地位，是不容忽视的重要组成部分。故宫博物院的成立构建了中国现代博物馆的雏形，展示了中国博物馆未来的图景，开辟了中国博物馆事业的新纪元。它虽然不是中国历史上首创的博物馆，但确立了建设现代博物馆的基本原则，制定了博物馆的体制，颁布了第一部《故宫博物院临时组织大纲》。这些较为集中地反映在驱逐溥仪出宫后，善后会为奠定现代博物馆基础所做的努力，对中国现代博物馆建设事业有着深远的意义。故宫博物院的成立是20世纪中国博物馆事业发展的里程碑。博物馆事业的出现与发展，是时代进步的表现，博物馆是建设现代中国的一个重要方面。1925年故宫博物院成立时，李煜瀛就仿效西方的管理方法，将故宫博物院法人化。故宫工作规程正规化、现代化，建立董事会、理事会这样现代的组织机构和形式，是这一时期社会向现代化迈进的模范。

蒋复璁说："在十六年（1927）国民革命军北伐未到达之前，这个故宫博物院象征着革命力量已经到达了北平。"[101]李煜瀛功在首位。

李煜瀛在故宫博物院成立四周年时说"清故宫须为活故宫"：

> 故宫为历史上遗留之建筑物，自废帝出宫后，此数年中，经过政治之变化，军事领袖之种种关系，而故宫同人仍在努力维持，以图发展。现已到了发展时期，希望故宫将不仅为中国历史上所遗留下的一个死的故宫，必为世界上几千万年一个活的故宫。以前之故宫，系为皇室私有，现已变

乾清宫点查《古今图书集成》（点查此书历五次而点毕。暂系于第一次点查，1924年12月24日）
中立穿氅者为李煜瀛

李煜瀛理事长在御花园招待中外来宾（1929年10月24日）

为全国公物，或亦为世界公物，其精神全在一公字。余素主张，使故宫博物院不为官吏化，而必使为社会化，不使为少数官吏的机关，必为社会民众的机关……[102]

这是李煜瀛建设故宫的理念，符合他一力推进社会文化教育事业的基本思路，也与其留法时代接受法国各类博物馆等文化设施的熏陶有关，有非常长远的建设者意识，是一项惠及国家、民众的大事业。

李煜瀛一生只做大事，不做大官，淡泊名利，一心为国。他在出任清室善后委员会委员长之后，在无数的宝物面前保持平淡的心态，制定严格的制度，带领大家认真地开展点查工作。"这是满清贵族及遗老与当时军阀想染指而不成的，所以对于石曾先生痛恨切齿，造作谣言。然而于石曾先生之亮节高风，一身清白，无损毫末。"[103] 从后来李煜瀛的遗物看，也是丝毫与故宫博物院无涉。其实，李煜瀛与蔡元培等人1912年就发起"八不会"及"进德会"，提倡不为官、不置私产，开一时风气之先。李煜瀛是丁种会员，且是始终遵守会约的三人之一，其魄力和人格确实非同一般。李煜瀛不仅是故宫博物院的创建人之一，而且为故宫博物院各项事业的发展做出了积极的贡献。

第二章

◎

故宫掌门人1925—1949

庄蕴宽：
岿然不动的守护者

"故宫责任重大，本人极愿有力者来继续负责维持。但必须有一番手续，交代清楚。倘若不作交代，强来驻扎军队，那末，神武门内所有的故宫所藏，都是历代重要文物，我们都负有责任，万不能拱手相让。"

    庄蕴宽（1867—1932），字思缄，号抱闳，晚年称无碍居士，江苏常州人。早年就学于江阴南菁书院。光绪十七年（1891）考中副贡后步入仕途，于1896年赴广西任职，十余年间历任百色厅同知、平南知县、梧州知府、太平思顺兵备道兼龙州边防督办等职。1907年黄兴亲自主持镇南关之役，冒险出入越桂间，不慎为法警截留，庄蕴宽请法国教堂司铎出面保释，使其幸免于难。[1] 1909年底辞官归里。1910年初出任吴淞商船学校监督而卜居上海，与同乡立宪派人物赵凤昌时常往来，并于同年加入张謇等人筹办

庄蕴宽像

的预备立宪公会。1911年上海光复后，庄蕴宽不避艰险，持张謇、章太炎信赴鄂与黄兴见面，成为立宪、革命两派沟通的纽带。

1912年1月10日，庄蕴宽任民国临时政府时期的江苏代理都督，主持苏政三月有余，致力于新政权的稳定工作，坚持贯彻了"不扰民、不增兵、不借债"的治理理念。1912年2月12日，宣统帝正式下诏退位。翌日孙中山向南京参议院请辞临时大总统职务，让位于袁世凯。在建都问题上，庄蕴宽两次致电孙中山*2，并通电各省都督、督抚、省议会、咨议局，呼吁地方实力派支持定都

*《庄蕴宽为亟速解决统一政府事致孙中山电 第三百二十六号 一九一二年三月五日》《庄蕴宽为主张袁世凯在北京受职建都问题可付诸国会公决事致孙中山等电 第三百四十三号 一九一二年三月五日》。

北京，攻击孙中山依法咨请参议院复议建都问题是"立法为行政所侵"。

1913年3月的刺杀宋教仁案，使庄蕴宽摆脱了此前对袁世凯的迷信。1914年3月4日，庄蕴宽任北洋政府肃政厅都肃政史。1914年3月，约法会议开会，议员57人，实到44人。袁世凯向会议提出"修改约法大纲七条"，旨在炮制新约法以取代临时约法，改责任内阁制为总统制，扩大总统权限。最后表决结果43比1，庄蕴宽投了唯一的反对票。继而筹安会起，向袁世凯劝进，一时舆论哗然。庄蕴宽所领导的肃政厅公署收到来自各处弹劾杨度及筹安会的呈文，都肃政史庄蕴宽召开特别会议讨论筹安会问题，议决呈请袁世凯取消筹安会。1915年12月11日，自称国民代表大会总代表的参政院举行所谓解决国体总开票，1993票全体赞成君主立宪，并向袁世凯上总推戴书。次日，袁世凯颁令接受帝位。庄蕴宽犯颜直谏，呈文袁世凯，痛陈"帝制之不可为，民意之不可假，时代潮流之不可拂"，并提出取消洪宪年号、撤销大典筹备处及参政院。

清室善后委员会监察员

1924年10月23日，冯玉祥发动"北京政变"，囚禁了总统曹锟，组建摄政内阁，以黄郛摄行总统职务。11月5日，修正清室优待条件，溥仪迁出宫禁。11月14日，《政府公报》发布《办理清室善后委员会组织条例》[3]。11月20日，善后会成立，李煜瀛委员长就职，有委员十六人。条例之内，还有一项监察员，内中规定，除京师警察厅、高等检察厅、北京教育会是法定监察员外，应该特聘三人，于是聘了吴稚晖、张继和庄蕴宽。[4]前二人为国民党元老。庄蕴宽作为审计院院长，被推为委员会监察员，是委员会名誉的重要保证，也是向各界昭示大公的见证人。

12月20日，清室善后委员会第一次会议，讨论通过了《点查清宫物件规则》。从登记、编号到物品挪动，建立了严格的监督机制和责任制。[5]原定于12月23日开始的清宫物件点查，因为段祺瑞执政府发来公函制止，李煜瀛又于22日召开清室善后委员会会议，委员们群情激愤，庄蕴宽、易培基、吴稚晖等发言最多，坚持不向段执政府屈服。会议一致决议照旧点查，并推吴稚晖、杨天骥起草答复内务部。庄蕴宽夜间与内务部王耕木次长晤谈，并给内务总长龚仙洲（心湛）写信，从中斡旋调停。12月23日，依照决议出组点查乾清宫，因军警都没有到，也就为章程所限，这组未出成。

24日一早，大家都来到神武门，警察仍旧未到，但是鹿钟麟驻在宫内的军队却派了人来，所谓规则内所称军警，即以军来代表了。出组的地点是乾清宫，组长是陈去病。庄蕴宽作为清室善后委员会的监察员，参加了第一天的清宫物品点查，身份是监视。

24日当天，临时执政段祺瑞召集国务会议，就清室善后委员会及清宫物品点查，议决办法五条。这是"故宫"日后能够名正言顺在历史上存在的最关键的一个决定。又订了一个《各部院长官轮流察看查点清宫物件日期表》。善后会可以合理合法地进入故宫开始点查工作了。庄蕴宽积极参加清室文物的点查工作，共参加了七次。

11月7日的"大总统令"已指出"将宫禁一律开放，备充国立图书馆、博物馆等项之用"，而善后会就是政府成立的，虽然不占编制，但是经内阁商定聘任，且政府负责相关费用，自然属于政府行为，善后会照章行事，得到现政府的积极支持与配合，段祺瑞不仅批准了善后会点查清宫物品，成立故宫博物院实际上也是段祺瑞批准和支持的，吴瀛记载"执政府会同清室善后委员会拟订了开幕典礼主席团名单"[8]。

主持故宫博物院开院典礼

1925年9月29日，清室善后委员会决议成立"故宫博物院"，并制定了《故宫博物院临时组织大纲》及《故宫博物院临时董事会章程》与《故宫博物院临时理事会章程》。决定尽快成立故宫博物院，不许溥仪复宫，保护国宝安全；规定博物院设"古物""图书"两馆，采取董事会监督制和理事会管理制，并对董事会、理事会的职权与义务做出了详细的规定。[9]因博物院的院址在故宫，保藏的又是故宫的文物，议定院名为"故宫博物院"。

根据《故宫博物院临时组织大纲》，故宫博物院的领导机构为临时董事会与理事会。清室善后委员会推定故宫博物院董事、理事名单。庄蕴宽被推为董事。在理事会下设古物、图书两馆。

《故宫博物院历程》《故宫博物院八十年》说，1925年故宫博物院成立时，庄蕴宽兼图书馆馆长，显然是不对的。

据《故宫博物院临时理事会章程》，理事会作为决策中心执行全院事务，分馆务、总务两种。馆务由古物馆、图书馆处理，总务设总务处处理。"第二条　本理事会所属古物馆、图书馆，各设馆长一人、副馆长二人，馆长、副馆长为当然理事。""第三条　除上条当然理事外，其余理事，由筹备主任就清室善后委员会委员中聘请之。"临时理事会以理事9人组成，即李煜瀛、黄郛、鹿钟麟、易培基、陈垣、张继、马衡、沈兼士、袁同礼。李煜瀛、黄郛、鹿钟麟三人显然是据第三条聘请的，只是黄郛并不是清室善后委员会委员，估计大家认为，清室善后委员会是在黄郛担任摄政内阁总理任上成立的，聘请他为故宫博物院理事，虽然与《章程》不符，但大家都不会提异议，因而才有了与《章程》的矛盾，大家也都视而不见。后六位显然就是古物、图书二馆的馆长、副馆长。庄蕴宽不是临时理事会理事，因而不可能是故宫博物院图书馆馆长。

现能查到1926年8月21日《申报》的报道文字："至故宫博物院之由来，则清室善后委员会所递嬗。该院分两部，一古物馆，馆长易培基，副以高（马）衡；一图书馆，馆长陈垣，副以沈兼士。"[10]而且，建院以来就是图书馆副馆长的袁同礼，在1930年写的《北平故宫博物院图书馆概况》中说，故宫博物院图书馆首任馆长为陈垣。[11]这个问题应该已经解决了。

1925年10月10日下午2时，故宫博物院在乾清宫前举行开幕典礼，庄严宣告故宫博物院成立。朝野各界人士出席了典礼。开院典礼由清室善后委员会监察员、故宫博物院临时董事会董事庄蕴宽担任主席，宣告"故宫博物院"成立。故宫博物院的创立，是中国文化史上的一个伟大业绩，它将紫禁城这座昔日皇帝居住的禁区，变为人民百姓自由参观的场所。

故宫博物院院务维持员

1926年3月18日，北京群众2 000余人，徐谦主席，顾孟余演说，在天安门集会抗议，会后游行，到铁狮子胡同段祺瑞执政府国务院门前请愿，要求政府拒绝八国通牒。段祺瑞政府血腥镇压请愿群众，酿成"三一八"惨案。学生在执政府门口被卫队枪杀47人，伤132人，引起学界大愤、社会不平。段政府商议处理办法，均觉此事倘非有一卸责方法，则死伤如是之多，责任所在，无以自明，遂决定明令通缉历次在天安门以"群众领袖"自命之徐谦、李大钊、李煜瀛、易培基、顾兆熊等，加以"共产党"尊号，此事便算有了归结。

政府认徐谦、李大钊、李石曾、易培基、顾孟余五名，为国务院前大惨剧之首谋者，已于十九日下逮捕令，其内容略谓："徐谦等五名，借名共产学说，屡酿事端。此次徐谦以共产党执行委员之名义，散布宣传传单，率暴徒数百名袭国务院，灌火油，投炸弹，用棍棒殴打军警。军警出于正当防卫，其结果致双方皆有死伤。如此行为，几无国法，深堪

痛恨。今已暴露该暴徒等曾潜赴谷地，屡谋不轨，国家之秩
序，将濒于危机。除京师令军警尽力防范外，着各地方长官
一律严重取缔，以灭祸根。徐谦等五名不问在北京内外，概
行逮捕，依法处罚。"……命通缉徐谦等。[12]

故宫博物院的李、易两位都被迫逃跑，避难俄使馆。李煜瀛
后来避居东交民巷的六国饭店[13]，易培基也避居东交民巷。*故宫
博物院的院务陷入无人负责的状态。

3月29日，故宫博物院董事会与理事会举行联席会议，推
举董事卢永祥、庄蕴宽、陈垣三人维持现状。[14]卢永祥是皖系军
阀，曾任浙江督军、苏皖宣抚使，段祺瑞曾电促卢永祥来京面商
入阁，但卢坚请不就陆军总长职。他是故宫博物院临时董事会董
事，这次推举他出面维持故宫院务，是考虑他与段祺瑞有私谊，
有利于维持故宫博物院的事业；庄蕴宽曾任北京政府都肃政史、
审计院长，以反对袁世凯复辟扬名，所以庄蕴宽被公推为特殊时
期的维持员有着特殊的意义；陈垣从清室善后委员会时起，就是
故宫的核心人物，李煜瀛在1924年12月3日就函请陈垣代理清
室善后委员会常务委员之职[15]，同月又委托陈主持清室善后委员
会工作："敬请先生担任本会会长所应兼任之常务委员一席，以便

* 《申报》1926年4月3日《易培基昨晨返沪》："中国新闻社云：前教育总长易培基偕蔡
元培氏赴杭游历。兹悉易氏已于昨晨返沪。"则易在3月底就应离京南下。但《申报》1926
年11月22日报道："前任教育总长易培基氏于三一八惨案发生后被段政府通缉，避居东交民
巷数月。现应国民政府之召，于上月杪先由寓所移居德国医院，后移居某使馆，本月一日乘汽
车潜行至津，由津搭轮赴沪。日前乘大通轮到汉，寓交通旅馆一百三十号。昨有人访易于寓所，
易称……"11月16日有类似报道。应以后者为是。

陈垣在撷藻堂前留影
（1925年4月28日）

办理一切。煜瀛其他事务亦甚繁颐，如值出京之时，所有本会会长职务，亦请先生随时代理，以免有误要公。"[16]陈垣长于事务处理，又得李煜瀛信任，所以有"事务长"之称，也可见他在故宫博物院创建时期出力颇多，地位重要。但故宫博物院毕竟是政府的事业，在非常时期推选的负责人还要考虑到段祺瑞政府的认可，在当时情况下，卢、庄是大家都能接受的人物，而陈垣显然做不到这一点，在4月5日的交接会议上就初露端倪，后来也因此而慢慢退出了故宫事务。

4月5日，"北京今日故宫博物院西北军撤退，交保安队接管。委员会推卢永祥委员长、庄蕴宽副"[17]。卢永祥其时在天津[18]——在民国前期，好多政治人物都寓居天津，并不影响到北京来做事。但卢以"病体未瘳，势难担任"推辞了委员长之职（何时推辞现还未考得），且从未到故宫露过脸，实际上故宫博物院院务由庄蕴宽一人主持。1926年8月21日《申报》的文字是符合实际情况的："及今年三一八案起，李煜瀛、易培基通缉，该会、该院领袖去三之二，乃公推庄蕴宽为保管员，经段政府认可，而撤去原任守护之国民军，改用内务部古物陈列所之警卫。"[19]庄蕴宽给自己的定位就是维持，还特地编印了"维持员名册"。庄蕴宽从4月初到7月底出面维持故宫博物院院务，在这短短的4个月时间里，不少困难接踵而至。

也是在4月5日，故宫博物院举行了新旧清室善后委员会办理交接手续的会议，"由委员会召集各委员、监察员、各部院助理员及顾问开会，是日钟麟派主任参谋陈继淹代表到会，正式交代。会议时，除前述各委员等外，来宾并有各部署长官及各界名流、新闻记者，计共三百人左右。"参加者主要有四方面的人：一、新推维持员庄蕴宽；二、旧委员会代表陈垣；三、旧守卫方面出席的是鹿钟麟派的主任参谋陈继淹；四、新守卫方面接任守卫责任的，是内务部警卫队，并且掺入一部分古物陈列所警卫队合组的守卫队，同时还有全体故宫博物院的工作人员暨法庭方面的监察人员、各部总长。

这一天，鹿钟麟所辖驻守故宫的部队交卸守卫之责，撤出北京。鹿钟麟总司令虽然没有亲自莅会，但给北京各部院、各省区军民长官、各法团、各报馆及全国同胞发出了一个通电，详述"民国十三年十月二十三日起，钟麟以警卫京畿之职务，选派队

清室善后委员会在故宫博物院欢迎庄蕴宽维持员合影（1926年4月5日）

媒体报道故宫博物院院务维持员庄蕴宽到任

伍，会同保安队及驻守警察，三方共同负守卫宫门稽查出入之责（其时钟麟未兼任警察总监）。与宫内古物，无直接关联。至十五年四月五日交代之日止，分任守卫者，计一年又六个月"，这期间他因"忝居京畿警卫之职，协同守护，责无可辞"，以及"脱卸守卫之责"之时，"窃喜乘此得以证明一切古物之丝毫无缺，尤为明告内外清白交代之适当时机"[20]。文字冗长，由此也可见鹿钟麟是一位周到详密的军人，以及他如何地洁身自好，注重这一行动。

陈垣在代表旧委员会交代的演说词中不承认是借用内务部的卫队，而说："今天我们自练守卫队成立之期。"吴瀛则在回忆文字中特别强调用内务部警卫队，是有人顾虑政府当局时时想着收故宫归政府。或许这是当时参与故宫领导的人们的一种不舍情绪，其实故宫博物院本身就是国家的，由哪些人来管理并不代表什么，现有的史著都未脱这些故宫博物院开创者的思维，对于后继者有一种强烈的抵触情绪，是不应该的。

现在几乎所有的论著都在刻意强调庄蕴宽主持故宫时经费无着——段祺瑞明确向庄蕴宽表示："要用款，只要开出数目，我命令下面照付。"庄蕴宽为了避免执政府插手故宫事务，故宫所需经费坚持不要段政府拨款，自己出面，由熊希龄等担保，从东方汇理银行借款3万元，维持院里的开支。其实，政府自1924年11月清室善后委员会成立开始即拨款。故宫博物院档案室藏"函审计院送本院支出计算书及对照表"[21]档案中，记载从1924年11月清室善后委员会成立之日起到1926年9月底，善后会与故宫博物院共收入银洋137 148.997元，支出银洋136 691.208元，收支基本平衡，并不存在经费无着问题。同时这份档案中还有一份"清室善后委员会故宫博物院自中华民国十三年（1924）十一月起至十五年（1926）九月底止直接收入计算书"，列举了参观券售价、照片摄影集售价、故宫图说售价、复辟文证售价、点查物品报告售价、古物拓片售价、房地租金、银行利息等项，共收入77 970.547元，并且全部借充本院经费。这份计算书列举的八项收入，都是清室善后委员会故宫博物院通过经营获得，这些收入与总收入之间的差额应该就是政府拨款，计有59 178.45元。如果我们将其总支出除以月份数，可知故宫每月经常支出费用平均约5 000元，与借3万元供半年用度基本相合（这已不计故宫本身会有的收入）。

据《申报》1926年4月30日报道："北京内部咨财部，将故宫守卫处警饷列入预算，按月与京畿军警饷同发法便。四月份经费已由关税项下拨给。"[22]直到5月底，故宫博物院费断，由庄蕴宽托王士珍向东方汇理银行借3万元供半年用。[23]此时段祺瑞早已下台到天津做寓公去了，庄蕴宽根本不可能与段发生丝毫瓜葛。庄蕴宽接手维持故宫以后，根本没有拒绝政府对故宫拨款之事，4月的拨款就是证明。5月底发生经济困难，那是因为1926年的四五月份是北京的非常时期，几乎处于无政府状态，是由王士珍领导的京师临时治安会在维持着秩序。非常时期自然要用非常举措，与段祺瑞无关，也与政府无关，根本不是庄蕴宽为了避免执政府插手故宫事务的原因。对庄蕴宽以个人名义从东方汇理银行借款3万元，来维持新生的故宫博物院，需要一个合乎事实的解读。其事的意义没有多少，只要是一个管理者，都要做这件事。

4月9日夜，北京发生政变。鹿钟麟派兵包围国务院，段祺瑞及安福系要人避入东交民巷。10日，段祺瑞允辞职。4月15日，冯玉祥的国民军撤出北京，退往南口。北京城内一时没有政府，北京商会、银行公会等组织京师临时治安会，聘王士珍等十七人主持一切。[24]临时治安会分设治安股、市政股、慈善股、会计股、交际股等五股，办事分任，进行维持京师治安各事项。慈善股所掌管者为收容难民等事务，庄蕴宽即为办理此股中的一人。[25]

4月18日，奉军及直鲁联军进入北京，驻北京城外者十余万，奸淫杀掠，时有所闻，民房被占用者不可胜数。无家可归的难民纷纷逃避城内，数在十万以上。21日，治安会在神武门、天安门设两难民收容所。城内人心恐慌，商铺开市者甚少。22日，张宗昌、李景林、张学良、靳云鹗诸军代表开会，商定维持北京秩序办法，有组织奉直鲁联军总执法处、总稽查处，总理京城内外军纪；各军给养自给，不许向治安会及机关索取；将纪律不整之新兵、降兵及改编的队伍和白俄兵调往廊坊等七项。奉、直、鲁各军进入北京后胡作非为，扰乱治安，市面紊乱，物价暴涨，民心惶恐，舆论哗然。是日，吴佩孚通令所部不准扰民，张作霖、张宗昌等亦令所属遵守军纪。

23日下午，直鲁联军的两名军官带卫兵分乘两辆汽车直闯神武门，声言明日一早前来接收，将派兵驻扎，指令故宫立即腾出一些房子，供第二天前来的部队使用。并且不由分说，立即自动检查了全部办公房屋，同带来的人士指定某处作为某项办事处所，分派一切，扬长而去。庄蕴宽知道以后，径自到治安会，告知负责维持北京治安的王士珍、赵尔巽，要求制止，并且明白声言："故宫责任重大，本人极愿有力者来继续负责维持。但必须有一番手续，交代清楚。倘若不作交代，强来驻扎军队，那末，神武门内所有的故宫所藏，都是历代重要文物，我们都负有责任，万不能拱手相让。"治安会大家自然都以为然，那时他们正在外交大楼为奉联各军将领洗尘，因公同在席上面询张宗昌、李景林几位领袖的军长，他们都否认知道此事，有人说："或者部下的私人行动，自应下令制止。"在场的京畿警备总司令王翰鸣答应在神武门外张贴布告，严禁在神武门及故宫内驻军。

第二天，直鲁联军的大批军队果然开到神武门，幸而已有接洽，京畿警备总司令部的参谋李继舜等赶来制止，严正交涉一番，这批军队方才开走。李参谋在宫门口贴了严禁军队驻扎的布告。在故宫对面的景山，也有军队开进，后来也都知难而退。[26]4月25日，北京各将领公决故宫内永不驻军队。[27]

庄蕴宽的斡旋，阻止了直鲁联军进驻故宫。这对于故宫古物的保管，对于故宫博物院的发展是十分重大的事件。

> 故宫既是这样的轰动一时，大家都知道是一座宝藏，尤其是当时的一班军人武夫，他们的目光，不知道什么叫做文化、文物、文献这类的名词。他们只知道你争我夺的都是宝贝金银，哪个先下手为强，占据了这一座宝库，便一生吃不尽。[28]

如果允许军队进宫驻扎，后果不敢想象。庄蕴宽也曾是带兵之人，在国家如此乱局之下，能够清醒地认识到军队进宫的种种不稳定，能够抓住一切可用资源，动用关系，平息此事，功莫大焉。

阻止用简单方式办理移交

段祺瑞1926年4月20日下野，出逃天津，由国务院国务总理胡惟德摄行临时执政职务。5月13日，得到吴佩孚支持的颜惠庆组成新内阁，维持到6月，就因为张作霖的不满而垮台。

6月22日，以吴佩孚为后台的杜锡珪组阁。杜锡珪上台后，逊清遗老以为有机可乘，一面以清室内务府名义上书国务院，一面由康有为函电吴佩孚，公然提出"应请恢复优待条件，并迎逊帝回宫"的要求，请求恢复民国十三年修改优待条件以前状态，将故宫交还溥仪。吴佩孚复电康有为："如果推翻，物议必多，只好听其自然。"没有上当。报纸揭露了清室遗老的这些活动，也发表了各方面人士，包括章太炎和一些国会议员纷起谴责的大量消息。7月16日，杜锡珪内阁内务部议定：溥仪已永废帝位，优待由政府以赈济方式拨款；拒绝发还皇室财产，唯赠与不含历史性之一小部分公产；允许溥仪岁时以平民礼仪祭扫其祖先陵寝。至此，有关迎溥仪还宫，恢复清室优待条件的种种活动才有所收敛。*

"清室善后委员会，自委员长李石曾因政变离京后，即无形停顿。政府方面前此有由内务部专管之议，嗣因窒碍之处尚多，未克实现。惟该会所管理之故宫博物院，关系重要，若任其长此停顿，将来不免有陷于不可收拾之境。"[29]杜锡珪在8月10日的国务会议上对此问题提出讨论。8月14日，杜锡珪内阁正式通过改组故宫博物院，决定结束故宫博物院维持员的工作，成立故宫保管委员会，通过《故宫博物院暂行保管办法》六条，由国务院函聘委员21人，设干事若干人，由院部分别派充，以

---

* 《申报》1926年7月19—26日有连续报道，如：《北京通信：清室要求恢复民十三之旧观》（7月19日）、《吴佩孚对交还故宫之谈》（7月20日）、《内务部决拒绝溥仪要求 反对恢复十三年原状》（7月21日）、《北京通信：溥仪复宫运动之急进》（7月24日）、《章太炎反对还溥仪故宫 与吴佩孚往来电》（7月24日）、《北京通信：已告段落之溥仪复宫运动》（7月26日）。

下再设办事员若干人。[30]8月21日，"故宫保管委员会"选举赵尔巽为委员长，孙宝琦为副委员长。[31]在溥仪还宫的声浪尚未完全平息之际，故宫保管委员会来接管故宫博物院院务，不能不引起故宫同志的警惕。庄蕴宽因不久前血压高中风不良于行，他向报界公开发表启事：一则主事期间"社会监视之严，同人扶助之切，此蕴宽所应为故宫博物院永永致其感谢者也"；二则政府成立故宫保管委员会，使得自己"仔肩既卸，借得养病，其为忭忻，尤难言喻"。[32]

8月23日下午2时，清室善后委员会在大高殿召开全体职员大会，庄蕴宽因病未到，由陈垣主席商量对策，议决：政府一定要接收，我们亦不反对，须附有条件数项：（一）要求政府下命令，声明负保障故宫一切官产之全责，不能任意抵押，不能归还溥仪。（二）慎重移交，组织移交委员会。（三）清宫前所发现溥仪一切复辟文件，接收者不能私自毁灭，故宫博物院仍当保存。此外该会职员同时并组织一监督故宫博物院同志会，当时推定李宗侗、汤铁樵、马衡为该会组织大纲之起草员。[33]

8月27日，国务院函庄蕴宽："故宫博物院新委员均当代名流，赵（尔巽）、孙（宝琦）两委员长物望咸孚，对故宫事务按原定章程办理，有未妥者当急图修正。原有各职员，望曲为喻解，勿生误会。至接事日，祈径与赵、孙接洽。"[34]

8月29日下午，马衡与吴瀛同到大院胡同见庄蕴宽商谈交接问题。庄蕴宽与吴瀛拟订组织移交委员会及其章则，主体意思是

"要一一清点，方才可以明责任，为将来监督张本"。[35]

9月2日，赵尔巽、孙宝琦率随员到故宫博物院就职。第二天下午，两人"发请柬四张，邀陈垣、马衡、袁同礼、吴景洲（吴瀛）四人于三日晚在清史馆便饭，借商交代事宜。届时只陈垣一人代表前往。席间赵、孙说许多客气话，意在敦促赶快交代。陈垣谓该会四人对于清宫物品曾费多少气力，为国家保存故物计，应郑重将事，势须组织交代委员会，以明责任，否则无人敢负此责。赵、孙见如是困难，且共请四人只来一人，极为不欢，遂无结果而散"。[36] 吴瀛说赵、孙出面在清史馆设宴，招待善后会代表陈垣、江瀚、俞同奎、吴瀛云云[37]，恐有较大的误差。据《申报》载："先是赵、孙曾以委员长名义请各委员及院部派员在神武门内开会，临时见陈垣态度如是，遂改发通知，移在清史馆。闻大部分委员及院部派员出席，讨论结果，决定至必要时以武装接收。"[38] 赵尔巽、孙宝琦两委员长，因陈垣传达的态度，颇为消极，9月6日乃以头绪繁多、责任非轻为由，致函国务院辞职。9月7日国务会议议决复函慰留。[39]

9月8日，故宫博物院组织点交委员会，"公推江瀚主席，议决故宫博物院因政府业经另组保管委员会预备接收，原有院中物品异常重要，旧日院中人员，如各部原派助理员，及所聘各界顾问，及本院职员等，均主张非组织点交委员会专办点交，不足以照慎而清手续"。[40]

9月9日，京畿宪兵司令部以清宫交接问题，传询前委员会事务长陈垣。*

国务院秘书长孙润宇多次催促庄蕴宽交接，经往返商量后，定于9月18日下午开会办理，但双方到的人都不多，赵尔巽等始终未再出面，交接工作于是拖了下来。就这样相持着到了10月1日，杜锡珪内阁解体，以赵尔巽、孙宝琦为首的故宫保管委员会也随之消失。

再次抵制军队进驻故宫

庄蕴宽因为中风不能出门**，故宫院务久无人主持。于是一些名流学者决定发起组织一个维持会，叫政府当局以及军警有关系的人们，一致以私人资格加入，大家来合力维护故宫。1926年10月13日，由汪大燮、颜惠庆、江瀚、王宠惠、庄蕴宽、熊希龄、范源濂等七人出面，发起组织"故宫博物院维持会"，但无果而散。

1926年10月，奉天军队入主京师，一时大高殿以及神武门外筒子河营房，都有大队人马要来占用。10月下旬的一天，入京的奉军张宗昌令部下夜闯故宫"借宿"。庄蕴宽迅令护宫人员严

---

* 《申报》1926年9月10日《陈垣因故宫事被传》："昨故宫委员会事务长陈垣被宪兵司令部传询，经梁士诒方面斡旋，由孙宝琦、庄蕴宽保释。闻系清宫交代问题，陈云并无不交代情形，正在办交代手续。"《汉文京津泰晤士报》1926年9月21日："宪兵司令王琦则以委员会拒绝接收之故，遂令武装宪兵传拘陈垣问话，陈即据词答复，王无以难，乃送至回家，犹命便衣侦两人，监其出入。"
** 1926年7月30日，"庄蕴宽患脑炎昏去，施急救术后稍苏"（《申报》1926年7月31日）。出院后，庄蕴宽基本就在家休养。

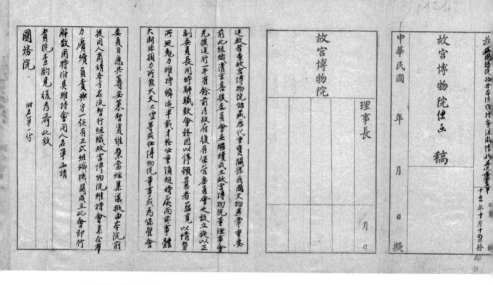

汪大燮、熊希龄等七人致国务院函（1926年10月14日）

加把守，坚持抵制军队进驻，防止古物被抢。

　　这里还有一个小插曲，不能不稍加提及。据《申报》12月6日报道《庄蕴宽因误会受惊：宪兵司令部坚请庄氏一谈，经于珍陈兴亚解围》：

　　　　当十日之前，奉、鲁军议定大举南下援孙，苏人董康因电诘请兵者，被孙传芳、张宗昌下令通缉。维时旅京苏人庄蕴宽、赵椿年、张相文，曾以快邮代电分寄奉张、鲁张、孙传芳、杨宇霆等，请慎重出兵，并略为董康辩护。同时派人谒杨宇霆，请为挽救。此电去后，亦无何等消息。昨晚（三十日）八时许，忽有宪兵司令部副官、兵士共四名，分乘汽车两辆，驰至庄宅，以司令王琦名片进。庄当延入。某副官见庄，礼甚恭，谓奉上命，请庄氏往司令部一谈。庄谓往谈未尝不可，但果有何事，且因病后体未复元，不能行。某副官谓所事亦未知，如不能行，则可抬往。庄谓正苦不能吹风，否则何害。某副官复称此来系奉命令，仍请一行。庄谓吾亦国家特任官，苟有事，能自任必不逃避，何妨先以事相告。某副官亦甚客气，谓既如此，暂当在此坐守。方庄与某副官言谈间，庄虽镇静，而其家人则异常恐慌，亟由仆人于恽宝惠宅接庄夫人回，并在宅外用电话告汪大燮，恳为设法。庄夫人回时，适某副官请搜查，庄夫人答谓此为公事，理可搜查，即请从事。如有查不到处，并愿指导某副官搜。后亦未查出何物，而汪亦已为电顾维钧，由顾电卫戍司令于珍询问。于氏答以不知有此事，允即电庄宅询问在彼之副官。但电不能通，于氏乃亲乘汽车驰往庄宅。同时警察总监陈兴亚闻讯亦至。于、陈两氏当同入见庄，并询某副官原因。某副官约略陈述，于、陈两氏当笑谓出于误会，应勿置议。当令某副官向庄道歉，于、陈并安慰庄氏，方偕同而出。一场风波方告了结。时正晚间十一时也。[41]

事情的起因、经过都十分清楚，但在故宫院史叙述中，就变成了庄蕴宽坚持不肯让奉军驻扎故宫，终于导致11月30日晚张宗昌指使宪兵司令王琦派宪兵包围庄蕴宽的住宅，准备逮捕庄蕴宽。后来经过新任国务总理顾维钧、京畿卫戍司令于珍、京师警察总监陈兴亚等人调停，并急电请示正在天津的奉军总司令张作

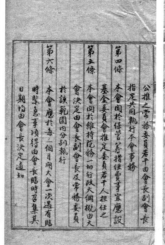
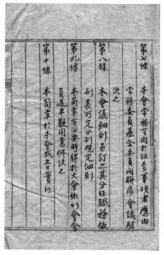

故宫博物院维持会暂行简章（1926年12月9日）

霖（另一说为杨宇霆），才得解围。其中的时间、事由等错误一目了然，写史可不慎哉！

12月9日，维持会发起人再次在欧美同学会集会，通过《故宫博物院维持会暂行简章》，推选江瀚为会长，庄蕴宽、王宠惠为副会长，继续主持故宫博物院院务。其时庄蕴宽风湿日亟，渐成偏瘫，不良于行，但仍切念院务，对故宫博物院的关心始终未减。

1927年，张作霖入主北京时，庄蕴宽因为身体原因，早在2月26日就已称病告假，闲居京城，继续疗养足疾。11月19日开缺（免除其审计院院长职务）。1927年10月，张作霖组建故宫博物院管理委员会，庄蕴宽还在养病之中，官职也告一段落，就在北京闲居，暂时告别了曾倾注大量心血的故宫博物院。

国民革命军第二次北伐于1928年6月中旬抵北平，奉军退回关外，南京国民政府接管故宫博物院。现在几乎所有关于民国故宫历史叙述和研究庄蕴宽的文字，都说庄蕴宽出任故宫博物院第一届理事兼图书馆馆长。但事实是，1928年10月8日，南京国民政府任命故宫博物院第一届理事会理事二十七人，其中有庄蕴宽。*1929年3月1日，国府第二十二次国务会议决议，派易培基兼北平故宫博物院古物馆馆长，张继兼文献馆馆长，庄蕴宽兼图书馆馆长，马衡为古物馆副馆长，沈兼士为文献馆副馆长，袁同礼为图书馆副馆长。[42]但庄蕴宽此时已在镇江，并没有到北平故宫来任职。3月17日，张继、马衡、沈兼士、袁同礼到故宫任职，庄蕴宽没有到任。[43]1932年4月30日，行政院召开第二十六次会议，通过北平故宫博物院院长易培基呈文，故宫博物院图书馆馆长庄蕴宽因病出缺，遗缺以现代理该馆馆长江瀚继任。[44]应该说，从此时起，庄蕴宽与故宫博物院已没有多少实质性的关系了。

国民政府建都南京后，钮永建出任江苏省主席一职。社会安定后，苏省也模仿其他省份开局修志，赵凤昌向钮永建提议由庄蕴宽主持修志局事务，遂以政府名义聘请庄氏为江苏通志编纂委

---

* 《中央政治会议记》，《申报》1928年6月21日。该文报道6月20日，中央政治会议开第145次会议，决议：《故宫博物院组织法（草案）》通过，送中央执行委员会，交国民政府公布；《故宫博物院理事会条例（草案）》通过，交国民政府公布；任命李煜瀛、易培基、汪精卫、黄郛、鹿钟麟、于右任、蔡元培、江瀚、薛笃弼、庄蕴宽、吴敬恒、谭延闿、李烈钧、张人杰、蒋中正、宋子文、冯玉祥、阎锡山、柯劭忞、何应钦、戴传贤、张继、马福祥、胡汉民、班禅额尔德尼、恩克巴图、赵戴文为故宫博物院理事。但其导语误写为"任定故宫博物院理事二十八人"。因经亨颐要求废除故宫博物院的提案，直到1928年10月5日，南京国民政府公布《故宫博物院组织法》，10月8日公布《故宫博物院理事会条例》，并发国民政府令，任命故宫博物院第一届理事会理事。

员会总纂。庄蕴宽的足疾在休养经年之后渐见缓减，身体渐渐好转，1929年1月11日庄蕴宽应邀离平南归。[45]江苏省通志编纂委员会于1929年1月16日召开成立大会[46]，聘请知名学者孟森、柳亚子、张相文、柳诒徵、丁福保、陈汉章、冯蒙华等十六人为采访编辑，以《江苏通志》为参考，由朱文鑫另设体例目类，开始省志的编纂。修志之所选在镇江焦山松寥阁碧山庵。

从清室善后委员会成立开始，庄蕴宽就与故宫结下了不解之缘。"三一八"惨案后，故宫博物院理事长李煜瀛遭通缉，新推委员长卢永祥没有到职，庄蕴宽以副委员长出面担当重任，两拒故宫驻军，坚持点交文物，体现了一个故宫守护者始终不离不弃舍身庇护的担当精神，在故宫博物院最初的创建以及发展过程中发挥了重大的作用。

第三章

◎

故宫掌门人1925—1949

赵尔巽：
时运不济的接管者

"惟念兹事体大，头绪繁多，断非羸躯所能胜任，若有贻误，责任非轻，不得不知难而退……"

赵尔巽（1844—1927），字公让，号次珊，亦作次山，别号无补、补庵，晚号无补老人，祖籍奉天铁岭，寄籍山东泰安，生于北京，贯顺天府，为汉军正蓝旗。同治甲戌科（1874）进士，选翰林院庶吉士，散馆授编修，改御史。光绪十二年至十四年（1886—1888），历任贵州石阡府、贵阳府知府；光绪十九年（1893），提升贵东兵备道；光绪二十年（1894），擢安徽按察使；光绪二十四年（1898），迁陕西按察使，旋改甘肃新疆布政使。丁忧起复后，光绪二十八年（1902）出任山西布政使，七月，护理山西巡抚；十二月，擢湖南巡抚；光绪三十年（1904）内调，署理户部尚书；光绪三十一年（1905）改任盛京将军；光绪三十三年（1907），盛京将军裁缺后，授四川总督，旋改任湖广总督；光绪三十四年（1908），调补四川总督。其间，

赵尔巽像

宣统元年（1909）九月初七至十月初十日兼署成都将军。宣统三年（1911）改东三省总督，加钦差大臣衔。入民国，1912年3月15日，由东三省总督改东三省都督。7月17日，改称奉天都督。11月，辞官归隐青岛。随后，接受袁世凯之邀出任清史馆馆长，为前朝修史。现在对赵尔巽的生平叙述一般就到此为止了。

赵尔巽作为故宫保管委员会委员长，是故宫博物院的掌门人，但正如1927年9月21日《国务院拟具故宫博物院管理委员会条例致大元帅呈》中所说："上年八月十四日国务会议议决故宫博物院暂行保管办法六条，同时由国务院函聘委员并遴派保管员在案。嗣因各委员未尽就职，所定办法迄未实施。"[1]赵尔巽甚至连接收工作都没能做成，因而《故宫志》在"故宫历届领导名录"

赵尔巽印

无补老人

赵尔巽印信

中干脆略过其不提。[2]这是时势造成的，赵尔巽确实是够憋屈的。

更为严重的是，对于这届故宫保管委员会，原来的故宫领导层大多持反对态度。1928年北伐胜利后，在招待南京政府要员参观故宫时散布的揭帖中竟然说："珪（杜锡珪）内阁时，明令赵尔巽等接收本院，危害同人。几经奋斗抵抗，始得无事，情势尤殆。"[3]当然，这事的背景是国府委员经亨颐提出废除故宫博物院案，故宫同人为了保全故宫博物院原案，申述万不能与逆产等量齐观。只是对故宫保管委员会这样的态度，似乎就成为了一种定论。后来吴瀛的铺叙就成为现在对于这段史事叙述的范本。吴瀛叙述中的差错，比如记述时间的误差*，故宫保管委员会委员究竟都是哪些人从未被揭出，至于"旧人惟汪伯唐与舅氏（庄蕴宽）而已"[4]等随口之说均陈陈相因。[5]毕竟这是故宫博物院历史的一段，我们有必要恢复历史的原貌。

* 吴瀛在关于故宫保管委员会的相关记述中，时间全部上移一个月。

维持京师秩序的领袖

"东三省"任上的赵尔巽（前排左五）

进入民国以后，赵尔巽虽然也想做寓

段祺瑞像

公，但他实在不是一个闲得住的人，因而一直活跃在民国政坛。

1924年10月，冯玉祥发动"北京政变"，力邀段祺瑞出山维持时局。11月21日，段祺瑞发表通电，通告他拟于11月24日入都就任中华民国临时执政，并就时局善后问题发表政见，"拟于一个月内集议"，"以解决时局纠纷，筹议建设方针为主旨"的"善后会议"[6]。国务会议于12月20日通过《善后会议条例》，24日予以公布[7]，共选定128名出席"善后会议"的会员。孙中山、黎元洪两人符合有勋劳于国家之资格而被邀，有57人系讨伐贿选各军最高首领资格，有39人为现任各省区及蒙藏青海军民长官。而赵尔巽是属于有特殊之资望学术经验人员被特聘的，同属这类的有唐绍仪、章太炎、岑春煊、王士珍、汪精卫、黄郛、熊希龄、胡适、李根源、汤漪、林长民、梁启超、虞洽卿、梁士诒等人。1925年2月1日，"善后会议"在反对声中开幕。2月13日，善后会议召开第一次大会，通过《善后会议议事细则》，选举赵尔巽、汤漪为正副议长。[8]

1925年5月1日，段祺瑞公布修正的《临时参政院条例》，设立临时参政院作为代替国会的临时立法机关，特派赵尔巽为议长，汤漪为副议长。7月30日，临时参政院开幕，到会114人，正副议长赵尔巽、汤漪专门通电全国："溯自善后会议告终，政局改造之机于焉确立，一切根本问题，当由国民代表集议解决……惟关于临时期内政务因革之宜，所以保持均衡、宣达民隐、孕育省治、维护国权者，则特惟临时参政院是赖。此其职权所寄，既重且大，仍须……集全国之心思才力以赴之，临时参政院始克有济……"[9]

段祺瑞就任临时执政后，为集思广益，对外交及政治、经济各要政，组织外交委员会、专门委员会协助进行。这两个委员会的成员中就有赵尔巽。

1926年3月15日，赵尔巽与王士珍等受段祺瑞委托，发起全国和平会议，请前敌各军退驻原防，择定地点，派代表开停战分权会议。同日，赵、王等联名致电吴佩孚、张作霖、冯玉祥等，提出和平办法五条：

　　一、划直隶、京兆、热河为缓冲区，仅设民政长官，所有驻军均须退出，地方治安由中央会同各省区改编武装警察维持；

二、国民军悉数退回西北，专力开发西北；

三、奉军悉数退回东三省原防；

四、岳维峻部退入陕境，李景林部退入山东；

五、豫、鲁及其他各省暂维现状。至于政治问题，共同和平商决。[10]

19日，赵、王等继续发出通电，建议各军先行停战，召开和平会议，解决上述问题。至3月31日，北京已陷于围城状态。

4月9日夜，北京发生政变；10日，段祺瑞允辞职。赵尔巽与王士珍等已授意组织"北京临时治安会"，出面维持京师治安，赵、王两人是治安会领袖，王士珍为会长。京师临时治安会发布《京师临时治安会宣言》和《京师临时治安会简章》十二条，在北京城内没有政府之时，由京师临时治安会主持一切。

"故宫保管委员会"委员长

6月22日，以吴佩孚为后台的杜锡珪组阁。杜锡珪上台后，逊清遗老有关迎溥仪还宫、恢复清室优待条件的种种活动并未得逞。

杜锡珪在8月10日的国务会议上提出讨论清室善后委员会自委员长李煜瀛离京无形停顿后该何去何从。[11]8月14日，杜锡珪内阁通过改组故宫博物院，决定结束故宫博物院维持员的工作，成立故宫保管委员会，并通过了《故宫博物院暂行保管办法》六条：

一、为暂行保管故宫博物院起见，设故宫博物院保管委员会。

一、保管委员会设委员二十一人，由国务院聘任，管理本会事务。

一、保管委员会设委员长、副委员长各一人，由委员互选之。

一、保管委员会设干事二十四人，承委员长之命执行本会事务。前项干事除由国务院及外交部、内务部、财政部、陆军部、海军部、司法部、教育部、农商部、交通部各派一人充任外，其余各员由委员长得委员会之同意遴选充任。

一、保管委员会得设办事员若干人。

一、保管委员会办事规则，由委员会自定之。[12]

同时由国务院函聘赵尔巽、王士珍、汪大燮、颜惠庆、孙宝琦、王宠惠、庄蕴宽、范源濂、载洵、梁启超、李兆珍、宝熙、刘若曾、李家驹、汤尔和、田应璜、马君武、江瀚、孟广𡸁、高金钊、梁士诒等21人为管理故宫博物院委员。[13]

8月18日，教育部部务会议通过决议：故宫永定为国产，防止移转、变卖、抵押，及借名整理迁出宫外，或隐射借款等事，以断觊觎者非分心。因今日总长未出席，容与总长商决，函请国务院查照办理。[14]

8月21日下午，"故宫保管委员会"在中南海居仁堂开第一次大会，赵尔巽、载洵、颜惠庆、王宠惠、汪大燮、孙宝琦、李兆珍、汤尔和、宝熙、刘若曾、江瀚、田应璜、孟广坫、高金钊等十四人外，国务总理杜锡珪、外交总长蔡廷干、内务总长张国淦、财政总长顾维钧、陆军次长金绍曾（因蒋雁行赴长辛店）、教育总长任可澄、农商次长王湘、司法总长罗文干、交通总长张志潭、卫戍司令王怀庆等亦皆被邀列席，会议规格之高，实属少见，足见其事之郑重。下午2时，由杜锡珪宣布开会旨趣，并请各委员即日选举正副委员长，以便进行会务。结果：赵尔巽当选为委员长，孙宝琦当选为副委员长。[15]"故宫保管委员会"是政府组织的故宫博物院管理机构，而且如同当时盛行的民主选举，当场唱票，根据得票多少当场宣布结果。无论是选举者还是被选举者，都有着一种责任，即保护好故宫物品。"故宫保管委员会"选举赵、孙二人为正副委员长，社会声望、活动能力固然是重要原因，年长也应该是一个重要因素，像赵尔巽已经是一位83岁的老人了。同时，赵尔巽在京师临时治安会中的作用和表现也赢得了大家的尊重。

　　现有的有关故宫博物院的相关叙述都刻意强调赵尔巽、孙宝琦的清室遗老、旧臣身份，并且说"在当时溥仪还宫声浪尚未完全平息的情况下，不能不引起故宫博物院全体同仁的警惕和对故宫博物院前途的担忧"。可以说，"故宫保管委员会"从它诞生的那天起，就注定了其不顺的命运。即便不是赵尔巽、孙宝琦，而是别的人当选委员长，可能都会遇到这样的结果。这实际并不是因为两人的身份问题，在那个年代，那些在社会上有声望的，除了职业革命家，又有几个不曾在前清政府中供过职？再说了，庄蕴宽在国民军撤离北京，北京进入治安会时代时，亦为临时治安会之一员，并邀赵尔巽、王士珍诸老为故宫博物院顾问，相助维持。怎么此时赵、孙身份一变，成为故宫保管委员会正副委员长，就出来如此变故？实在是说不过去的。

赵尔巽及故宫保管委员会之所以受到抵制，一则是原故宫博物院管理层的人员几乎都被排挤出去了，让原有的人员产生了他们创立的故宫博物院事业由此中断的慨叹；二是在段祺瑞执政上台后善后会议召开之际，《各省市民维持优待清室条件函稿》试图为溥仪"善后"，这是直接与清室善后委员会对着来，是对善后会包括故宫博物院的否定。赵尔巽是善后会议的主持者，于是就有了赵尔巽"意图乘机以报故主""其目的在为清室中人谋相当利益，此固无可讳言"这样的猜测之词。当时清室还宫声浪余波还盛，赵尔巽只能慨叹命运不济了。

因清室的还宫声浪接管受到抵制

1924年的驱逐溥仪出宫，1925年的故宫博物院成立，清室问题与古物问题已为万众所瞩目。庄蕴宽为维持员接管故宫，因国民军撤出，改用内务部古物陈列所之警卫时，谣诼就已四起。前文提及，陈垣在代表旧委员会交代演说词中就不承认是借用内务部的卫队，或许是当时参与领导故宫的人们的一种不舍思想。

《故宫博物院暂行保管办法》通过的时机也不好。

当时逊清遗老一面以清室内务府的名义上书国务院，一面由康有为致函吴佩孚，公然提出"应请恢复优待条件，并迎逊帝回宫"的要求，希望借助吴佩孚之力，推翻冯玉祥对逊清室所采取的措施。后因报纸揭露了清室遗老的活动，各方面人士纷纷谴责，而且"暂行"二字引起许多疑窦，有谓暂行保管即寓有仍将还诸清室之意，于是颇有人主张：保管则可，归还则不可；院内可以改组，国有必须坚持。而持论之较激者，则谓如果交还，依清室之往事，或押诸银行，或曰赏溥杰（溥仪的弟弟），或被遗老中之师傅亲贵久假不归，或且将上述三事之证据及一切有复辟嫌疑之档案由彼等消灭之，均为可虑。而受聘委员二十一人中之有亲贵、有遗老，亦颇受訾议。总而言之，既有故宫古物归还逊帝溥仪的担心，更有前任管理者的不舍。

8月23日下午2时，清室善后委员会在大高殿开全体职员大会，庄蕴宽因病未到，由陈垣主席，商量对策，提出政府接受故宫博物院的条件三项。此外，由清室善后委员会职员组织一监督故宫博物院同志会，并推定李宗侗、汤铁樵、马衡为该会起草组织大纲。¹⁶

8月27日，为接收故宫博物院事，国务院致函清室善后委员会（副）委员长庄蕴宽，陈述政府苦衷，决议组织故宫保管委员会，并承诺"该会事务完全公开，职责惟在保管，并无其他意味"，"该委员会委员，均系当代名流、海内耆宿，赵、孙两委员长尤属物望咸孚，对于故宫事务悉按原定章程办理，惟原章程之有未妥者，当亟图修正耳"。[17]

8月29日下午，马衡与吴瀛一同到大院胡同见庄蕴宽商谈这一交接的问题。庄蕴宽与吴瀛拟订《组织移交委员会及其章则》，主体意思是要一一清点，方才可以明责任，为将来监督张本。[18]

1926年9月2日，赵尔巽、孙宝琦率随员到故宫博物院就职。《申报》报道是庄蕴宽9月1日下午电话通知清室善后委员会主要职员，赵、孙明日下午3时到院就委员长职，请届时悬挂国旗表示欢迎。[19]但后来吴瀛的史著文字却说："八月二日 *，赵次珊、孙慕韩二老，欲至故宫参观，事前曾告之舅氏。舅氏允之，以电嘱余及叔平往招待。余以事辞，叔平亦然，乃听其自往，由庶务预备照料。下午有人来报，谓赵、孙二老之往故宫，乃接事而非参观，故到时率同多人，已执行委员长职权。"好像赵、孙藏着掖着，偷偷摸摸似的，由此也可见当时故宫一班人的心理。故宫博物院是国家的，并不是几个管理者的，政府加以改组，并无不妥，原管理者自应积极移交。

> 闻事先赵曾询庄，对院中职员应如何称呼？庄答该院系委员性质，一律平行。故二人是日到院，态度极为和蔼。赵、孙就职毕，即向各处参观一过，意欲陈垣即办交代。陈谓院中物品至为繁琐，仓猝不能检清，如须交代，非组交代委员会不能当此重任。赵、孙见陈多困难，亦未相强，但已十分不高兴矣。[20]

---

* 原文如此，在关于故宫保管委员会的相关记述中，时间全部上移一个月。

如果说顾虑当时有清室妄图复宫的企图，为了保证故宫博物院的存在，旧管理者坚持点交，确在情理之中。但显然当时院方对媒体通报的与吴瀛后来记述的一样："次日阅报，始知委员会只承认赵、孙二日到院，为参观，而非就职。"[21]如此报道的显然是北京的报纸，笔者还未找到。我们相信以李煜瀛为首的管理者忠于职守，为保护国宝尽心尽力，但我们同样要相信后继者也同此心，甚至有要比前任做得更好的思想。前者怎么能把自己看成是唯一的守护者呢？而且后来竟然发展到诋毁赵、孙"危害同人"的程度，这实在是不应该的。

前文提及，吴瀛说赵、孙出面在清史馆设宴，招待善后会代表陈垣、江瀚、俞同奎、吴瀛，商谈新旧任交接手续[22]，恐有较大的误差。虽然出于当事人吴瀛的回忆，但笔者相信记者的文字更客观、真实。至于吴瀛所说，陈垣以善后会代委员长身份提出8月23日善后会议决的交接手续三条，新保管委员会着眼于立即接管故宫，当即表示反对，主张一切从简办理，先接管，不必办点交。陈垣郑重重申："必须组织点交、接收两委员会。""总之谓必须点完一处，则移交一处；未点以前仍用旧封，由旧会负责；点讫则交由新会封锁，始由新会负责。"[23]对于旷日持久、费事费时的疑虑，陈垣针锋相对地回驳："本院同人认为，点交为最重要关节，如此才可清手续、明责任。如果保管会不同意点交，就该登报声明，自愿承担一切责任。此后故宫文物、图书、珍宝、陈设，如有损失，概与旧人无干！"[24]云云，是符合当时情势的。

面对这种情况，"先是赵、孙曾以委员长名义请各委员及院部派员在神武门内开会，临时见陈垣态度如是，遂改发通知移在清史馆。闻大部分委员及院部派员出席，讨论结果，决定至必要时以武装接收"[25]。

惟赵尔巽、孙宝琦两委员长，因陈垣传达的态度，颇为消极，9月6日乃以头绪繁多、责任非轻为理由，致函国务院辞职：

> 敬启者：八月十七日接奉钧院公函，聘任为故宫博物院保管委员会委员。受聘以来，瞬逾两旬，与各委员讨论数次，并推尔巽为委员长、宝琦为副委员长，迭与分委员会诸人商洽一切。本应次第筹划办理，惟念兹事体大，头绪繁多，断非羸躯所能胜任，若有贻误，责任非轻，不得不知难而退，为此合词陈明辞职，应请钧院另行聘任二人补充，俾改选正副委员长，共策进行，以免延误。不胜企祷之至。此致国务院。赵尔巽、孙宝琦同启。[26]

赵尔巽毕竟年纪很大了，一位80多岁的老人，实在经不起折腾了，在接管遇阻的情况下，只能采取知难而退、偃旗息鼓的态度。因而，这届"故宫保管委员会"虽然是政府任命的，但却没有起到应有的作用，有始无终，不了了之。9月7日国务会议，就保管故宫委员长赵尔巽、副委员长孙宝琦辞职一事，议决复函慰留。[27]

保管故宫委员亦有六七人均先后去函辞职，故"故宫保管委员会"在清史馆开会三次，均无果而散。[28]

9月8日下午4点，故宫同人在神武门召开点交委员成立会，江瀚年高德劭，"公推江瀚主席，议决：故宫博物院因政府业经另组保管委员会，预备接收；原有院中物品异常重要，旧日院中人员，如各部原派助理员，及所聘各界顾问，及本院职员等，均主张非组织点交委员会专办点交，不足以照慎而清手续。"[29]

9月9日早8时，京畿宪兵司令部以清宫交接问题，传询前委员会事务长陈垣。原故宫管理层为了表示受到刁难、迫害，把陈垣被问询强说成"逮捕"，因而就有了"斗争"。

此后，国务院秘书长孙润宇多次催促庄蕴宽交接，定于9月18日下午开会办理，但双方到的人都不多，赵尔巽等始终未再出面，交接工作于是拖了下来。[30]这样地相持着到了10月1日，杜锡珪内阁解体，以赵尔巽、孙宝琦为首的故宫保管委员会也随之消失。

赵尔巽为委员长的"故宫保管委员会"，虽然在故宫历史上没有发挥应有的作用，但毕竟是故宫博物院历史的一段，我们探讨当时的前因后果和史实本原，对于正确认识故宫博物院的历程是必需的。历史曾经有这么一页。

第四章

◎

故宫掌门人1925—1949

江瀚：
临危受命的担当者

"江叔老时正古稀，虽夔铄过之，而值此危难之顷，慨然力任艰巨，其热诚毅力皆足为后生模范，令人肃然敬仰也。"

江瀚（1857—1935），字叔海，号石翁，室名慎所立斋，福建长汀人。父亲江怀廷为咸丰癸丑科（1853）进士，以知县分发四川即用，历署温江、蓬州、南溪、双流、崇庆、南充等州县，授璧山县知县加同知衔，历充四川庚午、癸酉、丙子乡试同考官。清正廉洁，"居官三十年无一椽寸土"。江瀚自幼敏而好学，"四岁能联句，年十五通六籍"，经学功底深厚，有经邦济世之抱负，曾两次赴京应考，均未中第，遂终身不再应举。

光绪十一年（1885），江瀚入四川布政使易佩绅（字笏山）幕，易后来移任江苏布政使。十四年（1888），入署按察使事黄云鹄（字翔云）幕。十七年（1891），入观察张华奎（字蔼卿）幕。十八年（1892），入四川布政使龚照瑗（字仰蘧）幕。十九年（1893），应川东

江瀚像

兵备道黎庶昌聘，任重庆东川书院山长。二十二年（1896），兼致
用书院主讲。二十三年（1897），湖南学政江标聘其为湘水校经堂
讲习，以图共预新政。江瀚抵长沙后，察觉新旧两派争端已兆，
置身其中，恐难以自处，终未就任。二十四年（1898），入川督奎
俊（字乐峰）幕，至1900年。二十八年（1902），入安徽巡抚聂缉规
（字仲芳）幕，聂后移任浙抚。三十年（1904）春夏，入桂抚柯逢时
（字逊庵）幕，时间很短。同年，江瀚经由江苏巡抚端方推荐赴日
本考察教育。光绪三十一年（1905），任江苏高等学堂监督兼总教
习。次年，代理江苏两级师范学堂监督。光绪三十二年（1906），
受学部之招入京，4月任学部总务司行走，7月署京师大学堂优
级师范科监督兼教务提督。三十三年（1907），升学部参事官，往
直隶、山东、河南三省考察学务。宣统二年（1910）春，充京师

大学堂分科经学教授，兼女子师范学堂总理。同年，江瀚被选为资政院硕学通儒议员，"对于国家的大政、地方的利弊，许多应兴应革的事宜，都剀切陈述"。此后，江瀚被简放河南开归陈许郑道，执政期间洁己爱民。因治理黄河有功，给二品衔。翌年5月，署理河南布政使。在任期间，惩治贪官污吏，百姓额手称庆，呼为"包青天再世"。

辛亥革命，民国建立，清帝逊位，中华民国临时政府迁北京。1912年4月，教育部接管京师图书馆，5月，教育部任命江瀚为京师图书馆馆长。江瀚到任后，一切围绕开馆进行工作，"粗将前后汇集之图书清理就绪"，"以供公众之观览"。江瀚手订《京师图书馆暂订阅览章程》十八条，7月23日经教育部核准，成为京师图书馆开馆遵循的第一个阅览规章，也是我国首份由中央政府部门正式批准颁布的图书馆法规。8月27日，京师图书馆正式开馆接待读者。

1913年2月，江瀚出任四川盐政使。1914年6月，任大总统府政事堂礼制馆总纂。1915年，任参政院硕学通儒参政。1916年，特派为文官高等考试官。1922年，阎锡山礼聘其为山西大学毛诗教授。1925年为大总统府政事堂礼制馆馆长。

江瀚一生性情旷达，早年作幕僚为官吏，效力一方，造福百姓。江瀚"曾两游东瀛"，具备了开阔的视野和思维。在给日本经学家竹添光鸿（1842—1917）《毛诗会笺》所写的序言中，江瀚自叹："对兹编既自愧荒落，忧于吾国今日经学之衰，尤不能无感云。"对该书给予很高的评价，也可证江瀚学问扎实且爱国开明。

江瀚旧影

江瀚嗜学，1924年在太原汇集出版了《长汀江先生著述》，共五种二十七卷，内有《慎所立斋文集》四卷、《慎所立斋诗集》十卷、《孔学发微》三卷、《诗经四家异文考补》一卷、《石翁山房札记》九卷。还有《论孟卮言》、《北游草》、《东游草》、《东游集》、《中州从政录》、《京师图书馆善本简书目》五卷、《南行纪事诗》等。

　　江瀚思想开通，辛亥后即剪辫、废除跪拜。严守不得吸鸦片、不得娶妾、不得蓄婢的家规。传统文人的风骨与气度，令其得到人们的信任，并与故宫博物院结下不解之缘。

故宫博物院维持会会长

江瀚参加故宫博物院管理工作开始于1926年8月，时杜锡珪内阁成立的"故宫保管委员会"准备接管故宫博物院[1]，江瀚是政府聘任的二十一名委员之一。[2]他还参加了8月21日的"故宫保管委员会"委员长选举，选举赵尔巽为故宫保管委员长。[3]

同时，故宫博物院原管理层力争点交，组织点交委员会。江瀚又参加了故宫博物院这一边的活动，并且在成立会上因年高德劭而被推选为主席，对于先点查后移交的主张毫不退让。当时《申报》有载：

> （九日京讯）故宫博物院自政府新聘赵、孙为正副委员长后，该院全体职员即决定点交已志前报。该院特于昨日（八日）召集点交委员会议，公推江瀚主席，议决：故宫博物院因政府业经另组保管委员会，预备接收；原有院中物品异常重要，旧日院中人员，如各部原派助理员，及所聘各界顾问，及本院职员等，均主张非组织点交委员会专办点交，不足以照慎而清手续。[4]

"故宫保管委员会"顺利接管故宫的愿望未能达成。江瀚如此举措，表明他是赞同逐件点交的，希望一切都交接得清清楚楚。

"故宫保管委员会"解体后，故宫博物院再次陷入院务停顿、无人负责的状态。

1926年10月13日，由汪大燮、颜惠庆、江瀚、王宠惠、庄蕴宽、熊希龄、范源濂等7人出面，在位于北京南河沿的欧美同学会宴客，发起组织"故宫博物院维持会"[5]，汇集各方名流，由王士珍、赵尔巽、孙宝琦、江瀚、柯劭忞等37人为委员（后又陆续加入23人），致函国务院，要求同意"拟由本院前后同仁商请各方名流，暂行组织故宫博物院维持会，集合群力，赓续负责典守。一俟有正式机关成立，此会即行解散"[6]。

这时，顾维钧接替杜锡珪出任国务总理，顾内阁国务会议决议，这个案子交内务、教育两部接洽处理。10月22日，故宫方面在北海宴请内务、教育两部总长汤尔和、任可澄及有关方面人士，商议此事，无果而散。[7]

维持会发起人鉴于形势多变，决定加紧推动维持会的建立，不等国务院指示，先自动组织起来，以应付故宫博物院无人负责的局面。

现在大家都沿袭吴瀛的说法，以为是李煜瀛提议成立维持会的。但从时间来考察，李煜瀛已经离开北京，前往广州。李煜瀛离京的时间现在还无法考定，杨恺龄《民国李石曾先生煜瀛年谱》1926年记载：

九月十日先生仍在法国医院作《统一与互助》文。二十五日，北政府拟向使团引渡先生及易培基（其他三人均早潜离京）。十月九日，先生接广州电催赴粤，二十一日，陈和铣自南昌衔命潜至北京，至医院迎接先生。十一月，先生在医院每日从齐如山习舞剑、高子明习拳术。九日，国民革命军克南昌，北伐大势已定。先生在医院获张人杰、谭延闿（字组安，湖南茶陵人，时为中国国民党中央执行委员会政治委员会主席及国民政府主席）密函，嘱与俄驻华大使加拉罕商图缓和，先生亦数度会晤加拉罕交涉。粤政府拟延为西北军总政治部主任，先生辞谢之。[8]

杨恺龄的记述存在诸多问题。11月以后的记述肯定不对，我们置而不论。10月15日，李煜瀛应该在广州参加了国民党中央联席会议，10月18日，国民党联席会议以汪精卫病痊、通过请其销假，由联会派何香凝、彭泽民、张曙时、简琴石四代表，会同蒋介石代表张静江、李煜瀛，克日起程，劝汪回粤。[9]之前，"蒋介石同志江（3日）电复恳切陈词，谆谆以责任道义为言，并请张静江、李石曾二同志前往劝驾速返，共肩艰巨等语"[10]。

可以肯定李煜瀛在10月3日之前已经抵达广州，不然，怎么会有3日受蒋介石委托和18日联席会议的委派？而在之前的9月17日，广州政府委任李煜瀛为"西北军总政治部主任"[11]。李煜瀛自然已经在广州，如果还躲在北京东交民巷，就不会有委任之举。总之，不管哪种说法，故宫博物院维持会的成立应与李煜瀛无关。杜锡珪内阁成立了"故宫保管委员会"，在杜锡珪内阁倒台之前，李煜瀛是无由置喙的。李煜瀛提议成立维持会的说法来自吴瀛，吴瀛说到12月李煜瀛还在东交民巷匿居，大家以为理所当然。吴瀛对于"故宫保管委员会"时期的叙述，无论是时间、人物、事件、评价，都明显有别于其他时期，错误百出，使得我们不能不怀疑是他刻意为之。

江瀚旧影

　　12月9日，维持会发起人再次在欧美同学会集会，讨论通过了《故宫博物院维持会暂行简章》与《故宫博物院维持会暂行组织大纲》，《简章》规定，维持会"共同负责维持全院一切事宜"。推选江瀚为会长，庄蕴宽、王宠惠为副会长，主持故宫博物院院务。成员由新旧文武官员、学者专家等六十人组成。推定顾维钧、叶恭绰、潘复、何煜、赵椿年、夏仁虎、胡若愚、汤铁樵等八人为基金委员会委员。维持会至此终告成立。七十高龄的江瀚挑起了故宫的重担。

　　吴瀛在回忆这段过往时说道："时汪伯老以望七衰翁，病喘正剧，而力疾支持，至两小时，会章皆逐条宣读，讨论不少懈；

江叔老时正古稀，虽曩铄过之，而值此危难之顷，慨然力任艰巨，……其热诚毅力皆足为后生模范，令人肃然敬仰也。"[12]可以想见，这几位年近古稀的老人，是如何凭借非凡的毅力与气魄，顽强地肩负起保卫故宫的重任的。

维持会成立情形以及通过的简章，暨会员名单，函内务部给予备案。

12月17日，正、副会长到院就职，庄蕴宽还是因病不能到。由会长指定王式通、江庸、汤铁樵、沈兼士、袁同礼、陈兴亚、邢士廉、吴瀛、李宗侗、马衡、俞同奎、余绍宋、陈垣、范殿栋、彭济群等十五人为常务委员，辅助会长工作。[13]翌日，江瀚便与王宠惠等人讨论商定保管办法。

到1927年初，维持会的各项工作才基本走上正轨。1月6日，公布《故宫博物院维持会暂行组织大纲》及《维持会常务委员会议事细则》。1月8日，维持会常务委员会召开了第一次会议。

处分故宫物品受阻

维持会得到了政府的认可。故宫博物院的开支一直以来主要由政府财政拨款承担。据1927年7月15日编号为jfqggcw100013的故宫博物院档案记载，故宫博物院每年经常费支出78 000元，月支出6 500元均由政府拨款。而故宫博物院还有门票（参观券）和房地租金等的收入。收入来源基本稳定，虽然在不同年份、不同背景下有所区别，但维持院务正常运转应该是没有多大问题的。1927年2月以后，财政部因故拖欠故宫博物院的拨款，导致故宫博物院运转困难。此时，故宫博物院向中华教育文化基金委员会提出经费补助的申请，得到批准拨款30 000元。故宫博物院将这笔拨款主要用于整理编纂各种资料、发放员工薪资以及日常的资金周转。1927年7月15日《致中华教育文化基金委员会请拨借补助费三分之一以资维持由》中特别加以说明，政府本应每月向故宫博物院拨款6 500元，但截至7月15日，政府已经拖欠这笔款项很久，故宫博物院"开放直接收入仅千元之数，以之支给驻院军警津贴及夫役工食尚不敷用，因之办事人员薪津及办公费杂费等，全无着落"[14]。故宫博物院藏财务档案编号jfqggcw100001的《函审计院送本院支出计算书及对照表》，记载故宫博物院1926年11月份支出计算书，总计支出4 019.93元。[15]由此可知故宫经济发生困窘是纯属偶然。

进入1927年4月，故宫博物院维持会因为经费短缺，职工薪津不能按时发放，甚至还一度引发了员工索薪风潮。面对困窘的经济局面，江瀚最终决定由其出面筹借5 000元以解决院内的燃眉之急。而为了偿还这5 000元的债务，维持会策划了一次端午节故宫特别开放，最终以参观收入偿还了债务。[16]

4月10日，维持会在神武门内办公室召开大会，通过王宠惠辞副会长之职，公推叶恭绰为副会长。[17]因急须筹款，吴瀛提出：宫内存有许多无关文化的贡品，奢侈的金属用品，金砂、银锭、绸缎、食物、药料等等可以处分变卖，一并提出讨论。会议决议：处分永寿宫银锭及金砂、消耗品茶叶等项，并筹设监察委员会，拟定章制办理。[18]

4月23日，维持会常务委员会会议通过《故宫博物院处分金砂、银锭、食品临时监察会规则》，本规则自常务委员会议决日施行，至金砂、银锭、食品处分完竣时废止。5月3日，维持会常务委员会通过《处分物品保管款项规则》及《故宫博物院金砂、银锭、食品临时招标规则》。

事尚未办，就遭到当局的阻止。5月7日，警察厅总监陈兴亚来函，谓"故宫处分银锭物品事，当道不甚明了，请缓办"[19]。这件事只好停了下来。

现在所知经费短缺就是这5 000元借款，不足以为处分故宫物品的理由。为什么要处分物品？为什么要猜测政府的制止是欲染指，而不是对管理者的不放心？事实上，如果不是政府让"缓办"，维持会处分了物品，又会有什么结果？不就是早于"盗宝案"的又一案？后来易培基没有接受这次教训，终至酿成大案。因而我们对张作霖政府此举应予高度肯定。

在向故宫下达暂停处理命令之后，京师警察厅的侦缉人员对故宫展开侦查工作。吴瀛说，后来才知，"系有人讦于当道，谓处分物品之事，乃吴某及汪某主动，内幕用以筹款助南者。时南京政府已成立，势寖寖北来。此说固极动听，且由警厅派侦缉队若干人从事侦查。……然无此事实，则亦一笑置之。"[20]政府其实就是禁止出卖故宫古物，以及对故宫博物院前期工作进行检查。

抵制移交档案

1927年6月16日，张作霖的安国军将领在北京集会，拥张作霖为安国军政府海陆军大元帅。18日，张作霖在中南海怀仁堂就职，以潘复为国务总理。

8月16日，国务会议议决了两项有关故宫博物院的议案：一、清太庙、堂子两处，应归内务部坛庙管理处保管；二、前清军机处档案存大高殿者，应归国务院保管。[21]

汪大燮、庄蕴宽等都认为，应"以保守本院为原则，院外附属之太庙、堂子，苟政府欲强制收去者，似宜听之，以为和缓地步。否则，政府之势方张，虑且延及本身，宜取壮士断腕之旨为当"。[22]乃决意放弃太庙、堂子，而争大高殿的档案。

18日，江瀚知道这件事后，从天津回到北京，与维持会同人商讨对策。军机处的这批档案，原来存在故宫方略馆。清帝逊位后，在民国三年由北洋政府国务院收去，堆在国务院的集灵囿楼上，封存十余年，从未整理过。故宫博物院成立后，于1926年1月，致函国务院，要求将这批档案及有关清代掌故的书籍移交故宫博物院文献部。[23]当时的国务院总理许世英批准了这一要求，于1926年1月28日将这批档案及书籍移回故宫，存储于大高殿。[24]

为此江瀚等人紧急上书国务院，委婉陈述档案的用途和现状，说明院里目前正派员整理前清军机处档案，分类编印，工作尚未竣事，"如遽移归保管，则前功尽弃，殊为可惜"。因此要求暂行保留于故宫博物院，在工作完毕后，再行移交：

> 查本院前以清内阁大库档案，与宫中所存之档案，有互相发明引证之价值，均与文献有重要之关系，故于去年一月函请贵院，将前项军机档案，移交本院整理。自接收后，即经派员着手清理，所有档案名目，业已详细厘定，拟择其紧要而未发表者，分类编印，现正编辑外交、军机暨折包等。重要档案，分别先后，以次刊行。此项计划，所以裨益于近世史者，实非浅鲜。是以本院正在积极进行。现当工作未竣之际，如遽移归保管，则前功尽弃，殊为可惜。本院之意，前项档案，俟工作完毕后，自当移归贵院保管，惟在此际，则仍拟暂行保留。倘贵院如须调阅时，尽可随时派员来院查阅，本院自当优予招待。似此，与本院既有裨益，而与贵院亦并无不便也。[25]

但这一请求并未得到当局的认同，国务院25日回函，"查此项档案，既经国务会议议决移归国务院保管，仍应即日移交，以重典守。又查上次随同档案移存之书籍、方略等项，亦经议决，一并交本院保管，应请将前项一切档案、书籍及方略抄本，均即点交派往之高参议等如数接收"[26]。

上书请愿未能得到谅解，江瀚对此深感失望和不满，恰时任教育总长，也是他的学生的刘哲来聘请他担任北京大学文科学长，江瀚27日遂写了封私信，缴还了聘书，以表达对政府当局的抗议：

> 瀚谬充故宫博物院维持会会长，十月于兹。前经贵国务
> 院派员收取大高殿所存前清档案，缘本院图书馆编辑未竣，
> 故函请暂留应用，乃为贵国务院所大不满意，遽咄咄相逼，
> 致维持会亦有动摇之势。则瀚之老不晓事，已可概见。何堪
> 承乏大庥，重滋贻误？用特将贵部聘书暨文科册籍五本，一
> 并缴还。谨此辞谢，以安疏拙，即希惠察为荷！[27]

这一事件在当时引起了不小反响，《申报》曾以《江瀚大发
牢骚》为题对此事进行了报道。至于刘哲及当局收到江瀚辞职信
后的反应则不得而知。

查办故宫

就在1927年8月23日故宫博物院函请国务院允许暂时保留
军机处档案的同一天，潘复内阁会议通过决议，派内务部总长沈
瑞麟、农工部总长刘尚清为查办大员，彻查故宫历年清点及保管
情况。

这是很正常的一件事，本来从驱逐溥仪出宫开始，有关故宫
的浮词就很多。在此做事者，不贪不占，一心为公，行正心直，
丹心可鉴。但在外人看来，不知里面有多少问题，来次彻查，自
然无可非议。但在当时故宫的管理者看来，这实际是要推翻维持
会领导，把故宫博物院的领导权纳入安国军政府手中，因而心生

嫌隙，甚至不惜编造种种，以混淆视听。如吴瀛说，在查视期间，沈瑞麟向吴瀛透露了"查办"的内幕，是大元帅府翊卫长、清室皇族载涛扬言故宫存有金锭300万，只要一查库即可证实。如此原因，不及一驳。再说了，沈总长怎么唯独向吴瀛一人透露了"查办"的内幕？故宫固然没有问题，但在外人看来，难免有猫腻，更何况外面谣传一直不断，而维持会又有处分故宫物品之举，政府出面来查办，自是情理之中，用不着再找理由。

从1927年9月5日开始，沈、刘两总长于每星期一、三、五等日，率同两部随员各四员，"开始查勘内西路，由重华而储秀、长春、永寿、咸福各宫，以及雨花阁、养心殿、南库等处；次则中路由御花园而乾清、坤宁两宫，交泰、懋勤各殿，以及上书房、敬事房等处；又次内东路由斋宫而毓庆、景仁、承乾、永和、景阳、钟粹各宫，以及北五所、如意馆、寿药房、古董房、缎库、茶库各处；最后，外东路自奉先殿、文渊阁、三所等处，以及乾隆花园、乐寿、庆寿两堂，宁寿、景福两宫，并景山之寿皇、大高两殿各处，历时四旬，一一履勘"。经过如此详查故宫，沈、刘两总长指出：

> 查前清故宫，地面宽阔，殿宇崇宏，所有陈列及存储各项物品，向系分散各处，漫无统纪。自清帝出宫，善后委员会成立以来，于十四年春间开始清理物品，分组点查。该会定章，每查一处，仅按物编列号码，记载品名、件数，而以不移故处为原则。迨十四年冬，改名故宫博物院，分设古物、图书两馆，筹设各项陈列室，略将各处珍贵物品选择

陈列，而其未经提取陈列者，仍旧封存原处，迄未有分类集中计划。以致数年以来，各宫、各库物品之散漫如故，虽极偏僻处所，往往有极珍奇之器物，堆置尘土破篓之中。经瑞麟、尚清等查获发现者所在多有，且有一部分尚未点查编号者，因而觊觎盗窃之案，亦间有所闻。揆厥由来，良以物品繁多，既未预择坚固适宜之库房随时移置，尤未定有分别清理之计划挨次进行，是以时逾数载，费糜巨万，而于物品之保管庋藏，仍无整齐周密之设备，未免引为缺憾。至于宫殿屋宇之渗漏，瓦砾草茅之纵横，园林木石之颓圮，亦复因经费困难，未行修治。[28]

针对故宫这样的现状，沈、刘两总长拟订了一个《整理故宫办法》，从整修库房、分类庋藏、殿宇修葺、荆棘扫除、改进陈列五个方面提出了整改措施，并指出"权衡重轻，则造库归类最为要图，而酌量缓急，则修葺扫除实为先务，至于陈列改良尤为不易之办法。现在管理委员会业经奉令将次成立，所有应行整理各事，自应责成该会兼顾统筹，依次举办"，整理故宫的责任指明应由故宫博物院管理委员会负责。

这份《整理故宫办法》是北京政府时期中央政府对于故宫博物院切实负责的一份实实在在的答卷，是在深入调查现状的基础上提出的颇有卓见、甚为难得的一份报告，也是张作霖政府对故宫负责的表现。吴瀛不知有这份报告，相关的叙述自是另一番景象。[29]

1927年9月20日，军政府国务会议议决通过了《故宫博物院管理委员会条例》，成立故宫博物院管理委员会来取代维持会。聘任王士珍为委员长，王式通、袁金铠为副委员长。

23日下午，故宫同人在欧美同学会上商量应付之策，吴瀛力疾参预，又提起前次拿来对付赵尔巽的那些方案，但不见声援，只好罢了。[30]

10月1日，军政府国务会议议决：聘任沈瑞麟、刘尚清、鲍贵卿、胡惟德、张学良、傅增湘、江庸、刘哲、赵椿年、陈兴亚、胡若愚、汤铁樵为故宫博物院管理委员会委员。15日，因农长刘尚清改任奉天省长而离京，国务会议议决改聘新任农长莫德惠递补刘的遗缺委员。故宫维持会老人有张学良、胡若愚、汤铁樵、陈兴亚、江庸、赵椿年等六人进入管理层。但不久之后，有感于江瀚、庄蕴宽等人对于院务的热忱之心，管理委员会遂聘其为顾问（即专门委员），"俾得襄助一切，以利进行"。

同日，国务院总理潘复宴请聘定的全部委员商量接收故宫，推定江庸、王式通、袁金铠、沈瑞麟四人做接收委员。21日上午，四位接收委员来到故宫博物院，办理了接管手续。维持会工作到此结束，江瀚对于院务的主持和领导告一段落。

暂代故宫博物院理事长

北伐胜利后，南京国民政府接管故宫博物院。1928年10月，政府公布了《故宫博物院组织法》与《故宫博物院理事会条例》，并任命了故宫博物院第一届理事会，包括当时全国政界、军界、财界、民族界、宗教界、文化界的众多著名人士，其中就有江瀚。1929年3月1日，国府第二十二次国务会议决议，庄蕴宽兼图书馆馆长。但由于庄蕴宽没有到北平故宫来任职，故宫博物院图书馆馆长由江瀚代理，现有1930年3月16日江瀚到任的合影照片为证。1932年4月30日，行政院召开第二十六次会议，通过北平故宫博物院院长易培基呈，故宫博物院图书馆馆长庄蕴宽因病出缺，遗缺以现代理该馆馆长江瀚继任。

1932年8月3日，中央政治会议召开，李煜瀛因赴法请求辞故宫博物院理事会理事长之职照准，以黄郛继任。黄郛未到以前，由张群代理。[31]9月21日，中央政治会议通过决议，任命江瀚暂代故宫博物院理事长。[32]10月4日，江瀚就任故宫博物院代理理事长职。[33]

1931年"九一八"事变，1932年"一·二八"淞沪抗战，国难日深。1932年8月8日，湖南石门市市民多奇云致函故宫博物院，称日本军队如果继续南下，北平就可能成为战场，建议故宫博物院未雨绸缪，采取措施，把文物运到安全地方。[34]但是，北平市民对于故宫古物外迁却强烈反对。北平市的自治区、商会、工联会、工农会等团体共同组成"北平市民众保护故宫古物协会"，专事反对古物外迁。北京大学文学院院长胡适，故宫博物院代理理事长江瀚，"旅津名流"华世奎、王人文、齐燮元、孙传芳、汤芗铭等二十九人，及故宫博物院全体职工也全都反对古物

故宫博物院图书馆欢迎江瀚馆长合影（1930年3月16日）

外迁。

反对的意见称：日人虽蛮横，亦不敢违反国际公例，破坏文化古物。如谓古物外迁系为保全之计，然则如上海、如南京果真安全吗？如有抵抗之具体办法，则随处均无危险。值此外患紧张、人心惶恐之时，政府正宜安定人心，为土地人民谋安全，不应先运走古物。而且古物数量极巨，迁移颇非易事，一经迁移多少要受损失，责任谁负？古物一散不可复合，为免散失，坚决反对故宫文物运往他地保管。

他们还建议在故宫择地建筑极坚固的地库以资保存，人民愿担负一部分费用。

江瀚、刘复、徐炳昶、马衡等三十多位北平文教界人士认为，北平各文化机关所藏的许多珍贵文物是"表扬国光，寄附着国家命脉、国民精神的"，"是断断不可以牺牲的"。他们上书国民政府，建议从北平撤出军备，使其成为一个不设防的文化区域。他们相信，在这样的安排下，"世界上还未必有这样一个胆大而野蛮的民族，敢在众目昭彰之下向没有抵抗的文化设备加以破坏"。最终，北平将会成为像瑞士一样的国家，永远不受战争的驻扰，像牛津、剑桥大学一样永远沉浸在文化的清泉之中。[35]正是在这样的思想主导下，江瀚始终坚持就地保护故宫文物的观点。

1932年11月24日，针对政府将迁故宫文物至洛阳的消息，江瀚在接受记者采访时明确表示故宫古物不能迁移洛阳的理由：

一、洛阳多山，交通不便，且土匪出没无常，保管上殊多困难；
二、迁移后市民睹状以为大难将临，人心恐慌，影响治安。[36]江瀚反对文物迁移的态度十分坚决：

> 故宫古物迁移他处保存，余始终反对。前传有迁（南）京之说，余已怀疑移京后究竟如何保存。今又拟迁洛。洛阳地方如此穷僻，试问又如何能保存此巨数之古物？此事如果决定实行，余惟有辞职、不再对故宫古物负任何责任。[37]

这是江瀚的又一次却职声明，可见其态度的决绝。当时北平各界团体都通电表示反对，声称若政府坚持迁移古物，各团体民众必在迁移之时于神武门前设法阻止。[38]

面对高涨的社会舆论，国民政府不得不出面辟谣澄清。易培基将行政院秘书长褚民谊"报载迁移故宫古物绝非事实"的来电公布于报纸。[39]尽管如此，政府方面还是以为，平津可能会成为战场，古物一旦遭受毁损就永远消失，没有为求安抚人心，而任文化结晶毁灭的道理。敌人入侵，失掉土地还有收复的可能，惟有文物留在原地不动，只有受毁损的危险。人民留在北平可以协助政府抵御日寇，文物留在北平只有被掠夺和毁灭的可能。国亡还有复国之日，文化一亡，将永无补救！因而坚持原案，定于1933年1月31日起运。国民政府行政院指令北平市政府及交通运输部门全力协助故宫运出古物。

江瀚则依然坚持其反对文物迁移的立场："古物运京沪路，恐途中震荡，及被劫危险，不迁又恐发生意外，二者相较，以不迁为是。"[40] 虽然此时江瀚身为故宫博物院代理理事长，但面对政府的决定也是无可奈何，既不能改变政府的决定，也没有召开理事会，只在报纸上发出自己的声音而已。

文物南迁是抗战史上一段可歌可泣的传奇。曾经奋力保护南迁文物的先贤值得称颂，那些持有不同意见的人同样值得我们钦敬，不论他们的观点如何相左，目的同为一个：保护故宫，传承历史。

1933年7月故宫博物院第一届理事会推举张静江任理事长。[41] 江瀚卸去代理理事长职，图书馆事务也移交给袁同礼，江瀚开始淡出故宫博物院的舞台。此时，他已届77岁高龄。

作为故宫博物院的早期领袖，江瀚临危受命出任维持会长，毅然肩负起故宫博物院的重任，在风雨飘摇的环境中掌舵；南京

江瀚七十七岁书扇面

国民政府接管故宫博物院，在庄蕴宽没有到任图书馆馆长时，他再次受命上任，主持整理卷帙浩繁的宫廷藏书，使宫内藏书得到妥善的保护与整理，并为学术研究提供了十分丰富的资料。在北平危急存亡之际，他又为故宫文物的保全建言献策。可以说，江瀚在故宫博物院的发展历程中功不可没。

第五章

◎

故宫掌门人1925—1949

王士珍:
心无旁骛的维持者

故宫宝物从清室善后委员会接管以后，就被赋予了一种特殊的意义，只要是一个理性的统治者，都不会动故宫宝物的心思。

王士珍，字聘卿，号冠儒，清咸丰十一年（1861）生于直隶正定（今属河北）牛家庄一户破落的小地主家庭。四岁时父亲去世，与寡伯母刘氏、寡母丁氏相依为命（刘氏、丁氏皆为二十三岁守寡），伯母和母亲靠着微薄的收入供养王士珍读书。王士珍九岁开始入塾读书，十七岁投笔从戎，考入正定镇标。

光绪十一年（1885），直隶总督兼北洋大臣李鸿章奏设武备学堂于天津，檄各军选送学员。王士珍由正定镇总兵叶志超保荐进入武备学堂为第一期生，与段祺瑞、冯国璋是同期同学。肄业三年期满，仍回山海关督办随营炮队学堂。北洋武备学堂毕业学生多数成为各省新军骨干，其中很多人后来成为北洋派的首领。进入北洋武备学堂是王士珍人生道路上的第一个转折点。

王士珍像

光绪二十年（1894），朝鲜东学党起事，朝鲜政府请求清政府出兵协助镇压。六月，直隶提督叶志超奉命赴朝助战，王士珍率学生随之赴牙山，退平壤。在防守平壤的战术选择上，王士珍"建议宜于城外山上设奇布防，敌至方能应战。志超以公幼也，易其言弗听"。在保卫平壤的激烈战斗中，王士珍"率学生在城上血战数昼夜，既而奉天练军统领左公宝贵阵亡，公额亦受弹伤，遂溃围出走义州"。这场决定甲午中日之战胜负关键的第一场战役以清军溃败，六天狂奔500里，退过鸭绿江回国，日军占领朝鲜全境而告终。

归国后，王士珍仍回原防，统率山海关炮队，只不过直隶提督已是聂士成。聂士成带队入关，挑足淮军马步30营改为武毅军，驻天津芦台。王士珍就在聂士成的武毅军服役。

甲午战争的惨败，令朝野上下极感耻辱，但也刺激了自救之心。李鸿章军事顾问汉纳根建议编练新军，清廷派遣长芦盐运使胡燏棻在天津小站以德国陆军操典编练"定武军"10营，并购买西洋先进武器，期望以新式装备、新法训练形成新的军队阵容。不久，袁世凯奉旨接替胡燏棻，在小站设立"新建陆军督练处"，将"定武军"进行扩编改造，全部用洋枪洋炮武装起来，即成"新建陆军"。王士珍得陆军大臣荫昌推荐，被袁世凯擢为新建陆军的重要干部。

> 公（王士珍）气度深沉，毅勇内敛，寡言笑。时居刘太夫人忧，体羸面削，摄敝衣冠，口讷语简，袁公未之奇也。及计事始大重，公即檄充督操营务处会办、右翼第三营步队帮统兼步队学堂监督，擢工程营管带兼德文学堂监督。

袁世凯在徐世昌、王士珍、段祺瑞、冯国璋等辅佐下，令新建陆军面貌焕然一新，成为清政府新军的模范。光绪二十二年（1896），督办军务处大臣荣禄到小站检阅新建陆军，对演习大加赞扬。同年冬，荣禄推荐王士珍、段祺瑞、冯国璋赴日本阅操。

光绪二十四年（1898）十月，练兵大臣、大学士荣禄督练武卫军，把直隶提督聂士成的武毅军调驻芦台，改其番号为武卫前军；把甘肃提督董福祥的甘军调驻蓟州，改其番号为武卫后军；把四川提督宋庆的毅军调驻山海关内外，改其番号为武卫左军；袁世凯的新建陆军被改为武卫右军。荣禄则另募亲兵10 000人，号武卫中军，驻防南苑。义和团运动风起，聂士成殉难天津，董福祥遣戍新疆，毅军无所作为，荣禄的武卫中军亦溃败不能成军，硕果仅存者只有袁世凯的武卫右军。

光绪二十五年（1899），袁世凯任山东巡抚，武卫右军7 000人全部移防山东。袁世凯任命王士珍总务山东全省军务，负责山东的"剿匪安民"任务，镇压义和团、保护洋人合法权利，"外国人避鲁者络绎不绝，公特编便衣队沿途保护，代赁舟车，资以衣食川费"。后来，八国联军入侵京津畿辅，百姓受害者不计其数，但山东则免遭蹂躏。王士珍立下了汗马功劳，仕途也平步青云。

光绪二十七年（1901）十月，袁世凯升任直隶总督兼北洋大臣，任命王士珍为北洋常备军左镇翼长，兼理全军操防营务处，专司训练。

光绪二十九年（1903），清政府成立练兵处，以庆亲王奕劻为总办，袁世凯为会办，王士珍为军政司正使负责规划。

光绪三十一年（1905），北洋第六镇成镇，王士珍兼任统制官。

光绪三十二年（1906）十一月，练兵处与太仆寺并入兵部成立陆军部，王士珍以军政司正使署陆军部右侍郎。

光绪三十三年（1907），王士珍诏授江北提督。这个由漕运总督改设的省级军政首脑，"体制若巡抚"。太湖秋操时熊成基起事围攻安庆，事起突然，地方官员毫无准备，唯王士珍早有布置，使岳王会之谋失败。宣统二年（1910）十一月十七日，王士珍再三请求，隐退正定。

三度入阁的陆军总长

武昌义军起事，袁世凯被重新起用，立即函招王士珍辅佐一切。王士珍应命由老家正定赶到河南洹上袁的住处，袁氏委以坐镇后路，筹组大帅总部重任。袁世凯先奏派王士珍襄办湖北军务，九月十二日（1911年11月2日），清廷命袁世凯迅速来京，以王士珍署理湖广总督。九月二十四日，王士珍因病解职。等到袁世凯责任内阁组成，王士珍便被任为陆军部大臣。

1912年2月12日，溥仪宣布退位，王士珍立即称病辞职，他说："国家养兵，用在一时。国民造反，不发兵征讨，还要议和，真乃旷古未有之奇闻！"袁世凯苦劝无效，遂于2月17日批准了王士珍的辞呈。王士珍辞职后，回到河北正定隐居。

袁世凯当选中华民国大总统，用非常手段将王士珍"请"到北京，担任陆海军大元帅统率办事处办事员。

当时袁世凯想尽快龙袍加身，做中华帝国的皇帝。杨度、梁士诒、陈宧等纷纷奔走劝进，封爵进位后又无不弹冠相庆。但王士珍比较清醒，超然于外，不参与帝制劝进。

在国内外的巨大压力下，只做了83天皇帝的袁世凯被迫取消帝制，但他的病情已经开始恶化，弥留之际，王士珍仍在接受袁世凯遗嘱之列。

王士珍三度入阁，担任的职务都是陆军总长。第一次是1915年8月29日至1916年4月23日，徐世昌内阁（当时称政事堂）；第二次是1917年6月24日至7月19日，丁巳复辟前夕仓促组成的李经羲内阁；第三次是1917年11月19日至12月18日，汪大燮内阁（至11月30日）。1917年11月30日至1918年2月20日王士珍署理国务总理，达到了他个人政治生涯的顶峰。但无意于政治斗争的王士珍并没有在政坛上做出什么贡献。

王士珍参与了张勋的复辟活动，被派为张勋伪内阁的议政大臣兼参谋部大臣，与张勋一同进宫敦请溥仪"登基"，压迫黎元洪搬离总统府，副署张勋发布的伪谕，等等。段祺瑞马厂誓师，讨伐张勋。复辟败局已定之时，王士珍又成了收拾残局、维持京师秩序的"要角"。作用再一次彰显，不但附逆无罪，而且"维持北京秩序"有功，继续担任参谋总长。

维持京师秩序的领袖

王士珍归隐后虽然想超然于政事之外，但由于他是北洋的耆老，一些北洋旧人有事还是找他商议，而他也乐意调和其间。直皖、直奉战争时他就多次出面调停，但于事无补。

1926年3月15日，受段祺瑞委托，王士珍等发起全国和平会议，请前敌各军退驻原防，择定地点，派代表开停战分权会议。同日，王士珍等联名致电吴佩孚、张作霖、冯玉祥等，提出和平办法五条。[1]19日，继续发出通电，建议各军先行停战，召开和平会议，解决上述问题。至3月31日，北京已陷于围城状态。

4月1日，段祺瑞授意组织京师保安会，推王士珍为理事长，拟在冯玉祥军撤退时责成该会维持北京治安。4月9日上午，鹿钟麟示意王士珍等组织"北京临时治安会"为代行政权机关。当夜，北京发生政变。鹿钟麟派兵包围国务院，段祺瑞及安福系要人避入东交民巷。4月10日，段祺瑞允辞职。4月15日晨，通州陷落，冯玉祥国民军决定即日撤退，当天下午3时托陆军次长熊斌携带警察厅大小关防往访王士珍等，告以国民军即日退回，京师治安应请临时治安会设法维持。下午5时，临时治安会在纯一斋开会，公推吴炳湘暂以本会会员名义担任维持京师治安职务，即日视事。16日下午2时，临时治安会又在市政公所开会，将该会分设治安股、市政股、慈善股、会计股、交际股等五股，办事分任，进行维持京师治安各事项。京师临时治安会的领袖是王士珍、赵尔巽两人，推王士珍为会长。王士珍等发布《京师临时治安会宣言》和《京师临时治安会简章》十二条，在北京城内没有政府之时，由京师临时治安会主持一切。

京师临时治安会只是一个临时性的组织，目的是维护京师的秩序，而不涉及各派政争。他们首先做的是吁请各方迅速进京共商停战及组成政府等大计，"第政局一日不定，诸事无人主持，局势日迫，务请诸公迅赐伟略，早定大计，国家幸甚"[2]，为民请命、为国分忧之情跃然纸上。王士珍等出面维持京师治安，使首都人民少受战火之苦。

故宫博物院管理委员会委员长

鉴于王士珍在当时北京的特殊地位，故宫博物院方面，无论是杜锡珪内阁成立的故宫保管委员会，还是各方名流自发组织的故宫博物院维持会，王士珍均列名为委员，而且排名一直在前面。可以说王士珍已经开始参与故宫博物院管理事务，只是没有进入实质性的管理工作。

1927年6月18日，张作霖就任"中华民国陆海军大元帅"职，成立军政府，由潘复任国务院总理。

9月20日，军政府国务院通过《故宫博物院管理委员会条例》，决定成立故宫博物院管理委员会。《国务院拟具故宫博物院管理委员会条例致大元帅呈》谓："窃上年八月十四日国务会议决故宫博物院暂行保管办法六条，同时由国务院函聘委员并遴派保管员在案。嗣因各委员未尽就职，所定办法迄未实施。查故宫博物事关文献，长此迁延，似非所以保存古物之道。兹根据从前暂行办法斟酌厘定，拟具故宫博物院管理委员会条例六条，呈请鉴核。"[3]

故宫博物院管理委员会条例

第一条　因管理故宫博物院各事项，设故宫博物院管理委员会。

第二条　管理委员会置委员长一人，副委员长二人，委员十二人，由国务总理呈请大元帅聘任，掌管理本会事务。

第三条　管理委员会置干事二十四人，由委员长经委员会之同意选派，分掌本会事务。

前项各干事之职掌，由委员长定之。

第四条　管理委员会置办事员，由委员长委派，助理本会事务。

办事员之员额及其职务，由委员长定之。

第五条　故宫博物院管理规则由委员会定之，但应函达国务院备案。

第六条　本条例自呈准日施行。

10月1日聘定管理委员会委员。故宫博物院管理委员会以王士珍为委员长，以王式通、袁金铠为副委员长。[4]委员为沈瑞麟、刘尚清、鲍贵卿、胡惟德、张学良、傅增湘、江庸、刘哲、赵椿年、陈兴亚、胡若愚、汤铁樵等十二人。10月15日，以农长刘尚清改任奉天省长而离京了，国务会议议决改聘新任农长莫德惠递补。

10月21日，故宫博物院管理委员会正、副委员长及委员就职，并派出江庸、王式通、袁金铠、沈瑞麟四人为接收委员，来到故宫博物院，办理了接管手续，接管了维持会的工作。故宫博物院维持会至此结束。但1927年10月26日《故宫博物院管理委员会正副委员长及委员就职致内务部公函》中提及的故宫博物院管理委员会委员比前述十二位多出顾维钧、范源濂二人。[5]

10月24日，管理委员会任命二十四名干事：马衡、俞同奎、彭济群、颜泽祺、恽宝惠、张玮、谭祖任、张鹤、梁玉书、许宝

故宫博物院管理委员会合影（1927年10月25日）

蘅、袁同礼、徐鸿宝、张允亮、沈兼士、陈庆龢、孙树棠、陈宝
泉、杨策、张凌恩、瞿宣颖、李升培、许福奎、凌念京、伦明。

　　故宫博物院管理委员会主持工作期间，聘江庸、马衡、俞同
奎为古物馆正、副馆长，傅增湘、袁同礼、许宝蘅为图书馆正、
副馆长，袁金铠兼总务处处长，恽宝惠为总务处副处长。由于材
料挖掘不够，故宫博物院管理委员会开展的工作迄今尚不清楚。
可以肯定的是，有安国军政府的强有力支持，没有外界的干扰，
王士珍又是老成持重之人，故宫博物院的各项工作应该得以正常
开展。

　　维持会要处分金砂、银锭、食品等清宫物品受到张作霖制止
之后，张作霖即派沈瑞麟、刘尚清两位总长来故宫检查工作。从

1927年9月5日开始，沈、刘两总长于每星期一、三、五等日，率同两部随员各四名，开始详查故宫物品。针对故宫现状，沈、刘两总长拟订了《整理故宫办法》致张作霖大元帅，将整理故宫的责任指明应由故宫博物院管理委员会负责。

在北京政府时期历届政权来说，段祺瑞、张作霖掌权期是对故宫博物院切切实实负起责任的两个时期，是要加以充分肯定的。更可以肯定地说，王士珍执掌故宫博物院管理委员会后，是会按照这样的思路来管理故宫并积极改进的。只是由于对故宫博物院管理委员会时期的史料了解甚少，无法对该时期故宫博物院的运作情况作基本的阐述，只能留待今后对院史史料的进一步挖掘了。

所谓王士珍保护故宫宝物的努力

报纸有报道，1928年3月17日，北京故宫博物院将开会处分皮衣及珍贵食品。3月20日，国民政府闻王士珍等拟将故宫博物院一部珍玩退还溥仪，甚为震怒，对王等将有严重表示。[6]3月25日，古物保管委员会在南京开成立会，电王士珍等慎重保管故宫。[7]4月3日，古物保管委员会因王士珍等筹创拍卖故宫古物分润溥仪及张作霖，特电王士珍等提出警告，文曰："北京故宫博物院王士珍、袁金铠、王式通诸先生鉴：闻尊处分院物还诸溥仪，国宝沉沦，闻者咸愤。诸君职有专负，罪无旁逃，勿自绝弃，以免国诛。大学院古物保管委员会。"[8]这些报道之事的前因，显然都是出于传闻，也说明故宫在国人心目中的地位，但显然关于王士珍要处分故宫物品的种种说法都是子虚乌有的。

1928年，北伐胜利后，北平故宫接收代表等五人为了保全故宫博物院，在接待蒋中正等国民政府领袖时，发揭帖，历数故宫建院以来种种，其中就说道："十六年十一月，奉方另组管理委员会，强欲接收。所幸委员长王聘卿先生，尚能继续保管。"[9]至少还是比较客观的评价。由此也可知王士珍及故宫博物院管理委员会的工作是到位的，不存在报纸上所说的种种情事。

倒是1928年6月18日《申报》报道"故宫古物曾有遗失"："（北京）故宫宝物张未带走。惟去年江瀚时，宋磁（瓷）遗失四十七件，官窑全失，柴窑存数件，哥窑少七八件，定窑少十余件，汝窑仅八个盘，未破案。当前年内务部所办警卫长曾偷金佛数件，后下狱，经张作霖特赦案内释放，仍在京。"[10]说的不是王士珍故宫博物院管理委员会时期的事，而是江瀚故宫维持会时期的事，只是对此事没有研究，不知事实究竟如何。

王毓超《北洋人士话沧桑》据李炳之回忆：

在安国军拟将军队全部撤往东北尚未公开之先的前几天，张作霖（字雨亭）曾亲到王士珍家中拜望，我适在王处，因我以前曾随曹锟一起见过他，所以也作了一番寒暄，始行回避。事后王士珍对我说，在他俩人谈了一些时局问题后，"张突然问我，故宫的事现在由谁管？清廷遗留下来的那些东西我得带走，不能让蒋介石来了拿去卖给外国人，买枪买炮打我呀"。我说钥匙在我这里,您如需要可以拿去。不过我想大元帅为护法而来,如果那样办,岂不让人家说好像是为了那些东西进关的,恐于盛名有损吧?况且故宫里的东西经过这些年的人事变迁,也没有什么宝贵重要的了。钥匙是在我这里,请您要三思而行。张沉吟了一会儿就说,您老人家的话也有道理,那我就不动它啦。看来张雨亭这个人还知道爱惜名节。[11]

有人还因此说,王士珍保护故宫宝物的努力,后来得到了国民政府的充分肯定。其实,这种说法类似稗官野史,确实经不起推敲,是没有可信度的。张作霖离京前,1928年5月31日,"王士珍晤张作霖,赞成张收束军事。张甚谓然,但请王赞助北京治安"[12]。6月1日,"张作霖以出关办法征王士珍意见,王语张主组阁过渡"[13]。6月2日,"张定今夜二时行,军政府移津。张、杨亦决出京,京事完全托王士珍。王允组治安会"[14]。如果张作霖曾亲到王士珍家中拜望,媒体肯定是要报道的,但现在未见相关报道。故宫宝物从清室善后委员会接管以后,就被赋予了一种特殊的意义,只要是一个理性的统治者,都不会动故宫宝物的心思。李炳之的回忆貌似在情理之中,实际上很可能是虚构的。

维持京师秩序、协助移交故宫博物院

由于北伐军的节节胜利,张作霖欲保持残余力量,退出京津,返回东三省。1928年5月31日午后二时,张作霖招王士珍入府，告知："战局迫切，何时出关，殊难预计。故若我等撤退时，望仿前年之例，以元老资格当维持治安之冲。"王士珍和张作霖会商出府后，即与熊希龄、汪大燮等元老在总商会开会，决定仿前年成例，在张作霖离京后，组织治安维持会，以维持北京治安，并接洽国民革命军入京事宜。[15]6月4日，京师临时治安维持会成立，王士珍又被公推为治安维持会会长。[16]

6月8日，国民革命军第三集团军和平接收北京，治安维持会任务已毕，6月9日宣告解散。[17]

6月11日，京津卫戍总司令阎锡山入北京，担负国府所赋卫戍京津之责。阎氏感佩京内诸耆老维护地方之贡献，12日，乃亲自分别拜访王士珍、汪大燮、熊希龄等，面致感谢维持北京治安之意。[18]7月21日晨，蒋总司令访王士珍，称赞前次维持治安功劳。[19]

6月15日，国民政府委员会开第72次常会，讨论事项：中央执行委员会政治会议函开（指以书信指示），本会议第144次会议，准张委员人杰、薛委员笃弼提议称清宫所藏金石书籍、与历史文化有关之器具法物，曾于民国十三年由李煜瀛、易培基诸同志组织委员会，改清室宫殿为故宫博物院，人人观览。现奉军初退，该院负责无人，请特任易培基为故宫博物院院长，并将故宫博物院改为国民政府故宫博物院，直隶国民政府等语。当经议决：派易培基即往北京接收故宫博物院。该院名称及章程应如何修改，交内政部、大学院商议，提会讨论。[20]

6月15日，易培基电请马衡先行负责保管故宫。[21]6月19日，易培基派沈兼士、马衡、萧瑜、俞同奎接收故宫。[22]故宫博物院管理委员会就此完成了历史使命，宣告结束。6月27日，国民政府第74次会议讨论通过了国府委员经亨颐提出的废除故宫博物院案。国民政府大学院古物保管委员会主席张继呈文中央政治会议，逐条反驳经亨颐的提案。[23]中央政治会议第155次会议将经亨颐"动议"和张继"呈文"并案讨论，决议维持原案，并函请国民政府照原案公布。[24]故宫博物院得以延续。

1930年7月1日，王士珍患肝癌逝世于北平，享年70岁。[25]

王士珍是北洋军阀中的重要人物，他注重个人修养，不大喜欢弄权，也不大愿意介入大规模的政争。虽然署理过三个月的国务总理，却多半是出于冯国璋的敦劝，以帮忙为意。其入民国后行事低调，尽量远离政治漩涡，并为调节军阀间的战争出力颇多，曾两度勇挑维持北京治安重担，足见其悲天悯人的情怀。王士珍掌理故宫博物院的建树，我们还不是很清楚，但从故宫接收委员的揭帖中可知做得还是不错的，有待继续研究。

第六章

◎

故宫掌门人1925—1949

易培基：
奋发蹈厉的贡献者

"故宫者，我国数千年之所萃，自成立博物馆以来，昔之所谓秘殿宝笈，一夫所享有者，今已公诸国人矣。"

易培基（1880—1937）字寅村，号鹿山，湖南善化（今属长沙）人。出生于清末官宦之家，其父因得罪上司被罢黜而死。易培基在父亲去世后，前往武昌为父上诉伸冤。时值湖广总督张之洞提倡新学新政，创办湖北方言学堂，易培基考入该校，毕业后留学日本，加入同盟会，回国后参与辛亥武昌起义。1912年，易培基担任中华民国副总统兼湖北都督黎元洪的秘书。1913年7月，孙中山发动"二次革命"，易培基不与依附袁世凯的黎元洪合作，弃职离沪，后回长沙执教，先后任湖南高等师范学堂、长沙师范学校以及湖南省立第一师范等校教员[1]，曾担任过毛泽东所在的一师第八班的课程教学，教过毛泽东一年半语文，对毛泽东欣赏有加。易培基在政治上反对袁世凯的反动行径，文字学接近章太

易培基像

炎，经学颇近康有为，其讲课颇受毛泽东等青年的欢迎，师生关系亦颇融洽。易培基四弟易白沙曾在《新青年》发表《孔子平议》，是新文化运动中反对尊孔读经的第一人，在当时的思想界具有很大的影响；又著有揭露历代帝王反动、愚昧、荒淫行径的《帝王春秋》，孙中山为其题写书名。毛泽东在湖南长沙时期的主要活动都与易培基分不开。

易培基是中华民国政治、文化领域的名流，经历了辛亥革命、五四运动，是毛泽东在湖南一师（现湖南第一师范学院）时的老师，与毛泽东有较密切的关系，也做过孙中山的私人顾问，做过国民党中央政治会议成员、南京国民政府农矿部部长，为国立北平故宫博物院首任院长。由于"故宫盗宝案"的缘故，最后身败名裂，不为世人所知。后来学界即便有人谈论易培基，往往一鳞半爪，甚至张冠李戴，错误百出。本文尽力爬梳历史史料，力图重新勾画易培基的生平经历，特别对"出售金器违法案"和"故宫盗宝案"做了一番考述，希望对了解故宫博物院的历史、了解易培基有所帮助。

湖南"五四"新文化运动的健将

"五四"运动时期，湖南省督军兼省长张敬尧查封《湘江评论》，解散湖南学生联合会。毛泽东领导被查封而又重新组成的湖南学生联合会，借检查日货，以坚持反日爱国运动，与张敬尧对抗。1919年12月2日，长沙举行第二次焚毁日货示威大会，遭张敬尧武力镇压。4日，省学生联合会在白沙井枫树亭易培基家开会，决定发动全省学生总罢课，联络省内外力量，正式开展驱逐张敬尧运动。组织驱张请愿代表团，分赴北京、上海、衡阳、常德等地开展请愿和宣传活动。湖南各界"驱张"总部设周南女校，由何叔衡负责；联络点设长沙白沙井枫树亭易培基家，推举易培基为绅商学界总代表。随即，毛泽东率驱张代表团离长赴京。驻京"驱张"请愿团团长毛泽东多次写信给在长沙主持"驱张"工作的易培基、何叔衡，请他们亲自去衡阳，主持驻衡"驱张"请愿团工作。[2]

1920年2月29日易培基到衡阳，3月1日何叔衡到衡阳，领导驻衡"驱张"请愿团，加强对直系军阀吴佩孚的工作，又前往郴州向谭延闿请愿。这应该是易培基与谭延闿关系的开始。6月11

日，张敬尧在各界人民联合驱逐和吴佩孚逼迫下，退出湖南。谭延闿率湘军进入长沙，继任督军兼省长，宣布湖南自治。湖南教育界扬眉吐气，呈现一派新气象。为了使被张敬尧摧残的教育事业迅速恢复和发展，教育界名流杨树达等建议成立湖南教育委员会。由于谭延闿的器重，驱张总代表、第一师范国文教员易培基被任为教育委员会委员长。1920年7月，易培基担任湖南省立第一师范校长。1921年易培基又担任了省长公署秘书长、省立图书馆馆长，这也给他在一师推行教育改革提供了一定的方便和条件。

易培基在担任一师校长的三年半内，在进步师生大力支持下，顺应新文化运动的历史潮流，采取了一些革新教育的措施，使一师在这一时期民主空气浓厚，学术思想活泼，呈现出一派生气勃勃的景象，取得了显著的成绩，至今仍然被人们所称道。他首先撤换了原有的部分教职员，从北京、上海、杭州、武汉等地，先后延请一批参加过五四运动和受过五四运动影响的新人物，如匡互生、周谷城、熊梦飞、夏丏尊、沈仲九、徐特立、李达、李维汉、陈昌、田汉等到校任职。这些人大胆改革教学内容，废除以灌输封建道德教育为内容的"修身"课，国文也废弃了文言文，改用白话文，教材主要选自当时流行甚广的《新青年》等。教学方法上提倡启发式教育法。同时还延请中外名流，如美国的杜威，英国的罗素，国内的恽代英、章太炎、章士钊、蔡元培、张继等到一师讲学，开阔学生眼界。易培基还废除学监管理制度，组织学生自治会。首开女禁，实行男女同校，为抵制社会逆流，将自己女儿易漱平送入一师学习。

易培基改变旧学风，鼓励学生组织各种团体[3]，开展自由讨论。其时一师除毛泽东等人组织的"新民学会"外，还有"马克思主义研究会""崇新学社""明社""○（阿）社"等各种学术团体。

为了在湖南传播马克思主义，开展新文化运动，毛泽东决定创办一个以推销新书报、介绍新思想为主要任务的新书社——文化书社。这一设想得到易培基的赞同，他还自愿充当书社发起人，为书社捐资。[4]易培基等各界有声望人士的参与，使文化书社披上了"合法"的光环。1920年8月22日，易培基和毛泽东、何叔衡、姜济寰、方维夏、彭璜等在长沙县署召开湖南俄罗斯研究会筹备会，易培基报告发起该会的宗旨和研究俄罗斯的必要。9月15日湖南俄罗斯研究会在长沙文化书社内成立。

易培基还解聘了原一师附属小学"主事"，聘任从一师毕业不久的他的学生毛泽东担任这一职务，全面主持附小的工作。这使毛泽东找到了一块进行早期革命活动的沃土。毛泽东在附小工作了一年半时间，后兼师范部22班国文教员。经过易培基批准，毛泽东聘请何叔衡、谢觉哉等到附小任教。附小学生任弼时、毛泽民、毛泽覃等，后来都成为著名革命家。毛泽东利用一师做根据地，进行共产主义运动，一师成为革命发祥之地。1921年8月中旬，毛泽东参加中国共产党第一次代表大会后回到湖南，继续在一师任教，并继续从事建党工作。中共湘区委员会正式成立后，毛泽东担任书记，才辞去教职，从此走上了职业革命家的道路。

可以说毛泽东青年时期的一系列活动都和易培基密切相关，但是毛泽东后来几乎不谈易培基了。毛泽东1936年在延安与美国记者斯诺谈自己和中国革命历程的时候，曾经偶尔提到了易培基。当时毛泽东对国民党统治区的一些情形只是有所了解而已，他通过斯诺知道故宫盗宝案的主犯是萧瑜，而当时故宫博物院的院长是易培基，也脱不了干系。[5]萧瑜是毛泽东在湖南一师时的同学，是当年一师的四杰之一，毛泽东对于萧瑜和自己走不同的道路是深为惋惜的。毛泽东虽然对故宫盗宝案情况不是很清楚，但知道不是空穴来风，从此以后就闭口不谈易培基了。

1920年11月，湖南政局发生变化，湖南陆军第一师师长赵恒惕乘机挤倒谭延闿，随后又逼走临时省长林支宇，登上了省长宝座，夺取"驱张"胜利果实，炮制省宪，自称省长，表面实行联省自治，骨子里仍是军人专政，残杀裕湘纱厂罢工领袖黄爱、庞人铨于雪地。易培基见赵恒惕在湖南倒行逆施，背叛孙中山，斥赵恒惕为无革命党人骨气的新军阀。易培基说："湖南人真不幸，去了一个张屠夫，又来了个赵屠夫。"赵恒惕深感易培基任校长的第一师范"学风浮薄，士习嚣张，青年学子多不以学课为重，而专为出位之图，每借题滋生事端"[6]，只是由于易培基在社会上有名气，在学校有威望，加上赵恒惕刚上台，根基不稳，想撤换易培基而未能执行。

1923年，谭延闿在广州大元帅府任内务部长，得孙中山倚重。孙中山令谭延闿回湘讨赵恒惕，任谭为湖南省长兼湘军总司令，进驻衡阳。易培基在长沙秘密进行拥谭倒赵活动，赵视易为眼中钉，令爪牙监视其行动。1924年1月，赵恒惕撤销易培基一师校长职务，易潜往衡阳。不久，陈炯明得北方军阀接济，孙中山急电谭延闿回师救粤。赵军乘机进驻衡阳，下令捕易，易侥幸逃往广州，就任谭延闿湘军总司令部秘书长。因与谭部副官长岳森等不和，易培基被委为谭延闿驻上海的私人代表。恰值孙中山图谋策动浙江都督卢永祥及奉系军阀张作霖，共同声讨北京直系军阀曹锟。谭延闿推荐易培基为孙中山代表，赴杭州，设办事处于杭州西湖俞（曲园）楼，从事联卢拥孙倒直活动。孙中山与段祺瑞、张作霖结成反直联盟后，易培基被任命为孙中山驻京全权代表，并受广东高师校长邹鲁之托，以孙方代表身份与苏联公使加拉罕谈判庚款分配问题。这就使他与新文化运动策源地北京学界和其他各界人士加强了联系。易培基曾引荐北京著名学者赴广东任教，采购教材和图书至广东大学，还主持了国民党在华北地区的学生运动，接济、帮助过湖南等地学生留法勤工俭学活动，因而与北京大学教授、国民党中央监察委员李煜瀛建立了密切关系。

1924年，冯玉祥"北京政变"成功后，李煜瀛推荐易培基出任黄郛摄政内阁教育总长。溥仪出宫，易培基作为清室善后委员会委员汪精卫的代表，也参与善后委员会的各项工作，并被善后会聘请为按照清室善后委员会组织条例成立的"图书、博物馆筹备会"主任。易培基积极参加清宫内物品点查工作，参与创建故宫博物院。1925年9月29日，清室善后委员会会议决定成立故宫博物院，易培基被推定为故宫博物院临时理事会理事兼古物馆馆长。

1925年，北京女子师范大学发生学潮。李煜瀛积极参与女师大事件，还将风潮逐渐引向北京大学，甚至发展成为北京大学与教育部之间的对抗；易培基在女师大学生希望他掌校的呼声下，最终于1926年1月13日就任校长，从而宣告学潮结束。

1926年3月18日，段祺瑞政府血腥镇压请愿群众，造成"三一八"惨案，引起了当时社会的不平。段政府商议处理办法，谓："近年以来，徐谦、李大钊、李石曾、易培基、顾兆熊等，假借共产学说，啸聚群众，屡肇事端。本日由徐谦以共产党执行委员会名义散布传单，率领暴徒数百人闯袭国务院，泼灌火油，抛掷炸弹，手持木棍，袭击军警。……徐谦等并着京外一体严拿，尽法惩办，用儆效尤。"[7]实际上李煜瀛和易培基根本不是共产党人，而是国民党人。易培基在半月之前还是政府的教育总长。段祺瑞趁着惨案的发生，不顾事实地借共产党之名，想置李煜瀛、易培基二人于死地。李煜瀛、易培基被迫避居东交民巷，暂时不能越雷池一步。以后两人陆续南下。

故宫博物院的接收及其存废之争

1927年4月12日，蒋介石在上海发动反革命政变，原湖南一师教员匡互生乘机在上海江湾创办劳动大学，邀请李煜瀛、吴稚晖为董事。5月，国民党中央政治会议决定设立劳动大学，推张静江、蔡元培、李煜瀛为筹备委员。[8]9月，国立劳动大学尚在筹备中，筹备委员会推举易培基担任劳动大学校长。[9]1928年1月11日，易培基任国民党中央政治会议委员。[10]2月23日任南京国民政府农矿部部长。[11]

1928年6月13日中央政治会议第144次会议决议，并经6月

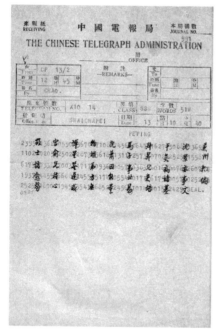

易培基致马衡等电报原件
（1928年6月13日）

15日国民政府委员会第72次常会议决：派易培基即往北京接收故宫博物院。该院名称及章程应如何修改，交内政部、大学院商议，提会讨论。[12]

易培基因事冗、病亦未愈，一时不能北上，6月15日电请马衡先行负责保管故宫。[13]6月20日《申报》报道：易培基派沈兼士、马衡、萧瑜、俞同奎接收故宫。[14]故宫博物院管理委员会就此完成了历史使命，宣告结束。6月28日，"北平故宫委员派沈兼士、萧瑜、马衡、俞同奎、吴瀛接收清史馆完竣"[15]。

6月27日，国民政府委员会第74次会议讨论通过了国府委员经亨颐提出的"废除故宫博物院，分别拍卖或移置故宫一切物品"议案，并函请中央政治会议再行复议有关故宫博物院的决定及有关法令。[16]这样一来，故宫博物院岌岌可危了。经亨颐的议案在今天看来确实很"荒唐"，但讨论这件事时，大家一定要与当时的革命形势相联系。不到一个月，7月25日，国民政府任命经亨颐为中央处理逆产委员会主席。[17]

故宫博物院领导人员积极行动，反对经亨颐的提案。当时易培基正生病，遂由李宗侗写了一篇2000字的驳议，由国民政府立法院副院长张继以大学院古物保管委员会主席委员的名义，呈请维持故宫博物院组织法原案。[18]其次是开放故宫，邀请党政军要人参观，以求得帮助和支持。故宫博物院自接收后，严密封锁，停止参观，顷闻中央方面，以现在党政军各界领袖，群集北平，该接收委员代表等得讯后，即约集院中人员，积极筹备，举行大规模之欢迎会，借表庆祝。自7月9日起，接续开放三天，每日下午1时在绛雪轩备茶点迎候。9日所请者，为蒋介石、冯玉祥、阎锡山、李宗仁四司令，白崇禧、鹿钟麟、李品仙、朱培德、方振武诸将领，暨宋美龄、李德麟、吴稚晖、邵力子、张群、周震麟、田桐、沈尹点、段子均、石敬亭、何其巩诸同志，特别市长何成濬，暨军政机关要人。该院接收委员拟就一种说明，系陈述该院迭被摧残、几经奋斗，幸得继续保管，以至今日，并请主持保全故宫博物院原案，万不能与逆产等量齐观各情由，于当场散布。[19]也许这一班领袖都没有入宫，吴瀛说："其时蒋主席及各集团总司令、各路司令，及吴稚晖、邵力子、张岳军、何雪竹诸先生均已先后莅平也。是日并同平市各界来宾，到者几及千人。同人乃推余就本院奋斗经过，及经案情形，拟成简单说明书报告，陈述于大众之前，颇得一致之同情。"[20]

9月19日，中央政治会议召开第155次会议，易培基出席，会议议决第八项："中执委会函称：故宫博物院组织法业经本会决议送国府公布，旋本会第一四九次常会准经委员亨颐提出废除故宫博物院之动议，经决议函国府暂勿公布，并送请再行审议。大学院古物保管委员会主席张继呈：故宫博物院组织条例前经钧会正式通过，阅报载有经委员亨颐废除故宫博物院、拍卖古物之提案，不胜惶骇，请仍照原议设立专院，以垂久远。又北平临时政治分会电呈，请仍维原案。决议：请中执委会维持原案。"[21]又经9月24日中央政治会议第169次中央常务会议讨论议决，函中执会维持原案，请函国府依故宫博物院组织法公布案。决议：函国府，照原案公布。[22]

1928年10月，国民政府先后公布了《故宫博物院组织法》和《故宫博物院理事会条例》[23]，明确故宫博物院"直隶于国民政府，掌理故宫及所属各处之建筑物、古物、图书、档案之保管、开放及传布事宜"。《组织法》为故宫的保管开放及传布提供了最为可靠的保障，《组织法》各条款所确定的各部门的职责范围，基本上适应了博物馆的性质与工作规律，对于故宫及文物、图书、档案的保管、陈列、出版，都起到了有效的保障作用，在故宫博物院的发展历史中有着十分重要的意义。

国民政府任命了故宫博物院第一届理事，共27人。他们都是当时全国政界、军界、财界、民族界、宗教界、文化界的著名

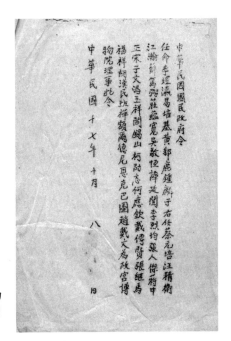

《中华民国国民政府令》之故宫博物院第一届理事会名单（1928年10月8日）

人士。1929年2月6日，理事会在南京召开第一次会议，到理事谭延闿、蔡元培、蒋梦麟（蒋并不是国民政府任命的理事，而是本次会议新加的理事）、易培基、李煜瀛、薛笃弼、赵戴文、马福祥、鹿钟麟、胡汉民。主席李煜瀛。会议通过《故宫博物院组织法》《故宫博物院理事会条例》，通过新加理事蒋梦麟等十人[*]。李煜瀛当选为理事长。张继当选为常任理事，副院长其他理事得同意再推。易培基

---

[*] 现在所有论著都说故宫博物院第一届理事会推举马衡、沈兼士、俞同奎、陈垣、李宗侗、张学良、胡若愚、熊希龄、张璧、王宠惠等十人为理事，都没有标注原始出处。笔者所见最早出自《故宫博物院档案汇编·工作报告（1929年）附录二》"本院理事职名录"与吴瀛《故宫博物院前后五年经过记》（北平：故宫博物院，1932年，第41页下—42页上）。但《第一次理事会》议决"通过新加理事蒋梦麟等十人"。现十人名单中没有蒋梦麟，则应该有一人不是新加的理事，只是没有找到原始档案，不知不是理事的是哪位。或许这十人名单有更大的误差也未可知。

故宫博物院同人欢迎易培基院长抵北平就职（1931年3月18日）

当选为院长，呈行政院转国府特任。

任内故宫博物院的发展

1929年2月，国民政府任命易培基为故宫博物院院长。博物院的下属机构，业务方面为古物、图书、文献三馆，事务方面设总务与秘书两处。1929年3月1日，国府第22次国务会议决议，派易培基兼北平故宫博物院古物馆长、张继兼文献馆长、庄蕴宽兼图书馆长、马衡为古物馆副馆长、沈兼士为文献馆副馆长、袁同礼为图书馆副馆长。[24]3月17日，张继、马衡、沈兼士、袁同礼到故宫任职。4月11日，总务处俞同奎处长就职。当时，易培基仍在南京农矿部，身兼三要职，没有到北平故宫博物院上班。

1930年9月24日，易培基免去劳动大学校长兼职。[25]12月4日，农矿、工商两部合并为实业部，由孔祥熙担任部长。免去易培基农矿部部长，改任北平师范大学校长[26]（1931年2月7日免）。1931年3月18日，易培基到北平[27]，专办故宫博物院事，开始视故宫博物院为自己的终身事业。易培基为"三一八"关系者，故特于是日到北平。1931年5月26日，行政院定李宗侗为北平故宫博物院秘书长。[28]易培基来到故宫，同秘书处、总务处的同人在一起办公，全院同人齐心协力，奋发工作，使故宫博物院的各项业务均获很大发展，故宫博物院进入了第一个发展时期。

一、完成点查工作

1924年溥仪出宫后成立的善后会，主要进行的工作是物品点查，登记造册。1925年10月建院时未及清点的部分，原拟建院后继续进行，但自进入1926年，北京政局多变，故宫人事几经改组，以致点查工作时续时辍，一直未能竣事。

国立北平故宫博物院成立后，按《故宫博物院组织法》组成的古物馆、文献馆、图书馆及秘书处、总务处陆续开始工作后，才由秘书处联合各馆处人员，从1929年3月4日起，每天分两组或四组，继续清点尚未查核的清宫物品。

宫内物品，从5月起到8月止，先后点查完颐和轩东间的玉器、铜器，皇极殿的瓷器，盆库的瓷花盆。8月，宫中各处物品点查完全结束。

新莽铜嘉量

公元9年，王莽立号为新朝时制造的标准量器，1924年发现于故宫坤宁宫，现藏于台北"故宫博物院"。

　　宫外物品，从1929年9月起开始点查，到1930年3月先后点清了大高殿的瓷花盆、实录大库东库的起居注、西库的折档、銮仪卫和帘子库的物品。实录大库点查于12月完成。

　　点查清宫物品工作完成之后，随即制定了提取库藏文物制度。过去各部门提取库藏物品陈列或研究时，一般由馆处自行派员进库提取，制度不严，手续简单，往往易出差错。新订制度，手续上虽稍繁，但责任清楚，便于事后稽考，从此成为院里各馆处一律遵行的制度。

古物、文献、图书三馆按照《故宫博物院组织法》规定的职掌范围都做了大量工作。

古物馆将藏品做了分类编目。清室善后委员会在清点各殿室藏品时，虽然进行了登记，但未做细致的分类。从此时开始，古物馆就一直坚持分类编目工作。此外还拓了一些文物图片、凹形拓片及铭文拓片，主要有散氏盘、大鼎、锡贝鼎、新莽嘉量、大舟卣、季姜匜、颂鼎、杞卣、芮公敦、父庚盉、服尊等几十种。

图书馆设立了善本书库，经部和史部书库，殿本书库，满蒙藏文书库，观海堂藏书书库；资政院藏书、聚珍版书籍、方志及普通图书，分类藏贮。从各殿集中过来的图书，同时做了版本审查、鉴定及编目工作。

文献馆在1929年底以前，陆续整理完军机处、南三所、内务府档案及文字狱史料。从宫内外其他各处接收过来的档案文书、实录也从次年起分类整理编目。

故宫博物院从社会上延请了一批专家学者，成立各种专门的审查委员会，开始从文物的品质、名称、时代、真伪等方面对故宫的收藏进行系统地审核与鉴定，将分散在各个宫殿的文物集中存放，逐步建立起了严格周密的文物保管制度。

二、展览开放

对外开放展览是国家博物馆的基本职能。故宫博物院开始进

古物馆第三陈列室（坤宁宫东暖殿）

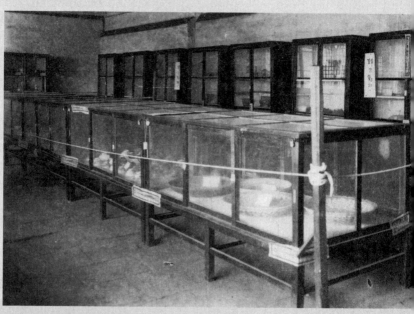

古物馆第五陈列室（瓷器陈列）

行有计划地陈列，宫内建筑修缮并增辟了大量的专门陈列室，各类展览日见丰富。开放参观大体仍沿用过去办法，分三路轮流开放，每周每路开放两天，每周二休息。之所以这样安排，主要是因为参观范围扩大，新增了一些陈列室，而院里职工及军警数量有限，无法照顾全院同时开放。

三条参观路线的陈列室布置是：

中路：包括后三宫（乾清宫、交泰殿、坤宁宫）、各殿两庑、神武门城楼。后三宫展出宫廷原状。各殿两庑及日精、月华两门南北两侧房屋作展览室。两庑展室规模较小，采用展品交替的方式展出，这里陈列过的展品有：清代名画、雕刻、文房四宝、陈设、郎世宁绘画作品、珐琅、法器、烟壶、如意、朝珠、碑帖、雕嵌、扇子、象牙、花盆、织绣、兵器、图书、药材等。神武门城楼作銮驾仪仗陈列室。中路比以前开设了更多的专项陈列室，交替轮换。每周定星期日、四开放。

西路：包括西六宫、养心殿等清代帝后住所，均保存宫内陈设原状。慈宁花园经修葺也归入西路参观路线，同时开放。西路的藏品陈列室有咸福宫展出的乾隆皇帝御赏物品，抚辰殿和建福宫展出的木器家具，寿安宫展出的刻本佛经、清初画佛像、殿本书稿。每星期一、五开放。

东路：包括东六宫、斋宫、皇极殿、宁寿宫、养性殿、乐寿堂、颐和轩等。钟粹宫前后殿陈列宋、元、明书画，景阳宫及后院御书房陈列宋、元、明瓷器，承乾宫陈列清代瓷器，永和宫

承乾宫、景仁宫陈列室开幕时，故宫同人与来宾于绛雪轩前合影（1930年10月1日）

故宫博物院游园会来宾进招待会（1930年10月21日）

承乾宫瓷器陈列室（1929年）

及后殿同顺斋陈列钟表，景仁宫陈列铜器，斋宫陈列玉器，皇极殿陈列历代名臣像、光绪大婚图，宁寿宫陈列乾隆南巡图、乾隆行乐图，阅是楼陈列戏衣、剧本，养性殿陈列奏折、档案、图书及金梁等所书复辟文件，乐寿堂为西太后陈列专室，同时陈列钱币、腰牌，颐和轩陈列盔甲、服饰。每星期三、六开放。

1930年5月，神武门城楼及北侧城墙开放，御花园绛雪轩前花坛上的名花太平花盛开，又新辟了一些陈列室。故宫博物院于当月20日在御花园举办游园会，招待中外来宾。同年"双十节"为庆祝建院五周年，三路同时开放三天，并开始出售紫禁城环游券，招待中外专家学者观赏座谈。故宫博物院在发展的同时不断探索尝试多样化的开放形式，在有重要陈列展出时，发请柬邀请专家学者及各界来宾参观，以期更好地实现服务公众的目的。

三、文献整理出版

故宫博物院成立后的几年，古物、图书和文献三馆分别对古物、典籍和档案进行清点整理，并开辟展室，举办各种陈列。由于有了整理、研究的基础，编辑出版工作得以同时开展。设立了照相室与印刷所，拍摄、印刷出版了各种定期或者不定期的图书，包括大量的墨迹、画集、珍善本书目，以及各种档案史料汇编。

《故宫周刊》是国立北平故宫博物院成立后创办的第一份报纸，1929年10月10日发行第1期，至1936年4月一共出了510

《故宫周刊》创刊号
（1929年10月10日）

期。每期4开4版，道林纸印刷，图文并重。1928—1930年，先后创办了《掌故丛编》《故宫》《故宫书画集》三种月刊，都以刊发各类资料为己任，每期汇集数篇文献，内容具有原始性和新颖性，对博物馆界、学界及整个社会影响很大，居于早期刊物的主流地位。

文献馆整理档案文献，公布出版发行了《清宣统朝中日交涉史料》《内阁大库残本书影》《清代文字狱档》《清代外交史料》《太平天国文件》等。

图书馆印行了《故宫所藏殿版书目》、《故宫殿本书库现存目》、《清乾隆内府舆图》108张、《故宫方志目》、《影印善本书影》、《影印明史本纪》、《影印天禄琳琅丛书》，以及其他单行罕见图书多种。

四、古建管理维修

清朝被推翻后，故宫的古建筑大都未曾修缮，仅溥仪出宫前所用房屋尚属完好。建院初期虽进行过一些整修，但限于经费，也只是把开放路线上的主要建筑略加修葺、粉饰，大部分建筑未能顾及。大量的古建筑由于年久失修，存在不同程度的损坏，于是古建维修被列为一项重点工作。

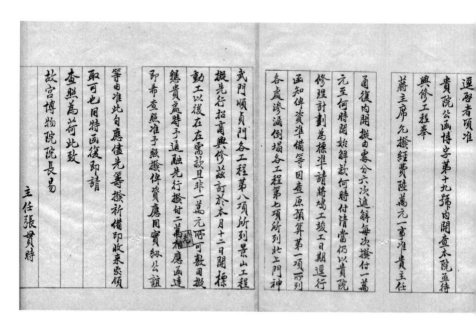

陆海空军总司令行营军需处公函（1929年8月12日）

当时维修费用多通过社会捐款进行筹集。1929年6月27日，蒋介石与宋美龄到故宫参观，总务处长俞同奎、秘书吴瀛陪同参观，两人趁机向蒋介石说出故宫古建筑须修葺抢救，而缺少资金的情况。蒋介石便写了一条手谕，答应捐款6万元，作为抢修古建专款，令到陆海空军驻北平总司令行营领取。这是故宫博物院收到的第一笔捐款。

　　此后，来故宫博物院参观的军政要人、各国公使、外宾等日益增多，也有不少捐款，供古建维修之用。德国公使、德国人Davis等都曾捐过款。

　　有了这些捐款，加上后来处理故宫物品、门票及发行《故宫周刊》等印刷品的收入，陆续修好一批急需修葺的殿顶、栏杆、

承乾宫外部施工情况（1930年）

易培基提案《为完整故宫博物院办法两条》页一（1930年10月21日）

宫墙，把院内外杂乱的灰棚破屋进行了清理。其中工程量较大、用钱较多、全部翻建、油饰一新的有景仁宫、景阳宫、承乾宫。经过大修的有慈宁宫花园中的咸若馆、临溪亭、宝相楼、吉云楼、慈荫楼，御花园内的延晖阁、御景亭，宁寿宫区的乐寿堂、颐和轩、畅音阁、符望阁，西六宫的咸福宫，英华殿和英华门，神武门门楼，东、西、南三面城台马道及南面两角楼。

景山上的五座亭子和山麓南坡上的绮望楼也进行了油饰，从东山脚到西山脚的山道改砌成了砖路。景山南门与神武门之间，原来只有一条东西向窄道，1929年后由故宫博物院与北平市政府工务局合作，把护城河北岸的一排房拆掉，展宽了马路。

故宫博物院分院——太庙(1931年)

易培基任院长时期，故宫博物院还成立了消防队与警卫队，加强了博物院的管理。1930年10月，提出《完整故宫保管计划》议案，计划将古物陈列所与故宫博物院合并，将中华门以北各宫殿，直至景山、太庙、皇史宬、堂子、大高玄殿一并归入故宫博物院。该议案经国民政府行政院第91次会议核准[29]，内政部通知了古物陈列所，并派廉泉委员协同钱桐主任会同各方办理接收点验事宜。但由于"九一八"事变爆发，时局不宁，合并未能实现。

受命故宫文物南迁

1931年"九一八"事变，1932年"一·二八"淞沪抗战，国

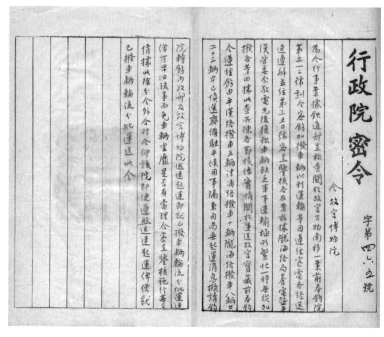

行政院关于南迁文物起运的密令

难日深。故宫博物院为谋文物的安全，动议转移储存。经国民政府行政院核准，当即积极整理文物，准备装箱。虽然北平市民强烈反对故宫古物外迁，但政府方面以为，平津可能会成为战场，古物一旦遭受毁损就永远消失，没有为求安抚人心，而任文化结晶毁灭的道理。1932年8月23日，故宫博物院停止办公，积极整理古物，拟装箱存库。易培基因奉电召，日内赴京商议故宫古物问题。[30] 自此，故宫古物外迁才开始进入议题。现在主流观点认为故宫出售物品是为文物外迁解决经费问题，1931年怎会预料到1932年8月因时局产生之举，何况外迁经费自有政府负担，故宫处分物品实与文物南迁毫无关系。

古物陈列所文物装箱
（1933年2月）

為通知事奉
院長諭本院第五批物品南運所有隨車人員務須秉
承　介公之意即刻指揮不得遺誤等因奉此特此通知
董寅復等

易培基院长关于第五批南迁文物起运令

1933年1月，日军进扰华北，攻陷榆关，平津十分危急。故宫博物院各馆处因而加速文物装箱工作。原定1933年1月31日起运，国民政府行政院并指令北平市政府及交通运输部门全力协助故宫运出古物。因受到阻挠，延至2月7日才正式起运。之后，又经过约四个月时间，到5月23日，共运出五批文物到上海，共计19 492箱72包8件（其中第二批开始加入了古物陈列所、颐和园和国子监的文物6 065箱8包8件），贮藏在上海天主堂街和四川路法租界、英租界的仓库里。这是易培基在院长任上所做的又一件大事。故宫博物院感于典藏责任十分重大，乃会同上海其他单位，成立临时监察委员会，办理南运文物的监察事项。

故宫文物南迁是故宫博物院在特殊时期、艰苦环境中，以保护文物为职志，忠于职守，慎微戒惧、悉力保护的举措。南迁使故宫文物与中华民族的命运连在了一起，与民族独立、民族尊严连在了一起，培育和形成了故宫人"视国宝为生命"的典守精神。强烈的责任感、神圣的使命感，使建院以来逐渐建立的典守精神，在文物南迁中不断强化。

弹劾易培基出售金器违法案

故宫博物院在1927年维持会期间，就曾决定处理一批与历史文化无关的物品，用来弥补院里开支。因张作霖军政府下令缓办，没有实现。政府还派人侦缉故宫。

易培基出任院长后，又旧事重提。1929年4月10日，故宫博物院在京召开第二次理事会，议决：

（一）通过故宫博物院处分无关文化历史之皮货、药材、食品、绸缎等物，及宫门外破屋材料；本院旧藏无关历史文化等物，处分得款，充作基金，以为建设之用。临时监察委员会规则。

（二）处分物品移至一处点验登记后，公开展览两星期，再行布告标卖。

具文呈请行政院鉴核准予备案。5月6日行政院144号指令照准，交院执行。但当时故宫忙于其他事务，没有着手办理。到1931年易培基来院后，才开始实施，组织处分物品临时监察委员会，于6月7日召开第一次会议，议决原则数项：

（一）处分物品必遵理事会议决呈准原案，限与文史无关。

（二）处分物品售得价款，悉数充为基金，专作修建及印刷流传之需，不作别用。

（三）处分物品办法，暂定为投标、拍卖两种。其零售、公卖，视情形再定。

故宫博物院照议决案，凡关合于处分之物品，分批提出，分别编号造册，集中整理，由监察委员会审查，确系无关文化历史，且不能永久保存之物，然后分别售卖或仍旧保存。计所处分物品为茶叶、药材、皮货、鼻烟、绸缎、火腿、残废金器、海菜、化妆品、蜂蜜等。当年11月开始公卖、零售，每星期日在故宫发售室进行。

故宫事大,稍有举措,外界就有强烈反应。故宫博物院出售古物问题,自然会惹起社会上特别注意。1931年11月29日《申报》报道:"故宫标卖各物价值三十万元,北平各团体呈行政院,主请悉数移助马占山部。"[31]

就是在这样的社会背景下,故宫还是沿着既定的处分物品的道路往下走。

其残废金质器皿一批,于1932年6月29日召集第十四次监察委员会议,由各委员亲赴延禧宫库房查视该项残废金器,认为均属咸丰以后残废器皿,确是无关文化,决议准予处分。其稍有雕刻,或年号在咸丰以前者,概行剔去,不予处分。博物院旋即根据监委会决议,整理编号,分为数标。于7月23日第一次招标,开标结果,因各商所投成数太低,仅售出三标,得价76 905元2角4分。其余各标,复于29日第二次招标,开标结果,售出六标,得价212 208元1角7分。所余又复分成九标,于8月12日第三次招标,开标结果,全数售出,得价99 027元1角3分。三次开标,均有地方法院检察处及北平市府监委成员到会在场监察,得标各商亦于当日经守门保安队检查后将各标领去,三次共得款388 140元5角4分,每次售物所得价款,随存银行,开立基金专户,备用于建设事业、宣扬流传事业及一切扩充事业,绝不得用于办公用费及薪金。

三次处分物品,导致了易培基被控盗卖国宝。故宫博物院院长易培基被人在北平政委会控告，有盗取古物嫌疑一案。

1932年8月23日，北平政委会例会，议题（四）市民控告故宫博物院盗卖古物，易培基当场否认，并加解释。决派张继、张群、于学忠、蒋伯诚、宋哲元、庞炳勋、秦绍文等切实调查。[32] 易培基亦向北平政委会报告拍卖零物情形：前拍卖之草叶、药品、皮毛物，总计卖出60万元，存农工银行，备修理故宫一切建筑用。[33] 华字报谓北平政委会会议时议将故宫某种易毁之物，如丝茶皮货等，售得现金以充保护该博物院经费云。中委张继由平来京，于8月29日中政会席间有所报告。谓因暴日虎视，平津形势严重。故宫所存古物，均系国粹中宝贵之品，为妥慎保存不致散失计，故特制库箱，悉藏于内，以期安全。北平人民竟疑其为从中窃盗，并有将运往他处之谣，不免误会。[34] 张继此解释不是太妥，回避了故宫售卖物品之事，将人们的怀疑归因于故宫将物品装箱。

北平政委会推定之故宫视察委员会8月31日上午开会。易培基因赴南京，派故宫博物院理事、总务处处长俞同奎代表出席。某委质问故宫金器有私行出售事，俞答：所售金器，现共售得31万元，皆系不关文化者，系理事会决定，并呈准中央，平津当局均悉此事云。于学忠、王树常均称事前毫无闻知。各委员当时请俞同奎将以上所述签字，俞同奎表示不能负责签字，全场大哗，竟有质询其既为故宫理事且为院长代表，何能对所言不负责任。俞同奎当要求退席，未允。最后各委决定：

（一）请政委会令故宫博物院即日停止拍卖各项古物。

（二）令故宫博物院将该院理事会名单、议决出售古物历次开会纪录、呈报中央及中央批准之各项文电，以及出售古物之账目等，呈报北平政委会，于下星期二（9月6日）政委会列会中讨论。

（三）即日赴故宫视察。因时间不及，改明后日（9月1、2日）前往。[35]

易培基因被控有盗窃北平故宫博物院古物之嫌疑，8月31日由北平抵南京，即赴中央党部，于中政会开会时，列席报告经过详情，并加以解释，且对于移地保管问题有所商讨。易培基语往访者：

故宫古物均有点查报告可考，决无短少，此次于时局不靖，择要移入库房保藏，致启外间误会，实则故宫门禁极严，而保管人员亦多学术专家，外间所传，均为事实上绝对不可能者。本人此来，系报告各种情况，并计议妥慎保存方法，至今后如何办理，悉听中央主持云。[36]

9月1日，上海各大学教授抗日救国会致电北平教育界，请就近调查出卖故宫古物真相，并致电故宫博物院院长易培基请宣布真相。[37]9月4日，易培基函复上海各大学教授抗日救国会，否认处分古物，谓处理故宫物品，系遵照政府命令办理，"确系无关文化历史，且不能永久保存之物，院中有案可查，并无丝毫古物"[38]。可见，这样的反应远在张继、崔振华控告易培基舞弊案之前，而且反响那么强烈，只是没有上升到法律高度而已。

9月1日，顾颉刚、陈寅恪、洪业、吴其昌等为反对故宫博物院古物迁移抵押，特上书党国要人，要求允许全国合法团体随时有调查实存古物之权。[39]故宫博物院为处分金器疑问及传闻抵押古物事，9月6日发表声明书，并答清华教授洪业、陈寅恪、顾颉刚、吴其昌诸人，历述保存古物之苦心，迁移抵押说尽属无稽。[40]

9月8日，报载：迩来国内对于北平故宫博物院处理金器等古物每多谣传，该院院长易培基经一再声明该馆古物保护严密，绝无变卖情事，即处分金器亦奉有行政院明令，并会同北平各机关组织临时监察委员会逐件审查云云。[41]

9月8日，于学忠对故宫关于售卖金属器皿之声明，函各报声述云：该院函聘敝人为顾问，当经函辞。旋该院函聘为监委，认为普通应酬文武机关作用，搁置未理。所谓临时监委会召集会议至十四次之多，鄙人从未一次到会。此次处分金器，既未亲往，亦无代表前去。该院既报据监委会决议，当有该院监察会决议录、签名可证。鄙人将去任，不得不将经过事实披露以明责任云。[42]北平政委会表态力主彻查故宫。[43]

此时，监察院行动了。监察院是南京国民政府遵照孙中山"权能分治""五权分立"遗愿成立的，为国民政府最高监察机关，依法行使弹劾权、审计权，可以弹劾总统、副总统，中央及地方公务人员。于右任院长表示："一个蚊虫，一个苍蝇，一个老虎，只要他有害于人，监察院都给他以平等待遇，并不是专打掉小的而忘了大的，也不是专管大的而不管小的。"1931年弹劾外交部部长王正廷，1932年弹劾行政院院长汪精卫，1932年、1933

年弹劾东北边防司令张学良，1933年弹劾鲁涤平、熊式辉、张难先、汤玉麟、顾祝同、金树仁6名省主席，1934年弹劾铁道部部长顾孟余，可以说是无官不敢弹。

监察院以北平故宫古物院盗卖古器案真相不甚明了为由，10月即派监察委员周利生、高鲁到北平调查其事。[44]周利生、高鲁于11月4日来平[45]，彻查故宫博物院出售古物，负二使命：（一）故宫变卖物品手续是否合法？（二）变卖时是否舞弊？倘不合法，或舞弊，即实施弹劾；否则亦将调查事实真相公布社会，以释群疑；并征询各方意见，向中央建议保管古物妥善办法。[46]

监委高鲁、周利生来平调查故宫出售物品案，历时三星期（从自然日期算应是四周），因本案头绪纷繁，故分内外两部进行。内部调查，即调阅各种相关文件，举凡理事会及监委会决议案、该院售卖物品时呈行政院文及行政院批文、售卖各种物品及金器之账目等，或提现原卷，或择要抄录，携呈监察院。关于该院售物手续环节，已全然彻查清楚。关于现存古物之数目一节，因古物数类浩繁，无法一一查点，已用抽查方法查毕。惟关于现存古物真伪问题，因审查真伪事涉专门，无法进行，故未入手审察。关于外部调查，已分向该院监委、平津卫戍部、平市政府及北平地方法院接洽，惟卫戍部方面，故宫虽认于孝侯（学忠）为该院监委，但于氏本人力加否认。另与该院各理事及政委会委员刘哲、王树翰等晤谈，并向曾收卖该院物品之古玩商金店等一一调查，均有相当结果。总括此次调查结果：（一）该院售物手续多有欠缺；（二）外间种种传言鲜能举出证据。[47]

监委周利生以故宫此次出卖金器于法律情理均有未合，特向监察院提出弹劾。经萧萱、于洪起、高一涵三委审查通过，业由监察院呈请国府将故宫博物院院长易培基移付惩戒弹劾。弹劾文1933年1月31日公布。[48]弹劾中说："关于盗卖古物一层，虽未查有确切证据，而出售金器一项，殊有违背法令之嫌。"

　　我们无须讨论弹劾中所说的"违法"问题，处分清宫物品不按规则行事，易培基已经犯了程序性原则错误，留下了图利渎职为人攻击的靶子。舆论哗然，国内外对此都十分关注，易培基遂决定提出申辩，以期澄清真相。

　　易培基1933年2月6日在报纸上发表文章，指出周利生、高鲁报告书中"既于第一节证明保管限制之极为严密、盗卖掉换之断定不确，第二节下段证明处分款项外传移作薪资之尚无其事，第三节盛称院务于经费困难之秋，工作努力，事业进展，并推崇当局领导得力之功，则已于外周浮议主要之点业已拨云雾而见青天矣。乃又于第二第三两节后段指摘多点，则类皆不明事理、有意周纳之谈，甚至涉及培基个人自由，错综矛盾，尤足疑骇。以培基个人而言，内省不疚，原可置诸不议不论之列，而故宫博物院地位实为中外所瞩目，年来国际人士捐款修建、努力协助者日多，其重视且胜于国人，此而不辩，诚恐有伤政府用人之明，致随国内外信用而影响本院事业前途者甚巨"。对报告书中所云处分金器未经议决及私造账目、嗜好古董等六点均有声辩。[49]

　　3月26日，易培基应政务官惩戒委员会函促提出书面申辩，寄出了申辩书，指责周利生等的弹劾"多违反事实"，"原弹劾理由绝无立足之点","所弹劾各节，实属故入人罪，毫无意义"。

5月，南京最高法院派检查官来平调查故宫博物院院长易培基舞弊案。

6月22日，易培基辞故宫博物院院长职，中央仍慰留中，现该院长事务由江瀚代行。[50]7月15日，故宫博物院理事会议决议，院长易培基因病辞职照准，并去电慰问，请安心疗养，并以理事兼古物馆长马衡代理。[51]

最高法院调查易培基舞弊案已有相当证据。而易培基自故宫古物第一批运往上海后不久即南下，在京沪一带会商古物保存办法。现易因辞职留沪，北平地方法院因办理进行诉讼困难，7月3日由最高法院电令调该项案卷至南京地方法院解决，对易决严格惩办。[52]故宫博物院院长易培基舞弊案经最高法院指定宁地方法院审理后，该院即掣发传票、饬传有关系之易培基、李宗侗、俞同奎等七人到案，而易培基等匿避。[53]不出庭就意味自动放弃申辩，既错失了自清的机会，客观上给外界以理屈心亏、做贼心虚的印象。避匿不出庭遭通缉是自掘坟墓。

1933年8月19日，张继在北平发表谈话："故宫舞弊案正由法院侦察办理中，马衡二三日内来平接收。故宫基金账上虽存九十余万元，但已经易培基支剩七万元。（按：此事未见核实）该款原为发展故宫用，易竟任意挪用，殊属不对。中国古物存沪租界，赖外人保护，予认为奇耻大辱，为亡国之兆。"[54]

1933年10月17日，易培基具呈国民党中央监察委员会、行政院院长、司法行政部长，反诉张继夫人崔振华与最高法院检察署检察长郑烈通同舞弊，"假借司法独立之权威，朋比勾串，贿买人证，蓄意构陷"。他说，在这种情况下，他势难应审，也无法处理政务，因此提出辞职。他要求"若请政府将郑烈亦暂时解职，能与崔振华同至地院对质者，培基必立时遵传到案"。[55]10月21日，易培基再呈行政院、司法行政部，请依法罢免郑职，归案讯办。[56]

易培基连续于10月18日、19日、20日、23日及11月22日、23日在报上刊登启事或者发表文章，斥责郑氏。他还编印了一册《故宫讼案写真》来散发。但是他的种种努力犹如石沉大海，并没有得到反应。

12月5日，南京监察院弹劾易培基舞弊案，由何辑五、杨千里等审查，已通过监院，即呈国府，送惩戒委员会。[57]

故宫舞弊案自提起公诉，易培基避不到案。最高法院经屡次传讯及发出拘票，易培基均避匿不见。最高法院检察署以易培基屡传不到，特依刑事诉讼法规定，1933年12月31日训令各省高级法院首席检察官，转饬所属一体严缉，务获归案。[58]1934年2月1日，以与故宫舞弊案有嫌疑，通缉李宗侗。[59]

"故宫盗宝案"

1934年10月13日，哄传全国之故宫盗宝舞弊案由江宁地方法院检察官孙伟对易培基、李宗侗、陈郁、萧瑜、崔燮邦、晏怀远、秦汉功、董琳、张浙稽等九人提起公诉，起诉重点在盗卖古物。犯罪的事实列了六个部分，指责易培基、李宗侗调换珠宝，侵占入己，自1929年起，"陆续将保管之珠宝部分盗取真珠1 319粒、宝石526颗，以假珠调换真珠者9 606颗，以假宝石调换真宝石3 251颗，其余将原件内拆去珠宝配件者1 496处……为数甚巨，均一律占为己有……"；其余起诉的罪状，除了指控易培基多次在报刊登启事"妨害公务"以及"破坏名誉"之外，还有三款是牵连易培基在农矿部长任内侵占公款的罪嫌。[60]

11月29日，易培基案开审。案件已升级为"故宫盗宝案"。当天开审的是尹起文控告易培基、秦汉功等毁谤名誉案。尹起文称最高法院侦查故宫舞弊案时，本人因系故宫博物院职员之一，曾具实言答后，因是触怒易培基等，易培基即串通秦汉功等，散布文字，毁谤本人。请庭长依法办理，保障个人名誉，维护国家法律。毁谤名誉罪待传到被告再行审判。旋庭长以尹起文乃故宫舞弊案中证人之一，爰特附带询问舞弊部分。[61]易培基没有到庭，失去了说明真相的机会，也失去了民众对他的信心。自动放弃申辩客观上给外界以心亏理屈的印象，各报纸均登载了易培基未出庭的消息。人们纷纷推测，看来易培基确有把柄在他人手，无颜以对法庭。

盗换故宫古物案提起公诉后，行政院二次例会做出决议，委主管机关从严彻查处办。[62]监察院全体委员以古物关系国家文化重大，特联名签呈于右任院长，提交中央政治会议讨论。[63]国民党中央政治会议第436次会议议决：盗窃及偷运故宫古物案，交该管机关严厉究办。[64]

中央以易培基等盗换故宫珠宝实属不法已极，爰令主管机关严查法办。经行政院令饬中央古物保管委员会查办后，该会除对马赛盗运古物部分另案呈请核示外，12月14日特将查办故宫盗换珠宝案之经过情形呈报行政院，请呈国府责成司法机关依法办理，以维国家威信。易培基抗不到案，请依法严办。[65]

法院通缉易培基、李宗侗，易、李匿避上海租界，报纸上宣传"易、李已畏罪逃往外国，农矿部次长萧瑜代易培基盗运宝物往法国，在马赛被法国海关查出扣留"等新闻。"故宫盗宝案"因此哄动全国，成为街谈巷议的话题。起诉书的全文在11月4日由国内各大报纸上发表，在国内外引起了强烈反响，报纸也作了大量的报道。当时起诉期间，主要关系人易培基、李宗侗一直住在上海的法租界，所以他们都没有到庭受审。易培基在北平、南京、上海的其他住所都被查封，财产也被没收。只有故宫博物院的两名小职员萧襄沛、刘光锷无处可躲，受到法院拘讯。法院确认萧、刘犯有侵占毁损罪，处萧徒刑一年四个月、刘徒刑八个月。易培基在农矿部长任时侵占公款案牵涉农矿部次长、现任实业部参事陈郁，经法院数次调查，确认陈郁犯罪嫌疑不能成立，宣告无罪。

1937年9月30日，江宁地方法院检察官叶峨又对易培基、李宗侗、吴瀛三人提起公诉。这次起诉的重点是书画、铜器方面的问题。法院请画家黄宾虹来鉴定书画，把黄宾虹认定为赝品、伪作的文物全部作为易培基盗宝的罪证封存了起来，在上海方面封了11箱书画和文物，北平方面，把认为有疑问的铜器以及书画装了51箱，封存在延禧宫库房以及太庙等处。在起诉书中，指控易培基以赝品换掉的书画多达594件，铜器218件，铜佛101尊，玉佛1尊。检察官认定的依据是：清宫古物，乾隆及以后多已品定，不应再有赝品；况且清室善后委员会成立后，请专家点查鉴定过，更不应有伪作。如果现存古物当中有赝品以及伪作，就是后来故宫博物院主管文物的人以假易真；如果数量上有短缺，就是被主管人盗走了。当时兼任古物馆馆长的就是故宫博物院的院长易培基，所以叶峨认为易培基"犯罪嫌疑实为重大"，但是他也没有证实易培基盗卖、盗换文物的真凭实据。

这次起诉不久，上海抗日战争败势已定，南京告急，国民政府各机关纷纷西迁武汉或重庆，司法行政部门已顾不上审理这个案子了。

避匿不出庭遭通缉后，易培基再想申辩已是无门，精神上压抑难忍，心中积愤无处宣泄，因肺病加剧，健康状况急剧恶化，终于1937年9月在上海含恨离世，终年58岁。他在临终前写过一份遗呈，请吴稚晖转呈国府主席及行政院院长，遗呈最后说："唯是故宫一案，培基个人被诬事小，而所关于国内外之观听者匪细。仰恳特赐查明昭雪，则九幽衔感，曷有既极！垂死之言，伏乞鉴察！"盖棺而未有定论，只能含冤于九泉之下。任务只能留给后来的历史学家了。

易培基去世十年后，1947年11月20日《申报》报道：

易培基通缉令　其子呈请取消

在沪逝世已历十年　首都地院咨请查覆

〔本报讯〕前北平故宫存物保管委员会主任委员易培基侵占故宫名贵古董大宗潜逃，经国府通缉有案。后因战事，本案遂告搁置。近闻易子漱龄在京向首都地方法院呈状声称，易培基已于民廿六年中病逝沪滨，卜葬于万国公墓，有党国元老吴稚晖氏及易氏逝世时在侧之医师乐安煦二人证明，依法应请取消通缉令。首都地院院长汪兆彭氏以该案颇为重要，特于昨日咨请本市地院嘱托代为调查后答覆。

1947年12月10日《申报》报道：

易鹿山是否易培基

地院调查难作肯定　据情函覆首都法院

〔本报讯〕前中委易培基，因盗卖故宫古物，经政府通缉在案，近因易之家属向首都地院声请，称易已死亡，请予撤销通缉。首都地院嘱托本市地院调查，地院派法警至虹桥公墓调查，仅有五五八号易鹿山墓地一方，墓前有碑，上镌三十年八月八日立，下款署妻杨莘村、女淑平。此墓是否即系易培基之墓，尚不可知。昨地院已据情函覆首都地院。

1948年1月9日，南京四开小报《南京人报》上登出了一条很短的新闻，标题是"易培基案不予受理"，内容则说：

易培基等，检察官提起公诉，该刑庭已宣告判决之侵占案，由地院对被告易培基、李宗侗、吴瀛之判决主文称："李宗侗、吴瀛免诉；易培基部分不受理。"判决理由两部说明：
一、李宗侗、吴瀛部分，查该被告等于民国十八年分任北平
故宫博物院秘书长及简任秘书时，共同将职务上保管之故宫
古物陆续侵占入己，经公诉在案。惟犯罪在二十六年以前，
依刑法第二条第一项，自无惩治贪污条例之适用，应按刑法
治以侵占之罪。但三十六年一月一日业已赦免。二、易培基
部分，被告死亡，应谕知不受理，刑事诉讼法第二百九十五
条五款有所规定，并经中央监察委员吴敬恒 (稚晖) 证明，上
海地检处查明在案。

从1932年易案发生到1948年《南京人报》的这则消息，一
个历时16年、闹得沸沸扬扬的案子，就这样糊里糊涂地收场了。

易培基曾云："国家欲增进新进之文明，非发扬其固有之文明
不可，尤非以其固有之文化灌输于一般民众不可。"他始终希冀
于故宫博物院成为保藏、传播中华伟大文化的中心；希望文化能
普及于民众，国家能昌盛、民族能复兴。然而在那一时代，这些
希冀不过是墨写的文字、空幻的想象而已。

易培基从受聘担任清室善后委员会图书、博物馆筹备会主任
开始，即投入参与筹建故宫博物院的工作，并付出了大量心血，
在担任院长期间，更是筚路蓝缕，多所创建。他按《故宫博物院
组织法》的规定，调整了博物院的职能机构，成立各种专门委员
会，延聘著名专家学者到院工作，进一步整理院藏文物；首次提

出《完整故宫保管计划》，并筹措专款整修破损严重的宫殿建筑；增辟陈列展室，组织安排古物、图书、文献资料的陈列展览；创办《故宫周刊》，对外宣传介绍院藏古物、图书、文献以及宫殿建筑。在此期间，还筹组建立了警卫队和守护队，为故宫博物院建立了专门的安全保护机构和专职的安全工作队伍。他不仅是故宫博物院的创建人之一，而且为故宫博物院各项事业的发展做出了贡献。

第七章

◎

故宫掌门人1925—1949

马衡:
晨兢夕厉的典守者

"吾国博物馆事业，方在萌芽时代。民国以前，无所谓博物馆。自民国二年政府将奉天、热河两行宫古物移运北京，陈列于武英、文华二殿，设古物陈列所，始具博物馆之雏形。此外，大规模之博物馆尚无闻焉。有之，自故宫博物院始。"

马衡（1881—1955），谱名马裕荏，字叔平，别署无咎，号凡将斋主人。清光绪七年五月廿四日（1881年6月20日）出生于江苏吴县县衙内宅。祖籍浙江鄞县（今宁波市鄞州区）。

马衡父亲马海曙（1826—1895）出生时，家道已经中落，甚至一度只能栖身盛垫桥宗氏祠堂。马海曙15岁到米行当学徒，靠自驾小舟为米商贩运粮食为生，后随同乡商人到扬州经商。1853年太平军攻克南京，改名天京，作为太平天国的都城。清廷组建

少年马衡像

江北、江南大营攻打太平军，江北大营驻扎在扬州城外。"会太平军陷金陵，饷需急，大吏设卡征商，以扬州仙女镇为粮食总汇地，乃委海曙就地筹粮，不数日，集资巨万。大吏才之，令以县丞投效。"马海曙由县丞而知县，最后擢升直隶州知州，为三品知府官衔，分发江苏任用，历任丹徒、元和、长洲、吴县、金坛、宝山等县知县，"为政不事威严，视民如子，而尤孜孜于地方水利"，"凡有益地方事，罔不惮力为之"。两江总督刘坤一"奏保循良，奉旨嘉奖"。

马海曙有九个儿子，二子裕藻（字幼渔）、四子马衡、五子马鉴（谱名裕薄，字季明）、七子马准（谱名裕渶，字太玄）、九子马廉（谱名裕菏，字隅卿）等五人曾在北京大学、燕京大学等高校任教，有"五马"的美称。马海曙在任上时，延请浙江杭县叶浩吾（瀚）在家设馆。光绪二十一年（1895）六月，马海曙病逝于宝山县知县任上，全家扶枢回到故乡宁波。

光绪二十五年（1899），马衡和马鉴一起考中秀才，但他们放弃了次年的乡试，当年秋天同赴上海，报考新式学堂——南洋公学，二人都被南洋公学的中院录取。这或许与提倡新式教育的叶浩吾有关，也许是因为父亲去世，家境渐入困顿，又受已在上海就学谋生的二兄裕藻影响的结果。南洋公学为清末洋务运动的领袖人物盛宣怀集资创办，采用分层设学的办法，首立四院：师范院、外院、中院、上院，是中国最早兼有师范、小学、中学、大学的新式学堂。美国传教士、波士顿大学毕业生福开森（John C. Ferguson）博士任公学监院兼西文总教习，并负责规划设计中院与上院。1899年9月掌教第一次聚议拟定的中院课程表，上午为华文，下午为英语、算学、格致，分别由中、西教习教授。马衡在南洋公学只读了三个学期，1901年1月就办理了退学手续。退学的原因，有说是因其未来岳父叶澄衷已经去世，叶家正在分配家产，需要他尽快完婚，以继承家产并挑起家庭责任。笔者以为此说法有些牵强，叶澄衷光绪二十五年十月初三日（1899年11月5日）病逝于上海，马衡与叶薇卿是1904年结的婚。因此，马衡肄业的原因还有待我们继续探寻。

叶澄衷经商起家，独资在上海虹口开设"顺记五金洋杂货店"，经常为洋行经营买办业务，为美孚石油公司推销火油（煤

南洋公学师生返校合影（1912年）

前排居中者为福开森，福开森左上方为马衡。

油），后来取得独家经销权，成为当时的巨富，19世纪末拥有资本约800万银两。马衡结婚后，在叶氏企业中当了一个董事，年薪6 000银元，还外加分红，生活非常优裕。但马衡书生本色，无意于商海浮沉，也不溺于酒色，"是几家中惟一不赌博、不娶小老婆的人，'出污泥而不染'，他将自己的书斋叫做'凡将斋'，他在里面看书，看碑拓，有时整天不出来"。"凡将斋"取自汉班固

吴昌硕篆题"凡将斋"匾额

《汉书·艺文志》:"武帝时司马相如作《凡将篇》,无复字。"吴昌硕在为马衡题写"凡将斋"楠木匾时有跋云:"《凡将篇》,汉司马相如作,七言无复字,与史游《急就篇》同。《艺文类聚》《蜀都赋》注并引之。叔平仁兄以名其斋,其笃学嗜古深矣。"世人皆以为马衡以司马相如所作小学书为室名,系以从事古文字研究自许。学者王素发现实际上还有更深的含义[1]。《汉书·司马相如传》谓相如"常有消渴病""常称疾闲居"。同书《严助传》亦谓相如"常称疾避事"。《凡将篇》仅存38字,皆为药名,实为相如自编的祛疾养生书。而马衡自幼体弱多病,曾刻"无咎无恙"自用印,知以"凡将"为室名,更重要的是企盼祛疾平安。马衡兴趣广泛,能诗、喜昆曲、善骑术、书法、治印、鉴赏铜器古玩、广集碑帖拓片。叶家雄厚的财力成就了马衡的学识积累,使其打下了扎实的国学基础和金石学专业知识，他在上海时就被章太炎、吴稚晖等推许为"金石大家"。

没有高学历的北京大学教授

1917年1月4日，蔡元培到北京大学就任校长之职。6月26日，北京政府发布公报，将国史馆并入北京大学，改为国史编纂处。此举为没有高学历的马衡提供了一次改变命运的机遇。本年马衡37岁。他应蔡元培校长之聘，出任北京大学附设国史编纂处征集员，经京杭运河水路北上，8月进入北京大学就职。

1917年初冬，北京大学学生杨提生、罗常培、俞士镇、刘之埇、薛祥绥、马志恒、祁仲鸿、董成等人发起成立书法研究社并草拟了简章。12月21日召开成立大会，公推薛祥绥、杨提生为执事，并由校中请马衡、沈尹默、刘季平三位先生为导师。[2]1918年2月25日，马衡出席书法社首次活动并做题为"隶书之源流及变迁"的讲演。[3]2月27日，马衡参加北京大学"进德会"，为甲种会员。[4]同年，马衡任北京大学文学院国文系讲师兼教体育。

1921年，北京大学评议会通过《北大研究所组织大纲提案》，决定建立一个"研究专门学术之所"，计划在研究所下面设国学、外国文学、社会科学和自然科学四门。国学门筹备过程最早且最快，1922年即宣告成立，由沈兼士担任主任。[5]北京大学国学门是中国历史上第一个现代学术科研机构，是"兼具今日大学研究所与专门研究机构这两种性质的机构"[6]。

1922年初，北京大学研究所国学门将学校所藏之古器物及金石、甲骨拓本陈列于一室，以为考古学研究室之预备，并请马衡主持其事。4月1日，马衡与沈兼士、沈士远、单不庵、马裕藻、朱希祖、钱玄同、周作人等联合署名，发布《为清室盗卖四库全书敬告国人速起交涉启》[7]，此为针对报纸消息说溥仪为筹大婚经费拟出售文溯阁《四库全书》而发的议论，表示了对国宝的关切。4月14日，马衡赴沈士远宅与北大同仁聚会，并示新作《石鼓为秦刻石考》于钱玄同。[8]

　　1922年，教育部辖下的历史博物馆将所藏四分之三的明清内阁档案售于故纸商，后罗振玉以三倍的价格购得。消息传出后，沈兼士、马衡、朱希祖等北大国学门同仁得知历史博物馆尚有剩余的很多麻袋内阁档案，共谋以其劫余归于研究所。于是共同约请蔡元培校长以北大名义向教育部申请将历史博物馆库存的内阁档案拨归北京大学。5月12日，蔡元培呈文教育部。当时陈垣任教育部次长，顺利地同意了北大的要求。5月22日，教育部批准北大呈文，同意北大整理这批档案。[9]5月25日，北京大学史学系主任朱希祖教授、研究所国学门主任沈兼士教授和史学系马衡讲师三人前往历史博物馆办理接收事宜。[10]6月17日，北大国学门同仁将历史博物馆所藏明清档案61箱和1502麻袋搬运完毕，分庋第一院及第三院。[11]7月4日，明清内阁档案整理工作正式开始，并成立明清档案整理会，负责规划和整理档案，制定了第一分列朝代、第二摘由、第三分类整理的详细计划。马衡是主要成员。7月28日，马衡致王国维函曰："叔蕴（罗振玉）先生前以万余金购得清内阁档案，尚余一部份，已由历史博物馆移交大学。日来正从事整理。但数量太多，恐非一二年不能蒇事。"[12]

1922年8月，马衡任北京大学史学系教授，兼研究所国学门导师、考古研究室主任，并任北京大学图书馆古物美术部主任。1923年4月，马衡偶过印铸局，听说有一批清代旧印将销毁，便请求唐醉石、王褆二位西泠印友为其拓得将亡之清代旧印，从而留下《清代官印集存》拓印本一册，并题跋以志纪念。[13]5月24日，北京大学组织古迹古物调查会（后改名为考古学会），马衡担任会长，计划先自调查入手，并为发掘与保存之预备，待经费落实，再组织发掘团。这是中国第一个以考古和文物为主要研究对象的学术团体。6月28日，马衡致函王国维，报洛阳之行：

> 顷抵洛阳，见整本《三体石经》，其《君奭》篇题仅"君奭"二字，三体共计六字，《无逸》篇末"嗣王其监于兹"亦不损。《春秋》首行"三月丙午"之"午"字篆体，及次行"宋"字古文之半在一小石上，近亦觅得，将来可别拓小纸以补之。知关注念，敬以奉闻。叔蕴先生如尚在京，乞转告之。顷已托人再求一二本，或有可得之希望，必当为罗先生代致一本也。[14]

此次洛阳之行，开启了马衡与王国维长达数年的魏石经资料的收集和考研。9月23日，受北大研究所国学门委托，马衡赴河南新郑等地调查古物出土情况。[15]10月22日，马衡为北京大学购回一批孟津出土古物。[16]

马衡亲裱《北魏曹望憘造像》，四纸合装为轴并题诗堂跋语

马衡篆额王国维先生纪念碑

徐悲鸿速描马衡肖像

马衡在北大期间，结交了王国维、胡适、鲁迅、沈尹默、钱玄同、徐悲鸿、徐森玉、陈垣等学者。他们之间虽然所掌学科各异，政见不同，但对金石学、书法篆刻艺术的共同兴趣使他们走到了一起，彼此交流切磋。马衡大部分金石学著作都是在这个时期完成的。北京大学为马衡提供了展示才华学识的平台。

1924年10月23日，冯玉祥发动"北京政变"，之后驱逐溥仪出宫。这次事件为马衡打开了进入紫禁城的大门。

参加清宫物品点查

1924年11月5日，逊帝溥仪被逐出紫禁城。摄政内阁即抓紧办理善后，其中一项是尽快打发清室人员出宫，当时在紫禁城内服侍的内监宫嫔有近600人。现存故宫老照片中有多张清室人员出宫的照片，有一张是11月8日北京大学容庚、陈垣、裴善元、马衡、沈兼士、徐森玉、欧阳道达、胡鸣盛等参加监视神武门内军警检查内廷迁出人员携带物品的照片，可知马衡对溥仪出宫事件的关注，以及很早就参与到清室善后工作中。

11月20日，摄政内阁成立了以李煜瀛为委员长的清室善后委员会。善后会有委员十六人、监察员六人，各院部派一人或二人为助理员，另外委员会得聘请顾问若干人，由专门学识者选定。北京大学教师被聘为清室善后委员会委员的有蔡元培（到京以前由蒋梦麟代）、陈垣、沈兼士、俞同奎、袁同礼，被聘为顾问的有马衡、徐鸿宝、李宗侗、徐炳昶、黄文弼等，还有一些北大刚

神武门内北京大学容庚、陈垣、马衡等参加监视出宫人员及军警留影（1924年11月8日）

毕业的学生被聘为事务员，这些人中有些后来成为故宫的重要职员。

清室善后委员会最重要的任务是点查清宫物品，分清公产、私产。12月20日，李煜瀛召开善后委员会第一次会议，在清室方面的委员拒绝到会的情况下，按照程序通过《点查清宫物件规则》十八条，对清查过程中的启封、点查、登记、编号、造册、摄影等步骤、手续，以及点查与监察人员的组合等问题，都作了详细具体的规定，建立了严格的监督机制和责任制。

12月23日星期二，是原定开始点查清宫物品的日子。清室善后委员会第一次点查清宫物品出组单中有马衡的名字，为查报物品名目者。当日因警察未来，不合《点查清宫物件规则》规定，未实行点查。24日，点查工作正式从乾清宫、坤宁宫开始。

因为"五四"新文化运动，北京大学已成为当时全社会在思想与新学科研究方面的先导，而当时北大与故宫一墙之隔，因而在点查清宫物品中，北京大学研究所国学门出力最大。依据清室善后委员会编的《故宫物品点查报告》，初步可以确定参与故宫物品清点的北京大学师生有四十六人，其中三分之二为教授，这应该是学校行为，而不仅仅是个人因素。北大师生共出组678组次，占清点物品总出组数的五分之一；北京大学人员参与物品点查主要集中在民国十四年（1925）(出组538组次)，特别是故宫博物院建院之前（出组511组次)，并且担当了重要的角色。教授出组较多的有：俞同奎56次、胡鸣盛46次、李宗侗30次、吴承仕25次、叶瀚25次、朱希祖25次、黄文弼20次、马衡19次、滕统音17次、陈仲益16次、马汝玠16次、袁同礼16次、俞平伯15次。[17]这充分说明北京大学师生对故宫博物院建院的贡献。

清室善后委员会在对故宫文物逐宫、逐室进行清点查收的基础上，1925年开始整理刊印出版《故宫物品点查报告》。报告按中路、内东路、内西路、外东路、外西路、宫外各处分为六编，每编之下再以每一宫殿的物品号装订成册，自乾清宫始，至清堂子止，每册一殿至十余殿不等，总计6编、28册、94万余个编号、117万余件文物。文物种类包括鼎彝、玉器、书画、陶瓷、珐琅、漆器、金银器、竹木牙角匏、金铜宗教造像，以及大量的帝后妃嫔服饰、衣料和家具等。

清宫物品点查的直接结果是故宫博物院的成立。

北京大学国学门同人在三院译学馆原址合影（1924年）

第一排左起董作宾、陈垣、朱希祖、蒋梦麟、黄文弼；第二排左起孙伏园、顾颉刚、马衡、沈兼士、胡鸣盛；第三排左起常慧、胡适、徐炳昶；第四排左二李宗侗、左三王光玮。

清室善后委员会点查组储秀宫正殿南檐前合影（1925年11月8日）

前排右二马衡，右三沈兼士，右四胡鸣盛，右五容庚；后排右一李宗侗，右二陈垣，右四顾颉
刚，右五欧阳道达。

1925年9月29日，清室善后委员会开会议决成立故宫博物
院，讨论通过了《故宫博物院临时组织大纲》和《故宫博物院临
时董事会章程》《故宫博物院临时理事会章程》，讨论通过了第一
届临时董事和临时理事名单。马衡被聘为故宫博物院理事会所属
的古物馆副馆长，是临时理事会的当然理事。故宫博物院的成
立，彻底改变了明清紫禁城的属性，是中国博物馆事业走向正轨
的开端。马衡后来撰文说：

> 吾国博物馆事业，方在萌芽时代。民国以前，无所谓博
> 物馆。自民国二年政府将奉天、热河两行宫古物移运北京，
> 陈列于武英、文华二殿，设古物陈列所，始具博物馆之雏形。
> 此外，大规模之博物馆尚无闻焉。有之，自故宫博物院始。[18]

守护乱局中的故宫

故宫博物院成立仅五个月，北方政局突变。1926年"三一八"惨案爆发，执政的段祺瑞政府歪曲事实真相，制造谎言，诬陷共党分子是学生"闹事"的组织者。当时主持故宫博物院院务的清室善后委员会委员长李煜瀛、古物馆馆长易培基，以共党嫌疑遭通缉，被迫躲到东交民巷，暂避风声。故宫博物院陷入了无人负责的状态。

3月26日，故宫博物院召开委员与监察员联席会议，紧急讨论如何面对当前的危局。会议决定，推举董事卢永祥、庄蕴宽两人为清室善后委员会正、副委员长，主持全院的工作，以应付困难局面。卢永祥始终没有到任，所以实际维持院务的只有庄蕴宽一人。

段祺瑞被赶出北京后，先是颜惠庆内阁，6月底开始，吴佩孚控制下的杜锡珪内阁，成立"故宫保管委员会"接收故宫。杜锡珪内阁存续的时间不长，加上当时文献留存者发现不多，因而对于故宫保管委员会接管故宫后情形目前所知还非常有限。马衡作为原故宫博物院的理事、古物馆副馆长，自然也是站在为难保管委员会一边的。8月23日，故宫博物院在大高玄殿开全体职员大会，对北京政府改组故宫博物院并下令移交故宫进行抵制，发表《故宫博物院对移交故宫之意见》，最后提出"组织一监督故宫博物院同志会，当推定李宗侗、汤铁樵、马衡为该会组织大纲之起草员"[19]。原来故宫博物院管理层要求组织清点，来阻止用简单方式办理移交。虽有杜锡珪特嘱严家淦请庄蕴宽出来调停，终以无结果而散。[20]

在1926年国家兵荒马乱，政客你争我夺，掌控故宫博物院的各方力量勾心斗角之时，马衡居然能集中精力主持古物馆传拓铜器铭文与钤打古印。他从北大借调来年愈七旬有着"传拓器形"绝技的薛锡钧，手拓的有鼎、散氏盘、新莽嘉量、宗周钟等多件古器物铭文。又特邀西泠印社的王褆、唐醉石到古物馆来帮忙，马衡与吴瀛也亲自动手，从清乾隆朝所收古铜印中选出商至明代印玺1 291枚，用时近三个月，一方一方地完成了钤打古铜印谱五集，二十四部，编就《金薤留珍》发行。

1926年12月成立"故宫博物院维持会"，江瀚任会长，副会长为庄蕴宽、王宠惠，并由江会长指定十五人为常务委员，马衡也是其中成员。马衡起草的《古物馆流传课流传收支暂行办法》在1927年2月24日讨论通过。[21]"故宫博物院近因经费困难，特由维持会议议决，组织监察委员会，审查以前一切预算决算，并设法筹划将来维持经费。"[22]4月28日下午，"开监察委员会成立会，计届时到者有高检厅徐耀川，宪兵司令部代表王子良，警厅代表魏福海，交通部代表王季子，教育部代表徐鸿宝，及该院常务委员汤铁樵、马衡、俞同奎等。公推俞同奎主席，议决四项：（一）处分物件应先银锭而后食品。（二）处分物件由常务委员会与商务会及其他方面接洽，监察委员会监察之。（三）处分物品应登报公布。（四）凡应处分之物品，每一样可择一件摆在神武门外，任人观览"[23]。

1927年6月，经陈寅恪提议聘马衡继王国维之缺，为清华大学国学研究院特别讲师。[24]9月，马衡接任王国维清华大学课程。[25]

1927年9月20日，奉系潘复内阁通过了《故宫博物院管理委员会条例》，成立"故宫博物院管理委员会"，任命王士珍为委员长，王式通、袁金铠为副委员长，接管了故宫博物院。10月24日，任命了24名干事，马衡也在其中。后任命江庸、马衡、俞同奎为古物馆正、副馆长，傅增湘、袁同礼、许宝蘅为图书馆正、副馆长，袁金铠、恽宝惠为总务处正、副处长。同年，马衡拟定故宫博物院《古物馆发行出版物计划》。

因为对1926年到1928年北伐胜利前故宫博物院的资料挖掘严重不足，现在我们对这时期故宫博物院的作为了解得不多，对于马衡在其中的作为所知更少。大概可以肯定的是，自1924年参与清宫物品点查以来，马衡就没有离开故宫，从故宫博物院成立时出任古物馆副馆长，这几年不管故宫博物院由谁来执掌，马衡可能一直保留着古物馆副馆长的职位。这尚属笔者的推测，还未找到相关的文献来印证。

1928年3月12日，大学院公布《大学院古物保管委员会条例》。[26]其时南北尚未统一，成立大学院古物保管委员会专管计划全国古物古迹保管研究及发掘等事宜，动员社会力量竭力参与保护动乱中的国家文物免遭劫掠，是一项非常有识见和意义的行动。3月25日，蔡元培主持大学院古物保管委员会成立会，正式宣布委员名单。马衡是二十名委员之一，张继为主任委员。[27]

1928年5月，国民革命军攻克济南，驻守北京的奉军退出关外。为了维护古迹和文物安全，北京大学教授陈垣、沈兼士、马衡、徐鸿宝、刘复、袭善元等发起组织文物临时维护会，负责保护北京文物。[28]8月，大学院古物保管委员会北平分会成立，以代北京文物临时维护会。马衡为主任委员。

从接收故宫到保全故宫

国民革命军第二次北伐成功。1928年6月13日，国民党中央政治会议派易培基前往北京，接收故宫博物院。[29]身在南京的易氏以事冗，且为病所羁，不克北上，遂"派沈兼士、马衡、萧瑜、俞同奎，接收故宫"[30]。后又另派吴瀛加入接收委员之列。[31]马衡、俞同奎原为古物馆副馆长，便负责接收古物馆；沈兼士原为图书馆副馆长，负责接收图书馆。因职员没有大的变化，接收工作实际上就是办一个手续，到6月21日院内接收工作便告完成。[32]清史馆与颐和园，只接收了清史馆[33]，颐和园没有接收成。

1928年6月20日，国民党中央政治会议第145次会议议决通过《故宫博物院组织法（草案）》、《故宫博物院理事会条例（草案）》和故宫博物院理事名单，咨送国民政府公布与任命。不料，国府委员经亨颐在6月27日的国民政府会议上提出一项提案，即"废除故宫博物院，分别拍卖或移置故宫一切物品"，理由是：一、"故宫博物院"名称不通，"故宫二字不免禾黍离离之感，不如称为废宫"，"故宫而称博物院，更大不妥"，实是"一个废品奢品陈列所"；二、设故宫博物院就要"研究宫内如何设备，皇帝的物事如何办，岂不是预备将来哪个要做皇帝，预先设立大典筹备处"；三、"图书文献，非博物院所应有"；四、"逆产应当拍卖"，"皇宫是天字第一号逆产"，"将拍卖大宗款项"；五、故宫博物院的保管"难免有黑幕"，听说有"制成赝品携去易换真物的"，"保管二字，简直变成保完"，"不到二十年，宫中珍品尽成赝品"。

经亨颐是民主革命家兼教育家，此人嫉恶如仇、激进敢为。在他看来，故宫就是"头号逆产"，是封建帝制的象征，只有废掉故宫才能永绝"彼等之望"。此提案提出后，各报章争相转载，舆论大哗。6月27日的国民政府第74次会议便讨论通过决议：《故宫博物院组织法》及《故宫博物院理事会条例》不予公布，咨请中央政治会议"再次复议"。

故宫博物院的存亡兴废之争，一时震动了全国文化界。

7月4日，国民党中央政治会议如期进行，易培基"遵医嘱入院治疗"，请假不能到会；主持会议的国民政府主席谭延闿以"易培基缺席"为由，提议本次会议不讨论故宫一案。[34] 与此同时，易培基抱病电告北平马衡等，嘱咐在国民党军政各界要人光临故宫时，一定要殷勤招待，并着重详述故宫博物院建立之后所经历的种种困厄，以及故宫博物院不可废的理由。于是，接收代表马衡等五人拟写传单，详述故宫博物院创建经过和建院的必要性及经亨颐提案之谬误，于7月9日借招待各地来平的军政要人蒋介石、冯玉祥、阎锡山、李宗仁、邵力子、李济深、吴稚晖、张群、何成濬及各集团军总司令、各路军司令等到院参观之机,将传单分发给他们,争取支持。传单陈情铿锵有力,有理有据有节:

> 无论故宫文物为我国数千年历史所遗,万不能与逆产等量齐观。万一所议实行,则我国数千年文物,不散于军阀横恣之手,而丧于我国民政府光复故物之后,不幸使反动分子、清室余孽、当时横加非议者,今乃振振有辞;同人等声誉辛苦固不足惜,我国民政府其何以自解于天下后世?拟请讯电主持,保全故宫博物院原案,不胜万幸! [35]

两个月后,国民党中央政治会议第155次会议再度讨论时,大学院古物保管委员会主席张继呈文《请维持国民政府原案》,据理逐条驳斥经亨颐提案,接收故宫博物院委员易培基坚持建立故宫博物院的必要性,经过各方共同努力,经亨颐提案终被否决,决定维持有关故宫博物院的原决议案。[36]

文物管理初步建制

1928年10月5日,南京国民政府正式公布了《故宫博物院组织法》,明确"故宫博物院直隶于国民政府,掌理故宫及所属各处之建筑物、古物、图书、档案之保管、开放及传布事宜"(按:所属各处系指故宫以外之大高殿、清太庙、景山、皇史宬、实录大库等)。10月8日又公布了《故宫博物院理事会条例》,明确院中事务的最高监督机构是理事会,院中的一切重大事务都要经过理事会审议通过。

1929年2月6日，理事会第一次会议根据《理事会条例》，复推举理事十名，马衡名列其中。并推举李煜瀛为理事长，张继为常任理事，易培基为院长。

1929年2月，国民政府任命易培基为故宫博物院院长。根据《故宫博物院组织法》，故宫博物院分设三馆两处，即古物馆、图书馆、文献馆与秘书处、总务处。3月5日行政院通过各部处人选：古物馆馆长由易培基兼任，马衡任副馆长；庄蕴宽兼任图书馆馆长，袁同礼任副馆长；张继兼任文献馆馆长，沈兼士任副馆长。后来又任命俞同奎为总务处处长，李宗侗为秘书长。3月17日，"张继自西山返平后，即协同马衡、沈兼士、袁同礼前往故宫博物院就正副馆长职"[37]。但一直以来，马衡在故宫博物院只是兼职，不领薪、签到。5月14日，马衡声明：今后在故宫博物院古物馆短期服务。将委任命（3月5日国民政府行政院令）退回，将签到通知退还。[38]

马衡此举的主要原因应该是不想做"官"，其时马衡担任的所有任职都是聘任职，包括古物保管委员会北平分会主任委员一职。故宫博物院古物馆副馆长则是委任职，如果接任领薪签到，则将失去其他社会任职的自由。从马衡的经历来看，他的主业还是在大学里教课，有相当多的时间与精力放在古物保管委员会北平分会上。但马衡应该是一直担任着故宫博物院古物馆副馆长职，由他起草的《故宫博物院古物馆暂行简章》《故宫博物院古物馆办事细则》《故宫博物院图书馆办事细则》等文件，初步形成了故宫博物院文物保管和组织管理模式，其中就明确有这么一

马衡用自家凡将斋稿纸及北大讲义稿纸起草《故宫博物院古物馆暂行简章》与《故宫博物院古物馆办事则》手稿

马衡起草《故宫博物院图书馆办事细则》手稿

条:"本馆馆长、副馆长、专门委员、顾问均暂定为名誉职务,不支薪俸","副馆长分工管理本馆各部事务",且"每日由馆长或副馆长一人轮流值日"[39]。在故宫值日,对于马衡来说,显然是做不到的,但他自己起草的文件为什么还要这么写呢?古物馆馆长是院长易培基兼任,1931年3月20日易氏来北平故宫履职以前,马衡作为副馆长实际主持古物馆的日常工作。这两年,古物馆的工作做得有声有色。

古物馆庋藏了清室所有珍宝,种类繁多,数量惊人。马衡对古物馆内机构的设置、业务的划分等,都有周密的考虑。依文物性质,馆内又分别设立了书画(书画碑帖)、金石(铜器、玉器、石器等及各种文具)、陶瓷(瓷器、珐琅器、玻璃料器等)、织绣(织绣品及其材料)、雕嵌(雕刻或雕嵌之牙骨竹木漆等器)、杂品等六个部,主要业务为登录、编撰、流传、展览、典藏、装潢等方面。马衡拟写的《故宫博物院古物馆办事细则》,对本馆九课分掌事务作了详细规定。古物馆同仁积极布置陈列展览及进行文物整理、传拓、刊印等工作,尽职尽责,成绩斐然。

古物的继续清点和整理保管,是故宫博物院当时的一项重要业务工作。马衡参考其在北京大学考古学会拟定的古物管理办法,规定了故宫古物登记、编目、保管等工作的规则,制度谨严,职责分明,并"特制提取物品三联单办法",物品提取单分三联:第一联为提单,第二联为收据,第三联为存根。填写时,先查阅《故宫博物院点查报告书》,查对是否提过,按宫殿或物品种类依次填写,写清报告书所载编号,一号一单,三联都填满，核对无误后，由馆长签名盖章，方才完成提单手续。对于点查完竣的宫殿与文物，除有历史意义的宫殿保留原有格局外，凡与朝廷典制无关或不甚重要的配殿，均予整理装修，辟为文物陈列室。原贮放其间的文物，则进行集中，再分类整理。例如提取乾清宫瓷铜玉器、慈宁宫牙骨器、斋宫等处书画、养心殿珐琅器、端凝殿古月轩瓷器等到古物馆，分类登记、整理，移送库房收贮。

故宫博物院同时还开始了文物审查与鉴定工作。聘请专家学者担任专门委员，从事鉴定鉴别文物名称与材质、考订文物时代、判别文物真伪。古物馆成立了铜器、瓷器、书画三个审查委员会，马衡亲自主持铜器审查。这是对院藏文物的第一次审查鉴定，也是文物保管工作进一步深入的开端。经过审查鉴定的文物，虽只有一小部分，贡献却很大，后来文物南迁，运走的主要是当时审定过的精品。为了保护文物，古物馆1931年设立了裱画室，对受损的书画进行修裱抢救，并制订了20条《书画装裱规则》；对损坏的存放文物的木座、木匣，也先后雇用工匠来院修理或修补。这些扎扎实实的工作，为文物的管理打下了良好的基础。

陈列展览方面，1930—1931年故宫博物院古物馆布置的展室就有24个之多：玉器陈列（故宫古物馆第十五陈列室）、雕刻陈列（故宫古物馆第十七陈列室）、雕刻陈列（故宫古物馆第一陈列室）、玉器陈列（故宫古物馆第十二陈列室）、如意陈列（故宫古物馆第十一陈列室）、扇子陈列（故宫古物馆第八陈列室）、烟壶陈列（故宫古物馆第七陈列室）、瓷器陈列（御书房）、瓷器陈列（景阳宫）、清瓷陈列室（承乾宫）（以上1929年）；铜器陈列室（景仁宫）、乾隆御赏物品陈列室（御茶房）、陈设品陈列室、象牙陈列室（景和门北屋）、刀剑陈列室（景和门南屋）、珐琅陈列室、碑帖陈列室、古镜陈列室（隆福门北屋）（以上1930年）；乾隆御赏物陈列（故宫古物馆）、乾隆馆（咸福宫）、铜器陈列（景仁宫）、书画陈列（钟粹宫）、玉器陈列（斋宫）、书画陈列（钟粹宫）（以上1931年）。[40]细读这份名单，我们会看到，由于时隔数十年，档案不齐，有些展览的场所已经无由得知；像书画陈列1931年在钟粹宫列有两个，那是换了展品，是完全不同的两个书画展览。由此也可见当时古物馆的同人是多么用心和敬业了。

古物馆创立之初，便设立了流传课，制定了一套较完备的传拓各种铜器和钤拓古印的规则，对于物品的提送保管、材料纸墨的收发注销、拓工工作的监视以及出品拓片的印鉴登记等手续，都有严格的规定。凡经过审定有价值的古器物文字，均付传拓，以资研究流传。因而网罗培养专业技术人才，开展古物的传拓刊印。从1929年到1932年，传拓了上百种铜器，其中名品包括散氏盘、嘉量、大鼎、颂鼎、龙母尊等。"散氏盘"拓片定价50元。当时工友每月薪水只有7元，一张拓片约相当于一个工友7个月的薪水，相当昂贵，但却一直销路看好，销售量十分可观。为了刊印书画、铜瓷等古物，古物馆1928年初就创设照相室，改建玻璃室、暗室，为古器物摄影，出版了多种专辑图录。这些古器物的传拓和期刊的刊印，不仅使宫廷珍宝更多地为世人所了解，同时也为解决博物院的经费困难做出了一定的贡献。[41]

马衡自然在这些成绩里面发挥了重要的作用，他有熟悉古物的业务优势，有善于组织管理的才能，而且作风细致、缜密、务实。但可能我们也不能过分夸大马衡在其中的出力，毕竟他的主要时间和精力并不在故宫。可能有很多资料已经佚失，现在能够查到的有：

马衡在1929年7月12日、19日，曾先后审定故宫古物馆内中路各书画陈列室每周撤换品目及新陈品目。8月1日，签发古物馆致秘书处函，派谭元、赵松泉、李鸿庆三人点收钟粹宫前院东西两厢，提出物品存放后院。[42]9月，就《清史稿》审查事宜，起草故宫博物院致朱希祖函[43]，参加验收慈宁宫花园工程[44]。12月18日，出席故宫博物院在平理事会议。[45]

1930年3月7日，袁同礼与马衡代表故宫博物院致函钢和泰，

马衡避难杭州时参加西湖博览会留影（1930年6月）

向其表达感谢，并对洛克菲勒基金会捐款修缮慈宁宫花园的善举给予高度评价。[46]5月，马衡率北京大学燕下都考古团赴易县考古发掘，后发生针对考古团的抢劫案，相传是受孙殿英指使。考虑到人身安全受到威胁，马衡离开易县，以筹备西湖博览会为名辗转上海、杭州避难，直到10月19日才返回北平。[47]7月25日，故宫博物院秘书处下发通知：马衡因事请假，古物馆副馆长派俞同奎兼代。[48]1930年至少这半年时间马衡没在故宫出力。

1931年1月24日，李煜瀛、福开森、马衡、廉南湖（泉）等在故宫招待中外各界参观。[49]1月，马衡两次致本院秘书处公函，强调古物出组须由本馆人员参加等问题。[50]4月8日，马衡出席在故宫寿安宫阅览室召开的故宫博物院专门委员会第八次会议。[51]1931年3月20日易培基院长到北平故宫履职，6月7日马衡出席故宫博物院各馆处负责人会议会商处理无关文化之用品事宜。[52]11月3日，马衡出席在平理事谈话会，讨论上海明星影片公司拟在故宫拍摄影片《胭脂井》事。[53]

组织故宫文物南迁

1931年"九一八"事变，1932年"一·二八"淞沪抗战，国难日深。日本企图吞并中国的狼子野心已经昭然若揭。中日之战势在难免，战火可能很快就要燃烧到华北，古都北平肯定首当其冲。故宫博物院为谋文物的安全，动议转移储存，遂有南迁计划。经国民政府行政院核准，即积极整理文物，准备装箱。

北平教育界人士与法国汉学家伯希和合影（1932年12月）

居中手持礼帽者伯希和，伯氏右一为胡适、右三为马衡、右四为马裕藻、右六为蒋梦麟、右八为傅斯年。

各界反对故宫古物南迁的呼声十分强烈。1932年10月，江瀚、刘复、徐炳昶、马衡等三十多位北平文教界人士联名向国民政府建议"明定北平为文化城，将一切军事设备，挪往保定"。他们以当时北平在政治和军事上都没有重要性为理由，提出请国民政府从北平撤除军备，把它划为一个不设防的文化区域的主张。他们在意见书中说，北平有很多珍贵文物，它们都"是国家命脉，国民精神寄托之所在……是断断不可以牺牲的"，又说："因为北平有种种文化设备，所以全国各种学问的专门学者，大多荟萃在北平……一旦把北平所有种种文化设备都挪开，这些学者们当然不免要随着星散。"[54]这封意见书由刘复拟具，公推江瀚领衔，并由马衡代表赴京接洽，将意见书正式呈递政府。[55]这纯属书生之见，自然不会有结果。

政府方面以为，平津可能会成为战场，若失掉土地还有收复的可能，惟有文物留在原地不动，只有受毁损的危险。1933年1月10日，行政院会议决定设立中央古物保管委员会，担负故宫古物保管责任，任张继、戴季陶、蔡元培、吴敬恒、李煜瀛、张人杰、陈寅恪、翁文灏、李济、袁复礼、马衡等为委员；关于古物迁运办法，责成内政、财政、教育、铁道、交通五部组织委员会，共同办理运输、保护、安置诸务。[56]1月17日，国民党中央常务委员会决定：将北平故宫重要文物珍品南运。[57]

1月30日，江瀚、易培基致函马衡，请其会同俞同奎督率第一批故宫文物南迁："径启者：本院物品南迁，不日起运，拟推执事会同总务处长、秘书邦（帮）同照料，以昭慎重。相应函达，即希查照。此致马理事衡。代理事长江瀚、常务理事易培基。""又为通知事：奉院长谕，派易显谟等十三员随车南行，照料一切等因，奉此通知易显谟等十三人。""又为通知事：奉院长谕，所派随车南行人员应秉承马理事、俞处长节制指挥，不得稍有违抗等因，奉此。特此通知各馆处。"[58]江瀚、易培基这么安排，是因为马衡博物院理事、古物馆副馆长的身份，协助总务处长俞同奎押运第一批故宫文物南迁，以昭慎重。马衡

第一批文物装箱情形

在延禧宫库房前搬运文物（1933年1月）

在宝蕴楼前监视起运文物（1933年3月）

第三批古物南迁搬运木箱情况（1933年3月）

第三批古物南迁木箱装车情况（1933年3月）

为亲自掌握古物馆全部清点装箱及国子监石鼓装运事宜，婉拒了参加首批押运工作，而是主持了包括石鼓在内的第四批故宫文物南迁押运任务。

古物馆重要文物装箱南运，是对马衡组织能力、工作能力的一次重大考验。"图书、文献、古物三馆，装箱难度大不相同，最难的是古物馆。装得不好，文物就容易破碎，例如瓷器，有的其薄如纸，有的极大如缸；又如铜器，看起来似乎坚强，可是一碰就碎，其他脆弱微细之物尚多，装时各有困难。"[59]在马衡领导下，古物馆的同仁积极想办法，诚心诚意请琉璃厂古玩商人入院指导装箱，传授秘诀，终于一一克服了困难，保证了包装质量。集中装箱的以书画、铜器、瓷器、玉器为主，数量也最多，同时装箱的象牙、雕刻、珐琅、漆器、文具、陈设等工艺类文物，也占相当数量，共计2 631箱，63 735件，其中仅瓷器就达1 746箱，27 870件。

尤其是对石鼓的装运，更是渗透了马衡的心血。石鼓是人人都知道的国宝，为使这承载着中国文字发展史重要一叶的石鼓免遭不测，原存石鼓的国子监委托故宫博物院代运南迁。10个石鼓，每个重约1吨，鼓上的字是在石皮上，石皮与鼓身已分离，稍有不慎，石皮就会落下来。马衡是研究石鼓文的专家，为了做好石鼓的迁运，他认真研究了装运的办法。他在《明安国藏拓猎石碣跋》中记了这件事："余鉴于此种情状及既往之事实，知保护石皮，为当务之急，乃就存字之处，糊之以纸，纵使石皮脱落，犹可粘合。次乃裹以絮被，缠以枲缏，其外复以木箱函之。今日

秦石鼓"作原"

石鼓文"作原"拓片

故宫藏石鼓共有十块，据考证为秦国遗物。石鼓文，即因文字篆刻在鼓形石上而得名。该拓本为明初善本，原为明代孙克弘旧藏。

之南迁，或较胜于当日之北徙也。"[60]文物南迁分五批进行，第四批迁运文物中就有这10个石鼓，由马衡亲自押运。这个办法是成功的。以后屡次开箱检查，都没有新的伤损。

故宫文物南运历时近4个月时间，至5月23日，共运出五批文物到上海，共计13 427箱64包，贮藏在法租界和英租界的仓库里。文物运到上海之后，在那里成立了驻沪办事处，由欧阳道达任主任，负责各种文物的造账入册工作。

接任故宫博物院院长

1933年1月7日，监察院监察委员周利生、高鲁向南京国民政府政务官惩戒委员会提出弹劾易培基出售金器违法一案。7月，易培基院长因病辞职。

故宫博物院第一届理事会理事长李煜瀛早在1932年就因为出国考察辞职了，理事长一职由黄郛继任（未到职），张群（未到职）、江瀚代理。1933年7月，代理事长江瀚、院长易培基辞职。此时正是国难当头、万事丛聚之时，五批南迁文物刚在上海入库，后续有很多工作要做，却出现了故宫博物院当家人辞职一事，因此行政院会议决议，7月15日在南京召集故宫博物院理事会议。行政院长、故宫博物院第一届理事会理事汪精卫致电故宫博物院理事会代理事长江瀚，通知召开院理事会议。[61]7月15日，故宫博物院理事会在南京召开，会议由江瀚主席，通过决议：公推张人杰理事为理事长；准易院长辞职，推古物馆副馆长马衡暂代院长职务；推马理事衡为故宫博物院院长，徐鸿宝（森玉）为副院长，俟征求同意后，下次理事会会议再行决定；增补孙科、居正等19位理事，等等。

马衡的上位，持"故宫盗宝案"阴谋说者颇有非议。他们认为"故宫盗宝案"是张继因个人利益没有得逞，罔顾司法，罗织的一大冤案；马衡为了上位，阿谀张继，对易培基落井下石，人品有问题。这种说法实在没有根据，也不符合事实。张继作为国民党元老，曾经的国会议长，在故宫博物院第一次理事会上被推为常任理事，曾经动议的副院长推举后来也不了了之，原因未见记载，可能是从减少职数的角度考虑的。持阴谋论者认为张继是因为故宫博物院副院长不得而心怀不满，迄今未见可以印证的材料，而且张继在处理易案中的发言表态，都是出于公心，维护易培基及故宫博物院的。现在查找翻阅当时的报章杂志非常方便，他的每次谈话都白纸黑字印在纸上。

院长兼古物馆馆长易培基辞职，不考虑从外派入，第一顺位候选人就是常任理事兼文献馆馆长张继。张继自己不考虑这个位置，而是力荐马衡，这有多方面原因：

其一，马衡从未在政府中任过职，且非国民党员，是个纯粹的学者、北京大学教授，政治色彩不浓，从无参与派系纷争、政治活动的记录，能为各方面所接受。

其二，院长在故宫同人中举荐，张继之外，排在第一梯次的候选人就是另两位处长。这两人与易案都有挂连：秘书长李宗恫是易培基女婿，7月19日辞职；总务处长俞同奎，该案的发生与他在北平政治分会的质询会议上不负责言论有很大关系，自然被排除在外了。古物馆副馆长马衡、文献馆副馆长沈兼士，是第二梯次的候选人，这两位身份相当，都是北京大学教授，自清室善后委员会点查清宫物品开始就进入故宫，是故宫博物院建院功臣，在故宫博物院几乎是齐步走的，都是故宫博物院成立时的临时理事会理事、副馆长，是第一届理事会后补的理事，在博物院的工作都可圈可点，实在难分伯仲。沈兼士还要略胜一筹，还是清室善后委员会委员。图书馆副馆长袁同礼虽然在故宫博物院成立时就是临时理事会理事、副馆长，此时也是与马衡、沈兼士平级的图书馆副馆长，但他不是故宫博物院第一届理事会理事。

其三，给马衡加分的有一项，作为古物保管委员会北平分会主任委员，马衡进行了多项有关古建筑、古墓葬、古遗址的调查，及办理美国人安得思在蒙古私采古物案等。[62]特别是安得思私采古物案，中央古物保管委员会主任委员张继曾上书蒋介石，函释马衡代表古物保管委员会处理经过的得当。马衡可能也因此在蒋介石那里留下了印象。

可以说，马衡是故宫博物院院长的最佳人选。

7月26日，国民政府函告故宫博物院聘任马衡为故宫博物院代理院长。[63]8月4日，行政院电函通知："中政会决议，故宫博物院及理事会隶属行政院。"[64]马衡由南京回到北平后，8月25日赴故宫博物院履代院长职，召开全体员工大会。[65]9月21日，国民政府任命马衡为国立北平故宫博物院代理院长，仍兼任古物馆馆

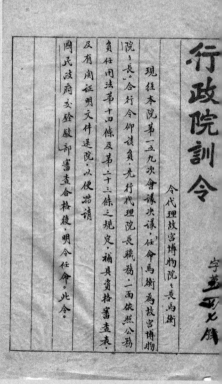

任命马衡为故宫博物院代理院长的行政院训令（1934年5月8日）

长。10月2日，除去古物馆馆长兼职。11月7日，马衡辞去北京大学教授职务。

1934年2月3日，国民政府公布《国立北平故宫博物院暂行组织条例》。4月4日，故宫博物院第二届理事会组成，推举蔡元培为理事长。4月7日，国民政府公布《修正国立北平故宫博物院暂行组织条例》。5月8日，行政院发布第2478号"令代理故宫博物院院长马衡"的训令："现经本院第一五九次会议决议，任命马衡为故宫博物院院长。合行令仰该员，先行代理院长职务，一面依照公务员任用法第十四条及第二十三条之规定，补具资格审查表，及有关证明文件送院，以便转请国民政府交铨叙部审查合格后，明令任命。"*⁶⁶经铨叙部审查合格，完成实授院长的所有行政组织程序，10月3日行政院任命马衡为国立北平故宫博物院院长。⁶⁷

马衡是1933年7月15日在南京召开的故宫博物院理事会上被推上代理院长职务的，7月16日即赴沪。马衡上任伊始，面临四大问题：

一是原院长易培基被弹劾，自是社会关注热点，继任院长难免成为记者追问的目标。这一点，对于媒体稍好处理，可以不知、不问、不谈论。一切都让该管的机关、检察院，甚至法院去处理就是了。马衡做事一向谨小慎微，遇事不争，从前在院中只

---

* 马思猛说："马衡没有接受5月7日的任命，仍履代院长职。"（马思猛编著：《马衡年谱长编》，北京：故宫出版社，2020年，中册，第494页。）这是猜度之词，实为依照公务员任用法规定，需要补具资格审查，履行实授的相关行政组织程序。

担任学术上工作，不管行政方面之事，易培基出售金器违法案与马衡没有关系，他可以比较超脱。可是，他是易培基辞职的受益者，因而被一些人指为易培基冤案的制造者。这可能是马衡始料未及的，直到20世纪50年代，他还在为此辩解。作为院长，马衡要解决的是这一事件给故宫博物院带来的消极影响，要采取措施，提振故宫员工的信心，带领故宫走向新的征程。7月28日，马衡签发本院通知，任徐鸿宝（森玉）为秘书长，于本月28日就职。[68]这时马衡在沪接洽各事，新任秘书长徐森玉已在平本院走马上任，28日上午10时到院视事，并召集职员训话，29日与高级职员商议各种重要问题，如接收手续、分院制度等。[69]

二是当时五批文物南迁在沪，文物的点查，而且古物"自运至沪上后，因于途中受潮，当此盛夏，恐有霉蛀"[70]，都是急不可待的事情，因此马衡等不及到单位履职，就先赴沪处理古物保管事宜。7月21日，马衡电请北平本院秘书处吴瀛派员来沪协助检查古物。7月22日，成立故宫驻沪办事处，并举行第一次会议。"出席代表为行政院参事陈铣、军事委员会秘书黄任、中央研究院周仁、上海市参议会刘云舫、上海地方法院欧阳澍、故宫博物院俞同奎、庄尚严等，代院长马衡亦列席。主席俞同奎报告开会宗旨后，即讨论议案，决定本月二十六日开箱检验上海保存之古物。于是日上午九时，各监察委员到天主堂街二十六号堆栈集合监视。检验分组办理，每组至少二机关代表，至少三组共同工作。监委会函请各该机关加派助理员，编定组号。检验后之各箱，另由监委会加封，以示慎重云。"[71]7月26日，马衡会同监委会检视故宫存沪古物，既未潮湿，又毫无霉蛀。《申报》为解坊间对存沪古物安全疑虑传闻，做了详细报道。[72]

故宫博物院是国家的博物馆，藏宝无数，况且行政单位公务员交待根据条例规定无法执行所藏物品全面交接手续，因而新旧院长的交接也是个大问题。对故宫博物院留平文物的清点及南迁运沪文物的点收，是马衡接任代理院长后的一项重要工作。马衡从1924年底清室善后委员会时期就参与了清宫物品点查，是故宫博物院的开创者之一，并且建院以来一直担任古物馆副馆长，对于故宫文物的清理及保管状况有着深入的了解，对文物点查工作也有深切的体会：

> 院中最困难问题，厥惟文物之整理与保管。盖十年以来，半在风雨飘摇之中，点查则本甚粗疏，整理亦仅及局部，保管更责任难专，非有根本改进之决心，难树永久不拔之基础。譬之故家田产，略无统计，试询其子姓以田亩四至，率茫然不能置对，乃欲责其管理难矣。[73]

因而，马衡一再坚持要求行政院派员监盘故宫文物接交事宜。这是他谨慎的性格使然，也是为了不留下糊涂账。故宫与其他行政机关性质不同，普通行政机关接收，只不过事务文书方面，故宫之移交接收，主要者当在文物方面，故移交接收方法不同。

马衡自接任代理院长后，即与前院长易培基会商，组织接收及移交二委员会：接收委员王士铎、虞和寅、庄尚严、余盖、何澄一、季益叶、黄鹏霄、王梅庄、董寅复、程祖劭、李修达、戴曾培、苏永中；移交委员俞同奎、周石楠、吴瀛、许文贞、程润棠。文书事务方面，由前任造具清册，由后任逐项点收，文书财产及会计方面款项等，都好接收，并由中央派定监盘人员北平市长袁良签字盖章，手续甚为完备。关于故宫文物方面，除一部留平者外，南运了1万多箱在沪。古物南迁后留在院里的文物多年未免有所变迁，如提取手续及陈列处所之变更等，马衡就希望在移交接收手续中，增加整理的意义，用点验方法将全部古物点验一次。因故宫古物甚多，非简单事体，按普通派人监盘，有一定限期，时间未免不足，因而呈行政院由政府另派专员监盘古物。马衡对古物的点查工作有切身体会，对故宫文物情况也熟悉，但对于这次交接，依然赴京请示检查古物程序[74]，就是他谨慎的具体体现。

三是经费窘迫。这是刚上任的马衡颇为操心的事情。故宫博物院的经费状况可分（甲）过去基金；（乙）经常费；（丙）上海临时费等三项讲。"甲、基金，在先中央意旨，故宫中有不关历史文化物品可处分，经处分后，共得七十余万元，因中央对博物院经费有时不能按时汇到，故由本身借用，但占一小部分，最大用途则古物南迁时因当时时局紧张，政府三令五申即日南迁，因而挪用基金南迁及院方本身费用，将基金押款五十万元，总之基金所余已甚少，但后任对基金决不过问，因中央政治会议业已议决，由理事会将基金用途查明具报也。乙、经常费，故宫博物院范围甚大，事务文件十分复杂，政府方面对故宫并未十分重视，因而经费来源枯窘。马院长接任后，表面政府每月拨一万零五百元，实际上则不过六千余元，维持现状业已甚难。故马院长接事后，一再向中央接洽，每月由中央拨款二万元作为维持费，实际二万元亦不易支配。故宫本身大目的在于推动工作，将来决减少消耗，特别节流能用于事业者决用之。丙、临时费，中央曾决议存沪古物货栈房租捐款办事费等，每月由中央拨万余元，但因编造概算时，耽搁时间甚多，且财部经费十分困难，十一月时方得财部公事，六、七、八、九月份经费未提，只先拨付十一、十二两月经费，存沪古物每月用费将近万余元，但多月未付，故宫本身除维持事务外，并须抽款维持上海事务，其窘迫情形，可想而知"[75]。经费难以辗转，无法维持，对于管理者来说，确实是十分困难的。马衡多次因故宫财政困顿而呼吁。

四是理事会难召集，让马衡颇为作难。张人杰被推为理事长后，一直没有负起理事长的责任，有名无实，使故宫博物院第一届理事会就此处于长期瘫痪状态，也使代院长马衡没有理事会可以依傍，面对的不是本院理事会，而是行政院。因此，院内组织建设，虽然也是马衡颇为操心的事情，但上任伊始，为了安抚人心，马衡一再强调人员一概不动，只是任命徐森玉为秘书长，代他在院坐镇。后来只是换上几个人在秘书、财务位置上，调开俞同奎，任命了代理总务处长。1933年12月26日撤销秘书处，但秘书长一席仍然保留，徐森玉照常办公。1934年2月，国民政府公布《国立北平故宫博物院暂行组织条例》，规定故宫博物院设总务处及古物、图书、文献三馆，其原设驻京、驻沪两办事处，一因在京接洽公务，一因在沪保管文物，均有继续设立之必要，暂仍旧贯。此条例于10月间复行修正公布。[76]总务处长王士铎（旋改张庭济），古物馆长徐鸿宝，图书馆长袁同礼，文献馆长沈兼士，驻京办事处主任程宗德，驻沪办事处主任欧阳道达。

1934年4月4日，故宫博物院第二届理事会首次会议在南京励志社召开，推举蔡元培为理事长。这次会议还讨论了行政院同意马衡代理院长辞职决定案，决议：故宫博物院院长依现行组织条例，准由行政院任免，惟本会希望马代院长衡仍继续任职。[77]蔡元培与马衡有很深的渊源关系，这层关系应该来自马衡的岳父叶澄衷。虽然叶澄衷早已去世，但蔡元培依然对马衡热情提携，让马衡以南洋公学肄业的身份进入北京大学。这固然有马衡个人才华的因素，但在中国最高学府超常规拔擢，不能不说这里有极大的人情成分。此时，对于既有自己心血的故宫，又有私人关系的马衡，蔡元培自然是鼎力支持。这也是马衡得以留任的直接原因。这届理事会秘书推举的是中央党部秘书长叶楚伧，叶氏因事务繁多，请行政院秘书长褚民谊兼任，可见中央对于故宫的重视。

1934年6月5日马衡晋京谒见行政院院长汪精卫，对媒体重申其整顿故宫博物院意见，并表示如不被当局采纳，将拒绝就故宫博物院院长职。[78]笔者以为，这应该只是马衡摆出的一种姿态而已，因为整顿故宫博物院的具体方案，中央根本不会过问。所以，当6月14日行政院指令（字第1735号）一下——令，北平故宫博物院代理院长马衡呈陈本院现在整理方法及保管计划。请为解除困难祈鉴核示遵由。呈悉，查所陈整理方法及管理计划，均属可行。仰即由该院长记实办理。本院及理事会当派人监督,以资保障,并已转知蔡理事长矣,仰即知照,此令。中华民国二十三年六月十四日。[79]——马衡就再也没有请辞的理由了。

这份《抄马代院长折呈》关于改进故宫整理方法及保管制度,可以说是马衡的彻底整顿故宫、彻底整理古物计划。6月27日,蔡元培签发故宫博物院理事会致本院公函(理字第139号)云:《修正文物点收委员会规则》《文物分类整理委员会规则》及《专门委员会章程》已经本会常务理事会议决议通过。[80]7月5日,故宫博物院第二届理事会第二次常务理事会会议通过一系列方案,马衡改革故宫的道路已经铺平,故宫博物院进入了马衡时代。

第二届和第三届理事会确实切实担当起了理事会的责任,对于故宫博物院以及新任院长马衡的支持力度之大,是前所未有的。不仅及时召开常务理事会,配合故宫工作的进程给予决策,而且给院长以极大的自主决策权。如1936年2月15日召开的第二届理事会第八次常务理事会,在讨论马衡院长"关于遗留故宫之珍贵文物,及攸关历史典籍,应设法南迁"问题时,决议:由马院长相机接洽,随时报告理事长及当然理事。[81]即授权马衡可以根据时局变化,随时将院内珍贵文物及重要档案继续南迁。可以说,理事会的支持是故宫博物院各项工作得以顺利开展的基础与前提。

院长的头三板斧

在以蔡元培为理事长的第二届理事会的大力支持下,马衡在故宫博物院开始了稳健而扎实的整顿改革工作。

一、人事改革

1934年7月5日，故宫博物院第二届理事会第二次常务理事会会议讨论了马衡院长的提议：依本院组织条例第八条之规定，谨提出古物、图书、文献三馆馆长人选，请议决聘任案。决议：依所拟以徐鸿宝任古物馆馆长，袁同礼任图书馆馆长，沈兼士任文献馆馆长。故宫档案中记载了详细的名单：

古物馆长徐鸿宝。谨按：二十二年七月十五日理事会公推徐鸿宝为院副院长，案经通过。旋以未征得本人同意，暂行保留在案。嗣以秘书长一缺，职责重要，未便久悬，遂暂派徐鸿宝代理秘书长服务至今已十有一月。今修改之本院组织法经公布，所有副院长、秘书长各职悉已废除，徐君长于金石书画之鉴别及图书版本之学，以之充任古物馆长，最属相宜。

图书馆馆长袁同礼。谨按：袁同礼向习图书馆学，自民国十四年以来，即兼本院图书馆副馆长，对于本院国际间之关系多所赞助。此次出国考察各国图书馆状况，并将于本年十月间，代表本院赴西班牙出席国际博物馆协会。以之充任图书馆长最为相宜。

文献馆长沈兼士。谨按：沈兼士前曾创办北京大学研究所国学门，其时前清内阁大库档案无人注意，教育部屡议销

國立北平故宮博物院全人歡迎通表館長守和先生出席國際博物院專家會議回國攝影

国立北平故宫博物院同人欢迎袁馆长守和先生出席国际博物院专家会议回国摄影（1934年12月10日或稍后）

毁，沈兼士独认为明清间之重要史料，建议北京大学，将残存之老档案移归研究所整理。近年史学界之注重档案实自沈始。沈原为本院文献馆副馆长，整理传布成绩卓著，以之充任馆长，允为相宜。[82]

7月22日，马衡签发院令并通知，派虞和寅、郭世绾、李修达、庄尚严、欧阳道达等为各科科长。9月3日，派张庭济代理秘书。9月7日，派科员王念劬暂代总务处第一科科长职务。9月8日，调发行所所员卢君实为总务处第三科书记。[83]12月25日，荐任庄尚严为本院科长。[84]12月26日，令张庭济代理总务处长，查代理总务处长王士铎引咎辞职，业奉行政院指令照准。同日，荐任张庭济为本院总务处处长。[85]同日，派王志鸿为驻京办事处处长。[86]12月27日，派王孝缙暂代第三科科长。[87]12月28日，派赵儒珍调为本院秘书。[88]

与此同时，故宫开始裁员。7月23日"上午十时，该院将在院职员重新公布，榜上无名者，即为被裁。计总务处裁十四人，秘书处裁十三人，古物馆裁四人，文献馆裁九人，图书馆裁二人，上海驻沪办事处裁五人，共裁四十余人，多系易培基时代旧人"[89]，可能大多是湖南籍人，引发了纠纷，被裁人员谒马衡请愿，要求对贫苦者留用，余发半年薪金。[90]"故宫被裁人员，今日（27日）大请愿，马衡拒见，仅允发三个月薪，几经交涉，不能再增，已忍痛接受，一场风波，遂平息。"[91]"故宫博物院改组后之新预算，业经该院院长马衡拟妥后，呈请中央审核，月支经常费三万元。被裁人员三十六人额外之两月薪金，昨日亦已发放完竣，一场请愿风潮，至此乃告结束。"[92]

马衡在7月26日主持召开的故宫博物院第一次院务会议上说："全院人员进退之经过：此次改组系遵照新颁暂行组织条例办理，将秘书处取消，所有旧员系据各馆处科所开单内考语加以审核，分别进退，计旧员退职三十七人，录用新员二十七人。"[93]那志良后来回忆说："总之，他（指马衡院长）不考虑各人的成绩，胡乱裁人。我不相信这主意是出于他的本意，他是一位诚恳待人的学者，不会如此，但是，这事的后果是由他负责，人家的指责也指向他，为什么不考虑一下呢？我对马先生的人格学问，一向是佩服的，对于此事却大不以为然的。"[94]

9月26日，故宫博物院第二届理事会第三次常务理事会议通过马衡院长依《故宫博物院组织条例》第十条及第十二条第三项规定提出的各种专门委员人选。

姓　名	别　号	专　　长	原聘年月	职别
朱启钤	桂莘	长于中国古建筑学	拟聘	通信
汪　申	申伯	长于建筑学	拟聘	通信
梁思成		长于建筑学	拟聘	通信
朱文钧	幼平	长于鉴别书画及古物	十九年七月	特约
郭葆昌	世五	长于鉴别瓷器、书画及古物	十八年五月	特约
福开森	美国籍	长于鉴别瓷器、书画及古物	十八年五月	特约
陈汉第	仲恕	长于鉴别书画及古物	十九年七月	特约

姓　名	别　号	专　长	原聘年月	职别
唐　兰	立厂	长于鉴别铜器	二十二年十二月	特约
容　庚	希白	长于鉴别铜器	十八年五月	通信
沈尹默		长于鉴别法书	十八年五月	通信
王　褆	福盦	长于鉴别金石、书画	十八年四月	通信
钢和泰	俄国籍	长于佛典及梵文	十八年六月	通信
邓以蛰	叔存	长于鉴别书画	十八年九月	通信
俞家骥	涵青	长于鉴别书画	十九年二月	通信
金绍基	叔初	长于鉴别书画	十九年七月	通信
柯昌泗	燕舲	长于鉴别金石	二十年五月	通信
钱葆青		长于鉴别书画	二十一年八月	通信
狄平子		长于鉴别书画	二十一年八月	通信
凌文渊	直支	长于鉴别书画	二十一年十二月	通信
严智开	季冲	长于鉴别书画	二十一年十二月	通信
吴湖帆		长于鉴别书画	二十二年七月	通信
叶恭绰	誉虎	长于鉴别书画	十八年五月	通信
陈寅恪		长于东方各种文字	十八年四月	通信
张允亮	庚楼	长于图书版本、目录之学	十八年五月	特约
余嘉锡	季豫	长于图书目录之学	十八年五月	特约

姓 名	别 号	专 长	原聘年月	职别
赵万里	斐云	长于图书版本、目录之学	十八年六月	特约
卢弼	慎之	长于图书版本、目录之学	十八年五月	通信
陶湘	兰泉	长于图书版本、目录之学	十八年五月	通信
洪有丰	范五	长于图书版本、目录之学	十八年五月	通信
江瀚	叔海	长于图书目录之学	十八年五月	通信
马裕藻	幼渔	长于图书目录之学	二十一年十一月	通信
蒋穀孙		长于图书版本之学	二十二年七月	通信
钱玄同		长于图书目录之学	二十三年二月	通信
蒋复璁	慰堂	长于图书目录之学	拟聘	通信
刘国钧	衡如	长于图书目录之学	十八年五月	通信
陈垣	援庵	长于史学	十八年五月	特约
孟森	心史	长于史学	二十三年五月	特约
胡鸣盛	文玉	对于整理档案富有经验	二十三年三月	特约
马廉	隅卿	长于戏曲、目录之学	十八年十一月	特约
朱希祖	逷先	长于史学	十八年五月	通信
徐炳昶	旭生	长于史学	十八年五月	通信
吴承仕	检斋	长于史学	十八年五月	通信
朱师辙	少滨	长于史学	十八年五月	通信
傅斯年	孟真	长于史学	十八年六月	通信
罗家伦	志希	长于史学	十八年十一月	通信

姓　名	别　号	专　长	原聘年月	职别
周明泰	志辅	长于清代掌故	十八年十二月	通信
齐宗康	如山	长于中国戏曲及掌故	十八年十一月	通信
顾颉刚		长于史学	二十一年十月	通信
蒋廷黻		长于史学	二十一年十月	通信
郑颖孙		长于古音乐	二十二年十二月	通信
吴廷燮	向之	长于史学	拟聘	通信
姚士鳌	从吾	长于史学	拟聘	通信
溥侗	西园	长于戏曲及掌故	拟聘	通信
张珩	葱玉	长于鉴别古物	拟聘	通信
徐骏烈	伟士	长于鉴别书画	拟聘	通信

　　右列各种专门委员五十五人，大多数系旧日聘定者（原数六十余人），本院因鉴于各委员散处各地，或自有其各项工作，召集开会颇感不易。今拟分为特约与通信二种，特约专门委员直接负审查之责。遇有疑不能决者，则征求通信委员之意见。决议：通过。[*95]

---

*　说明：原表中，"专长""原聘年月"有的写作"仝上""仝"，"职别"与上一位相同的都写作"又"，这里径改。

10月26日，马衡签署聘请函，函聘朱启钤等五十五员为本院专门委员会委员。[96]由名单可知，这些委员包括书画、陶瓷、铜器、美术品、图书、史料、戏曲乐器以及宗教经像、法器、建筑物保存设计等方面，都是各有关专业领域的翘楚。

二、建章立制

1934年9月22日，马衡主持召开故宫博物院第三次院务会议，讨论修订各项规章制度，计有：(1) 修正本院分科办事暂行细则案；(2) 重订职员考勤规则案；(3) 重订职员请假规则案；(4) 拟订职员考勤办法草案；(5) 拟订各处馆科办事细则草案；(6) 修正本院院务会议规则案。马衡还据各馆处所报各自"办事细则"，经修正批改后向第三次院务会议提交《国立北平故宫博物院分科办事暂行修正草案》。[97]9月23日，马衡签发故宫博物院院令 (布字第2号)，公布《文物点收委员会规则》。[98]1935年1月19日，马衡主持院第四次院务会议，讨论《总务处办事细则草案（附各科办事细则草案)》《驻沪办事处办事细则草案》《古物馆办事细则草案》《图书馆办事细则草案》《文献馆办事细则草案》《修正职员请假规则草案》《修正职员考勤规则草案》《赠送职员免费参观券办法草案》《修正本院优待团体参观办法草案》等[99]，进行一系列建章立制，让制度来管人。2月13日，马衡签发呈复本院理事会函，呈送拟具的《文物点收及整理办法草案》一件、《文物点收委员会规则》与《文物分类整理委员会规则》二件。[100]又有1936年3月《修正国立北平故宫博物院院务会议规则》[101]、5月《国立北平故宫博物院调赴办事处职员暂行办法》[102]、6月《国立北平故宫博物院雇员考绩暂行办法》[103]等制度相继出台。

马衡自奉命受事以来，对于院务，悉心擘划，不遗余力，根据博物院工作实际，制定、修订各项规章制度，而且把制度建设一直摆在重要位置，使院务工作有章可循，有规可依。当故宫博物院南京分院建立以后，又相应地制定了《国立北平故宫博物院南京分院办事细则》《修正国立北平故宫博物院南京分院保存库管理细则》《国立北平故宫博物院南京分院出组规则》《国立北平故宫博物院南京分院招待参观文物暂行办法》等规章。这些章程具体涉及博物馆的各项专业，为中国博物馆事业的发展打下了制度基础。当年故宫博物院制定的规章制度有些一直沿用到现在的北京、台北两个故宫博物院。

三、文物点验

文物的清点与交接工作，是马衡履职故宫博物院院长后的一件十分重要的工作。既是以清责任，也是对故宫家底的一次彻底清理，在故宫博物院的历史上意义十分重大。这次走的是逐件点收的路子，在北平本院，清室善后委员会从一开始就制定了细密的"出组"规定，一直严格执行，职员进库，必须要有出组手续，有监视人陪同入内。文物南迁时，由于事起仓促，时间紧迫，账册记载就相对简单。又出了对易培基的弹劾，因而这次新老院长的交接，无论对于马衡院长还是对于故宫博物院来说，都是一个很好的机会，逐件点收，逐件详细记录，既清家底，又明责任。

在点交工作未开始之前，许多工作仍要进行，特别是对于南迁文物，需要定一个过渡的办法。于是在1933年9月成立了"故宫博物院监察委员会"，由中央研究院、上海市政府、上海地方法院及故宫博物院等四机关派员组成，委员会由八人组成，其中故宫博物院选派了庄尚严、周襄轩、欧阳道达、那志良等四人。该委员会的工作是在运沪文物未经点收之前，如果必须开箱，办理摄影、编目、晾晒等事，必须由两名以上监察委员到场监视工作。不过这只是一个临时性机构，不久就撤销了。

在马衡的不懈努力和坚持下，行政院终于落实了派员常川监督平沪两地文物点验。《申报》云："故宫博物院沪平两处古物，即将开始点验，博物院长马衡请行政院派员常川监督点验，北平方面行政已派周传经，内政部派罗耀枢，上海方面行政院令教部派舒楚石等三员为监查人。决定上海部份先行开点，马衡已派驻沪办事处欧阳道达主持，北平则由马本人主持。"[104]

为了做好故宫本院留存文物的点查，马衡制定了与文物保管有关的"出组规则"；各馆处科组分别制定了详细的办事细则，开始对全院文物进行分类整理编目，并办理文物审查。留平文物点查的监视工作由驻平政务整理委员会派出周传经、黄孝平、王承垣及周庸，内政部派出罗耀枢、钱桐，共六人承担。故宫本院留存文物的点查，于1934年1月24日从清点弘德殿开始。点查依据清室善后委员会当初点查后编印的《点查报告》，当时仅登录品名及件数而没有详细登记，里面有一些从名称、品质到朝代等方面都是不可靠的。通过这次点查，凡清室善后委员会于仓促中遗漏者，或载于清室旧目从未发现者，皆逐件检出，并予以补号登录。在故宫博物院收藏的并不完整的院务档案中能够找到一些记录：

> 本院存平文物，于二十四年五月经续点收，由行政院派员监盘，每日配置五组，分上下午两次，出组至各宫殿工作。截至本年三月底，计已点收完竣之地点，有景仁宫、储秀宫、奉先殿、养心殿等二十宫殿；在点收中尚未告结者有皇极殿、庆寿堂、遂初堂、重华宫厨房、枪炮库、造办处等六处。共已点收文物一七九六四号，计二四一四一三件。[105]

> 平沪两方点收文物，前于第三（四）届第二次常务理事会议开会时，业将本年八月底止所点数目报告在案，故查平方九月份所点号数为二〇六二，件数为一六二八一，十月份所点号数为一四二二，件数为七一一七，计自二十四年七月继续点收之日起，至十月底止，点收四九七二五号，五八四九三九件。……平方九、十两月点竣地点：銮兴衔、御药房、太庙、银库、造办处、慈宁宫、慈宁宫西跨院、枪炮库、油木作、实录库。平方正在点收地点：大高殿、帘子库、图书馆书库、衣库、古物馆库房。[106]

> 本院文物点收情形，前经报告至上年十月底止，平方十一月份衣库一处，亦已赓续点毕，宫内外各处至是全部完竣。所余惟古物、图书、文献三馆库存物品，图书、古物两

馆业于十一月间开始外，文献馆亦于十一月份起点，此项工作截至本年三月底止，五个月内共点原号五五四三号，计六二九三四件，补号四六六二号，计六七二九五件，两共为一〇二〇五号，计一三〇二二九件。[107]

故宫本院文物数量较多，虽然只着重于点清留院文物的品名、数量，但直到1937年北平沦陷，点查工作并没有完成。整个工作在北平沦陷后得以全部完成。到1943年3月18日清点图书馆太庙分馆结束，共编印了40册"油印清册"，登录物品1 305 632件。

马衡在接掌院事后，于1933年11月9日委派办事一向严谨的欧阳道达科长负责故宫博物院驻沪办事处。存沪文物点查工作从1934年11月20日开始，到全部完成时已经是1937年6月14日。故宫博物院存沪文物点收艰难经过，欧阳道达记录在案：

> 存沪文物，经一九三四年春决定应按照点收留平物品一案，同时点收。为接受监盘委员建议，经决定以点收属于古物馆装迁箱件始，文献馆次之，图书馆又次之，而以前秘书处装迁箱件终。关于监视点收人员，初由上海市政府及国民党市党部分别指派，并订期三月八日开始进行。嗣以市党部认为责任重大，应请中央党部选派专员及其他有关责任问题之多方顾虑，迭经订期于四月二日、五月廿一日，皆不果行。迫六月四日始实行点收，相继四日，至是月八日，共点收前秘书处装迁之永字第一号全箱及第二号半箱文物。至是，监点人员仍以监点需时、手续繁重、责任艰巨为口实，

而于翌日中止点收。迨是年冬，改由教育部指派监盘委员，点收计划乃重决定。于是驻沪办事处于十一月二十日起，按日派组，会同监盘委员，先从属于古物馆装迁箱件进行点收。点收时，核对品名，检计件数，概以本院所编南迁清册为根据，以清室善后委员会所编点查报告作参考。文物之实质、形式、色泽、花纹均分别择要记载：以公尺计其大小，以市秤权其轻重；有款识、铭文者照录，有附件、嵌件者分计；有须待专门委员会审查者，则附注"待审查"字样；有已经专门委员会审定者，则并列所审定名称。至于画幅卷册，更于装裱边缘或背幅加盖"教育部点验"之章。凡点收之箱，以沪、上、寓、公四字为馆、处箱件区分编号：古物馆编"沪"字，图书馆编"上"字，文献馆编"寓"字，前秘书处编"公"字；按箱属分字顺序编号而刷于每箱五面，俾易识别。凡经点收品件，如有遗失原点查号者，则以全、材、宏、伟四字为处、馆分别补编字号：前秘书处补编"全"字，古物馆补编"材"字，图书馆补编"宏"字，文献馆补编"伟"字；以上规定手续，随时翔实登记，按日造册缮印，分别存送。逮一九三六年八月廿九日，文物之属于古物馆装迁者，全部点收藏事，计二六三一箱，如南迁数。[108]

易培基前院长的遭遇对故宫博物院员工的震动极大，"最高法院及江宁地方法院检查处，因案派员赴本院驻沪办事处，先后鉴定存沪文物，均由沪处按照出组手续，将箱件提交开箱检提鉴定。首次自一九三四年五月八日讫同年九月十七日，历时四阅月而结束。其鉴定文物，以珠宝为主，间有一部分玉器、书画。所开之箱，为前秘书处装迁之永字号珠宝廿箱，及养、寿、慈、丝、端、和、崇、康、内、北、翊、牒等字号箱件；古物馆装迁之E、F二字号箱与文献馆装迁之箱，亦有经鉴定及者"[109]。因而在点收过程中格外谨慎，生怕出点差错到时说不清楚。

马衡办事向来谨小慎微，仔细认真，他提议所有存沪文物中能盖章的如书画、图书、纸片等，都要一一钤印作为标记，以示点收，大家表示认同。钤什么印？有人建议钤"故宫博物院收藏印"，也有人主张用"故宫博物院理事会珍藏"，马衡认为故宫人员只负责点收即可，而由其他机构经手去刻点收印章、经手盖印，以示点收鉴证并负责保管印章。最后决定：派员监察的教育部刻一方"教育部点验之章"，由教育部监察委员舒楚石保管这方印章。此印长3.8厘米，宽2.6厘米，印刻好后，便按计划行事，开始点收、盖章。点收不久，又发现有些小的书画、图书、纸片无法钤盖，只好再刻一枚长2.2厘米、宽1.2厘米的小印章，印文、形状与大的印章一致。

五批到沪的文物，来自不同的单位，不同部门的装箱编号各不相同，五花八门。马衡于是指令工作人员将故宫四个部门的文物都重新编号，感于时事，用"沪上寓公"分编各馆处的箱件，凡是古物馆的箱件，一律编"沪"字，然后自第一号编起，如"沪1""沪2"……图书馆用"上"字，文献馆用"寓"字，前秘书处则用"公"字。再以全、材、宏、伟四字为处、馆分别补编遗失原点查号者。凡经点收品件，按箱属分字顺序编号刷于每箱五面，以便于在堆放存贮中查寻识别。马衡用"沪上寓公"四字作为编号名，意图非常明显，就是说古物只是暂避上海，将来还是要返回北平故宫的。

文物自北平装箱运出时，清册上只记了品名与件数，没有编造详细清册。而这次点收则是按箱登记，核对检验，铜器、玉器、牙器，都要记明重量。瓷器，还要标明颜色、尺寸（包括口径、底径、腹围、深度等）、款式，有无损伤，巨细靡遗。点收完毕后，将点查结果汇集一起，油印成册，取名"存沪文物点收清册"。这个清册十分重要，是以后各个时期清点南迁文物的原始清册，各箱文物的名称和件数也都以此为依据。1937年6月14日点查工作全部完成后不久，故宫文物又开始了"文物西迁"，这次清点工作为以后查明故宫文物的具体情况、辨别是否损伤起到重要作用。

马院长函：关于点收存沪文物一案，据驻沪办事处报告，教育部派监盘委员舒楚石，对于所拟日出四组，分在四楼工作办法，不表同意。再三磋商，始决定日出两组，同在第五楼工作，并先从古物馆装运箱件点起，业于本月（1934年12月）二十日正式开始工作。惟运沪文物存储各库，自始即未区分，现若从古物馆装运部分点起，事必先检箱件，手续愈繁，且本院库房各楼隙地其隘，日出四组一楼工作，势所不能，若分四楼舒委员仍坚持不许，实属无法加紧工作等语，查上述困难各节，均系实在情形，若照现在日出两组及先从古物馆装运部份点起办法，于实际既无裨益，而点收工作势必旷日持久，无法遵照决议于一年限期内完成，究应如何办理之处，请核复案。决议：(1)点收分组数目交由教育部派监盘委员与故宫博物院驻沪办事处主任商定，但必须监盘委员在场实行精察监视。(2)为增进点查效率，并免除重装时损坏物品之危险起见，故宫博物院应加雇专门装箱人才，以利进行。(3)一切点查物品均应详细登记，凡有疑问者，均应注明待审查字样，并由监盘委员盖章存入原箱以内。(4)所有字画应在该件之适当地位，加盖印章（由教育部颁发），以重信守。[110]

点收工作可以说是当时故宫博物院的头等大事，因而每次故宫博物院理事会与院务会议，马衡院长都要报告平沪点收文物的情况。报纸也会随时跟进报道，如《申报》报道故宫沪库文物点验及保管状云：

南迁存沪之北平故宫博物院古物，自前年由教育部委派舒楚石来沪监盘，开始点验以来，因工作繁重，进行殊为迟缓，迄今将及二载，全部工作犹未完毕。现除历代及唐宋两朝各类器皿、金石、字画已先后开箱点验竣事外，元、明、清古物种类特多精品，占十分之七八，较历代保存者更属完好。值兹溽暑，驻沪办事处因奉院长马衡令，加紧工作，期能早日完成。故科长欧阳邦华（道达），连日会同监盘委员舒楚石，在天主堂街库房冒暑赓续进行点验，状至忙碌，除点验工作外，在兹黄梅季节内，已发现大部份绣品、书画一类古物咸有霉点，经欧科长亲自监同员役开箱取出，一一加以适度之曝晒，俾能完好保存。[111]

故宫博物院南京保存库建好后，1936年11月间奉行政院第6965号密令，本院存沪文物运京储存。马衡奉令后即经妥为布置。1936年12月5日，马衡签发训令："令，驻沪办事处，存沪文物现已奉令运京，应即停止点收；俟迁运完毕在京库继续点收；仍由科长欧阳道达负责之。特此令。"[112]自12月8日起，将存沪文物箱件分批装车，共分五批，由京沪沪杭用路局所备迁运专车转迁南京。1937年2月15日，欧阳道达致马衡函云："本院存沪文物迁京，上海公共租界警卫甚为得力，除沿途加岗，妥为照料外，并有随车武装警捕及警备车往来护送，始终其事，极为慎重。尤以主持其事者上海工部局会办何德奎、警务处长范朋（英文名略）二人至重视。本院存沪文物而具有协助热心，事先有周密之调度，临事有妥慎之设备，故能于迁运期间维护安全。"[113]"至同月二十二日全部箱件迁运完毕。计先后共装五列车，由行政院及中央古物保管委员会所派专员会同押运，到京储存库内，沿途搬运尚无遗失损毁情形发生。"[114]1936年12月22日，驻沪文物迁运南京完毕，马衡派科长庄尚严保管南京分院保存库库门锁、钥；科长欧阳道达管理该库库栅等钥匙。[115]

驻沪文物迁南京后，故宫博物院制订了南京分院办事细则、南京分院保存库管理规则、南京分院出组规则、南京分院工作报告办法等制度。[116]1937年1月12日起，欧阳道达继续主持，又会同行政院教育部所派监盘委员，按照出组规则，仍依据沪库点收文物各项办法，在南京分院保存库，赓续点收存沪移京尚未完成点收手续之文物箱件。[117]之后，欧阳道达每月都将点收工作经过情形，分目汇编，向院长马衡陈报备案。[118]

1937年6月19日，欧阳道达致马衡函，汇报在京库赓续点收本院前秘书处南迁箱件结束总报告。[119]6月22日，总务处科长黄念劬、古物馆科长兼办图书馆各科事务庄尚严、文献馆科长欧阳道达，联名致函马衡云："查本院南迁文物现已点收竣事，奉谕由馆处着手筹备提取前秘书处装箱物品事宜，兹拟定提取办法九条，敬候示遵。"经马衡院长批准，《提取前秘书处南迁物品暂行办法》公布施行。[120]

7月8日，马衡签发故宫博物院呈行政院函，呈报南迁文物点收完竣。[121]8月9日，马衡呈行政院函，说明首都地方法院开箱鉴定故宫所藏书画、铜器全过程。[122]10月13日，行政院院长蒋介石签署第2968号行政院令："令，国立北平故宫博物院廿六年七月九日平字第二一号呈一件，为呈报南运文物点查完竣，开送清单，请鉴核备案由。呈件均悉。准予备案。并已由处函知国立北平故宫博物院理事会仰即知照，此令。国民政府行政院院长蒋中正。中华民国二十六年十月十三日。"[123]

四、修建故宫博物院南京文物保存库

故宫文物分五批运抵上海后，储存地又成为故宫人忧心之事。南方气候潮湿，十分不利于文物的保管。文物存放上海不过是一时的权宜之计。

1934年4月4日，故宫博物院第二届理事会首次会议，故宫博物院代理院长马衡提议：请决定存沪文物之处理办法案。理事史量才等提设保存库于上海案。议决："在南京先行建筑保存库，为博物院之一部份，其预算由常务理事详细拟定，呈行政院核定之。"[124]通过在南京建筑文物保存库的议案。5月8日，故宫博物院第二届理事会第一次常务理事会议决议：建筑南京保存库应于临时费项下增加二十万元。[125]6月8日，行政院秘书长、故宫博物院理事会代秘书褚民谊首谈故宫古物事宜云，该院当局鉴于古物存储上海，月需开支达二万元，故均主张在南京陵园内，建造博物院，预定经费一百万元，由英、法、美等庚款中商借。又因博物院建造经费浩大，拟先建博物保存库，然后再行扩充，但悉上海方面，如史量才等，均主张在沪建古物保存库，以节省开支，现尚在商酌中。[126]

　　各大媒体都通过各种渠道获取消息，争相报道，如："关于在京建筑古物保管库事，因经费问题，暂时似难实现，不过马院长正在京交涉中。其建筑费二十万元，将由财部支领。"[127]"古物仓库，定在陵园建设，建筑费定六十万元，俟中政会通过后，始能着手进行。"[128]"在京建筑古物保管库，理事会决定在朝天宫，经费定六十万元，分两年拨清。"[129]"建筑古物保管库，地点已选定南京朝天宫，建筑费中央已允拨六十万元。关于动工日期，因该地民产甚多，一时未能办理完竣，明年六月可望兴工。"[130]

　　1934年12月，故宫博物院举行常务理事会议，理事、国民党中央宣传部长王世杰提出议案，将南京朝天宫全部划归故宫博物院，正式成立故宫博物院南京分院，并作为仓库地点，将存沪的全部南迁文物存放在这里。经理事会商议通过，呈送南京政府行政院核准，获得批准。

朝天宫占地面积130余亩，依山而立，地势高旷，是南京最重要的古迹之一。东部地方可建筑仓库，中部原有宫殿，可加以修葺，作为陈列室。其时属于教育部管辖。朝天宫存放故宫文物在面积和温度、湿度条件上可以满足要求，但结构却不适合收藏文物珍宝，所以需要改建。

1935年4月22日，故宫博物院第二届理事会第二次理事会议决议：建筑南京分院及保管仓库，应组织工程委员会，负责设计及监督工程之进行。推内政部长、教育部长、罗理事家伦、李理事济及马院长衡为委员，并由常务理事会添增委员二人。[131]6月20日，第二届理事会第五次常务理事会议决议：内政部、教育部于部长不能出席时，各指派熟悉工程之员参加会议，工程委员会议由马院长召集。[132]保存库建筑工程委员会负责工程的具体各项进程。1935年7月，教育部正式将朝天宫移交给故宫博物院。故宫迅即接收了朝天宫，开始办理占住各机关居民住户交涉迁移。故宫博物院第二届理事会第六次常务理事会议决议：请行政院再行严令各关系机关，并转饬住户，迅即迁让。[133]在9月11日的故宫博物院第二届理事会第六次常务理事会议上，马衡院长报告《工程委员会开会及招商绘图设计情形》：

本年四月二十五日，遵照第五次常务理事会议决议，召集"建筑南京分院及保存库工程委员会"第一次会议，详细讨论，当经决定本年度工程计划，按照中央核定建筑经费二十万元，及本院经常费项下节留之八万元数目分配，以二十五万元建筑保存库并一切仓库设备，三万元修理办公房屋及各种设备费用，但库内一切设备尚未计。指定基泰、华盖、李锦沛三建筑师，根据预算及需要条件设计草图后，再行审查选定。其时除基泰尚未设计外，当由本院派员会同华盖、李锦沛两建筑师，前往朝天宫实施勘测，制成初步设计草图暨计划说明书，对于仓库部份设计，全部立体容积，分由六十八万以至九十五万立方尺数种。每立方尺按二角五分计算，全部造价亦约由十七万元以至二十四万元。但库内一切设备尚未计算在内，修理部份，因占住宫内各机关尚未迁出，无从复实计算，约略估计，当需十万元左右。因该宫年久失修，原有两殿建筑面积甚广，东西两庑、函道、门楼、棂星门等处，均已破败不堪应用，范围既大，修理工程自属艰巨，以上各项计划，当俟下届工程委员会议详细讨论后，再行决定。[134]

9月13日，马衡谒行政院院长汪精卫，报告故宫院务，请示建筑一库及设立分院事。汪对所陈预算及计划，允饬关系机关核。[135]工程款项很顺利地分批拨下。南京分院的建筑费用，预料所需必巨，虽然建筑经费六十万元业经中央核准，但马衡还是嘱由本院经常费项下，竭力省节八万元，以补不足。[136]

朝天宫占住各机关居民住户的迁移也不是特别顺利，到11月7日，召开故宫博物院第二届理事会第七次常务理事会议，马衡致理事会函，报告此事：

> 查本院奉准拨定朝天宫建筑仓库工程，早经计划蒇事，期在速成。率以占住该宫各军政机关，相率观望，延不迁让，以致因循至今，而未兴工。其交涉困难情形，业已沥陈贵会，无待赘述。现在宪兵医院占用之养正堂（即顾亭林祠）一部份房屋，业经让出移交本院接收清楚。其他各部份房屋，尚在索取交涉中。因查养正堂部份基地，系在划定建筑库址之内，现拟先将该处房屋，招标兴工拆除，俾得加紧工作进行，并借以促起其他未迁机关注意，而知仓库工程之急切，绝其观望游移之念。相应函达，敬祈察核备案。并盼见复为荷。

毕竟这是国家重点工程，既有行政院训令，又有故宫理事会的力挺，更有褚民谊、王世杰、马衡这样的高干直接负责与朝天宫内占住各机关居民住户交涉，再加上一定的津贴与迁移费用，[137] 搬迁理应不难，但事实上并不是那么顺利。1936年4月15日故宫博物院第三届理事会首次全体理事会议报告：

> 属于接收朝天宫及补助各机关迁移费用者：去岁七月间，承由教育部将京市朝天宫旧址全部拨充本院建筑分院保存库之用，惟因该宫各部房屋基地久为军政机关及土著籍民占居尽净，交涉迁徙确非易事。且此项房屋卷宗文契，均已散失，无法考证。费时半载，百计调查，始将飞云阁、棂星门、十三祠、尊经阁及居民所占房屋次第清厘接收竣事。嗣又挽托褚、罗二理事，进行交涉并允补助南京市政府所辖之

戒烟医院、朝天宫小学一万贰千元及宪兵医院五千元迁移费，共一万七千元后，方将朝天宫小学所占房屋，及宪兵医院先腾之一部养正堂房屋接收保管。而戒烟医院占居之两大殿廊庑，及宪兵医院占用之明伦堂固至今犹未迁让也。[138]

建筑分院及保存库，经工程委员会会议结果决定，选定华盖工程事务所设计图案。[139]1936年2月，马衡致梁思成函就南京建设分院及保存库方案征询中国营造学社相关专家意见。

思成仁兄先生阁下：本院拟在南京建设分院及保存库，业由华盖公司绘有图案，上月在京开工程委员会并决议修改原则五项，兹连同图案一并送存贵社。即请会商朱桂老及汪申伯兄赐予审查，刻已知照申伯兄，并分函桂老矣。敬颂著祺。弟马衡谨启。[140]

工程投标以六合厂商为合选。[141]

属于工程计划及招标情形者：查本院此次建筑工程已于去岁四月间，遵照贵会第二次大会决议，成立工程委员会负责规划监督进行。初定计划除拟将该宫原有旧建筑物中之两大殿、明伦堂、飞云阁及十三祠之一部，保留修整，辟作陈列、办公室外，新建者为三层保存库及防空密库各一座。材料则以钢骨水泥及避漏之漆为主，一切结构务求简朴坚固，切合科学实用。两库容积系依存沪库文物体积略加扩大，共合四十三万一千九百二十立方尺，空气流通亦采机械调节。上项设计几经审度修改，至本年一月间由工程委员会确定华盖建筑师设计，最终图案该部分在京、沪登报招标，于二月七日由审计部委派稽察安维泰莅场监视开标，结果经工程委员会复加审核，选出合格之六合、新金记、利源（标价见上次报告）三家，提请贵会第八次常会决定，以六合公司当选得标承造保存库及防空密库两项土木工程，造价共为国币三十七万八千四百元。其他附属之人造空气、水电、暖气、卫生设备、库门修理等项，有因设计未定或价尚待重估，犹难决定。惟此次库内应用机械调节之人造空气，在国内尚属创举，欲其调节合度，装置得宜，颇属不易，曾由会推李委员济之集合专家详细研讨后，始行决定采用乙种新设计。[142]

1936年3月8日，故宫南京分院保存库建筑开始动工。4月15日，举行故宫博物院保存库奠基仪式。"故宫博物院，在东朝天宫建古物保管库，十五日晨行奠基礼。到蔡元培、褚民谊、蒋廷黻、马衡、袁同礼等多人。由蔡元培主席，及举行奠基，并作简短演说，至十一时礼成。"[143]将朝天宫旧址修缮改建为博物馆，建立三层保存库和防空密库各一座，同时兴建南京分院的办公室和展览室。朝天宫完好殿宇，有关历史及文献价值者均斟酌保留。在朝天宫明伦堂后土山下建造的故宫分院地下仓库，工程极其宏伟，坚固防潮，全部设计均"拟仿欧美最近新法"造建，可防空袭、防盗、防火、防水，库房内有照明、空调及供氧设备。

朝天宫改建工程从1936年3月开始动工，8月竣工。"故宫博物院在朝天宫建筑之古物保管库施工一年，现已全部落成。该院在朝天宫之办事处，本星期起已迁入新屋办公。昨日故宫博物院长马衡特邀请各建筑委员参观保存库，并加以检查。该院为郑重计，特请行政院派员会同审计部验收保存库工程，现行政院已指派参事滕固为代表，并定于本月二十五日会同审计部代表前往验收。"[144] 9 月 26 日，马衡派黄念劬、朱家济办理接收南京朝天宫库房。"仓库工程已由行政院及审计部派员验收。所有本院接收事宜，派黄念劬、朱家济办理。衡，九月廿六日。"[145]

9 月 26 日，故宫南京分院保管库落成典礼。南京《新民报》报道："昨日保管库落成典礼，参加者计有理事长蔡元培、理事翁文灏、蒋作宾、褚民谊、李济之、傅斯年、罗家伦，及行政院代表滕固、内政部代表蔡培、教育部代表段锡朋、审计部代表安维泰、故宫博物院院长马衡等二十余人，九时开会，仪式简单，由蔡元培主席报告，继由院长兼工程委员会代表马衡报告保存库建筑经过，及蒋作宾演说。即由蔡元培剪彩，并开启库门，将库钥授交马衡保管。全体理事旋入库参观一周……据马衡称该库建筑经过，谓经费本定六十万元，嗣已核准二十万元，连同该院节省之八万元，以二十五万元充建筑保管库，并一切仓库设备，以三万元修理办公房屋及设备费，于本年三月初间兴工，于八月初告竣。库中设备，人造空气、暖器、卫生等工程均亦就绪。故宫古物在京陈列之期，虽尚未定，但亦不远。"[146]

建筑故宫博物院南京分院保存库工程，经费不敷从工程开始就已经凸显，所有工程造价溢出 1935 年预算一倍有奇。此项工程虽然

故宫博物院南京分院保存库奠基礼合影（1936年4月15日）

碑左为蔡元培、袁同礼，碑右为马衡。

政府大力支持，毕竟国库艰绌，预算增加是否能邀通过，对于执事者来说确无把握，即使照额核准，亦须俟至下年度开始，始有拨发希望，而工程进展甚速，需款日殷，实有缓不济急之处，因而对于马衡及其理事会来说，必须及早设法，另筹得款，以免中辍。

　　属于经费及工程预算者：此项建筑临时费，曾于民国二十五年内根据贵会决议案，编具保存库一部工程概算呈奉中央核定二十万元。同时并拟就故宫二十五年度经常费项下撙节八万元，移补不足。但此次预算结果，仅保存库及防空密库土木工程一项，造价已需国币三十七万八千四百元，若连附属之人造空气、水电、暖气、卫生设备、库门、内部装置修理，殿舍及设计监工、补助迁移各项经费计之预估约

故宫博物院南京分院保存库落成纪念留影（1936年9月26日）

左起十为蒋作宾、十一为马衡、十二为蔡元培、十三为褚民谊、十四为罗家伦。

需二十四五万元，实已超越上年度核定预算一倍有奇。当
去岁开始工程计划之初，虽已即感不敷分配，尚拟极力紧
缩，勉求适合二十八万之数，如原定建筑保存库工程预算仅
列二十万元，设备连修理亦仅列作八万，初意以为纵有出入，
相距或不过远，不难另筹抵补。不料今岁物价逐步腾涨，同
时又因事实需要，变更初期设计，加筑防空密库，需费骤增。
若犹欲以原定范围，相绳固属势不可能，实亦万无可减。现
此项不敷经费（四十二万八千四百元，细目详见二十五年度概算）虽已经由
贵会第八次常会决议，呈请中央准于列入二十五年度概算，
是否照拨，尚难预测，而目前工程进展甚速（限期五个月），转瞬
即将完成，二十四年度核定经费二十万元，亦仅领出十三万

元，当此支付频繁之日，杯水车薪，实有难乎为继之苦。[147]

5月30日，马衡列席北平故宫博物院第三届理事会第一次常务理事会议，报告南京分院保存库建筑费收支概况及工程进行情形，理事长提请增筹的款，完成南京分院保存库工程案。[148] 保存库落成典礼刚过，9月29日，马衡访财政部长孔祥熙[149]，毋庸置疑，是为了工程经费来寻求支持。或许还有存沪古物运京经费及保存库开办费问题。1937年5月10日，蔡元培签发理事会致本院公函（理字第256号）云："查本会第二次大会，马院长提，关于建筑南京分院保存库工程经费不敷款项，究宜如何筹补，请公决一案，经决议由二十五年度节余款中拨付。相应函达查照。"[150]

10月4日，马衡接受天津《益世报》记者采访，详谈本院南京保存库工程：

国立北平故宫博物院院长马衡，前日由京返平。记者于昨晚往访，询及关于南京古物仓库之种切，承答复如次：本院南京仓库工程，业已竣工。理事会于上月二十五日在京举行会议，亦经本人详细报告施工经过情形，并由行政院、审计部及本院理事会会同派员于二十六日验收。总计此次建筑费将近五十万元，就中除行政院所拨上年度及本年度建筑费（各二十万元）四十万元外，由本院自筹八万元，差堪敷用。因此建筑为图永久坚固，故工料所费较巨，库门一项，即需万数千元，此外并设温度调剂器一具，价达三万元以上。此项设备，系为调剂室内温度，使长年保持四十五度至五十度（华氏），免受外间气候影响，古物存放于内，方保安全，俾无潮湿燥裂之虞。此次所建之仓库，容积约达六十万平方尺，预计现存沪上之古物及古物陈列所等机关寄存之物品，可全部容纳。惟建筑材料为钢筋水泥，所含水分甚多，且为严密起见，未设窗户，通风不便，至水泥发挥之水分，不易散尽，库内颇为潮湿，现虽利用温度调剂器吸收水分，亦非一时所能奏效，若用激烈方法使之干燥，又恐水泥裂纹，只有使之徐徐干燥。是故存沪古物最近暂不能运京存储，至库内全部干燥之日，现亦难于断定。存沪古物万余箱，将来运京，决经由京沪铁路，以期迅速安全。此事业与铁路局方面商妥，运京之后，展览地点现尚未定，因前戒烟医院占用之房舍，原定为展览处所，该院虽已迁出，而该院房舍复被行政院借用，须八个月后始能迁出，修葺工作因此未能动工，故将来展览尚待借用他处也。[151]

10月31日，孔祥熙代蒋介石签发行政院致故宫博物院训令（第7708号）："令故宫博物院，查故宫古物为国家之瑰宝与文化艺术精品，□□□□，现存沪古物，业已运京保存，古物验收尚未完毕之际，自应加意防护。兹经决定，在点收期间，由本院派员驻守南京保存库担任库房防卫事宜，所有驻守人员，即以财政部前派驻沪监视古物之便衣侦探唐邻舞等六人充任，并拟定派员驻守保存库临时办法七条，俾资遵守，除令知财政部外，合行抄发该办法，令仰该院知照。此令。计抄发《行政院派员驻守故宫博物院南京保存库临时办法》乙件。"

附《行政院派员驻守故宫博物院南京保存库临时办法》

一、行政院为故宫博物院点收古物防止意外，派员驻守南京保存库起见，订定本办法。

二、行政院于故宫博物院点收古物期间派特务员三人至六人驻守南京保存库，担任库房周围防卫事宜。

三、特务员执行职务时，应受故宫博物院院长及职员之指挥，并每月将工作情形以书面呈报行政院。

四、特务员如遇有重要情事发生，得随时报告故宫博物院院长及行政院核办。

五、古物点收完毕以后，特务员应否继续驻守，由故宫博物院院长提出，理事会议定，送请行政院核定之。

六、特务员之薪饷以每月共支四百元为限，由故宫博物院发给。

七、本办法如有未尽事宜，得随时修正之。[152]

1937年2月3日，马衡召集主持故宫博物院第十一次院务会议。报告事项中有：京沪两办事处撤销及成立南京分院。并讨论与南京分院有关的下列事项：

（1）订定南京分院办事细则，请追认案。决议：追认。分报行政院及本院理事会。

（2）订定南京分院保存库管理规则，请追认案。决议：修正通过。分报行政院及本院理事会备案。

（3）拟订南京分院出组规则，请公决案。决议：修正通过。分报行政院及本院理事会备案。

（4）拟定南京分院工作报告办法，请公决案。决议：通过。[153]

故宫博物院南京分院成立的时间还需要考证，有说是1937年1月成立，笔者尚未见到相关文献。可以肯定，1937年5月29日前，马衡派定分院科长黄念劬暂时管理。[154]

马衡当时雄心勃勃，决心在此多干一些事：如准备修茸朝天宫大成殿、崇圣殿等处，将其辟为陈列室；同时计划添置陈列柜、调节照明设备、定做文物储藏柜、进行藏品编目工作，等等。1937年6月26日，蔡元培签发理事会（理字第265号）致本院函云："查本会第四次常务理事会议：马院长提兴修朝天宫殿兼辟设本院陈列室工程，应如何统筹规划进行。检同图样及估价单请公决一案，经决议先由故宫博物院约集专家：（一）拟制朝天宫总地盘图，对于下年度拟建及未来必需续建之建筑物为整个规划；（二）考量如何以极少数之经费修建旧有之建筑物；（三）如何设置有安全设备之现代陈列室。以上计划于八月十日前送会讨论，本年度工程，并以十八万为限，相应录案。"[155] 但这些工作没来得及进行，"七七事变"就爆发了。

参展"伦敦中国艺术国际博览会"

为纪念前英皇乔治第五世登极 25 周年，英国拟 1935 年在英京伦敦举行盛大之庆祝会。英国一些大收藏家、中国文物研究者，如瓷器专家大维德（Percival David）、铜器专家猷摩福波罗士（Gorge Eumorfpoulos）、玉器专家拉斐尔（Oscar Rophael），以及霍普森（R. L. Hobson）、叶慈（W. Perceval Yetts）等，"为求进一步对于中国古物之深切认识与欣赏，遂联合了其他同好人士想效法英国以前举行的法兰西、意大利等国美术展览之后，再来一次中国古物国际性的展览"[156]。1934 年春，以大维德爵士为首的英国大学中国委员会提议在伦敦举办中国艺术国际展览会。

1934 年 2 月，英国政府向中国政府发出说帖，历陈在伦敦举办中国艺术国际展览会的政治意义以及经济、文化、艺术价值："不特增加世界人士对于有艺术天才之民族之钦敬，且其结果于国家有重大之物质利益，不仅为政治的，且为商业的及经济的，可以促进关系国政治间之谅解，可以改善现有之商业关系，更可以创立新兴实业。"同时，"英方筹备会，现又派员分赴世界各国，征求国际方面所收藏之中国古物以壮观瞻。此事先已由英方筹备会与驻英各国公使商洽，结果日本已表示愿将该国收藏之古画、雕刻品等送会展览。美、德以及其他各国，亦均表示选送"[157]。

中国政府层面对英国邀请选送文物赴英伦展览，"准英方发起人提送备忘录当经行政院第一五六次会议议决，允诺参加并即指定教育部会同外交、内政两部筹划一切。旋经迭电驻英郭公使详加磋商，并准郭公使寄到英方发起人第二、第三、第四、第五各次备忘录。教育部嗣即会同外交、内政两部拟具办法，提请第一七七次会议核准，并报告中央政治会议备案"[158]。国民政府为了扩大中国在国际上的影响，争取世界各国对中国抗日的支持，毅然决定全力支持在伦敦举办中国艺术国际展览会，并确定由教育部王世杰部长具体负责。

3月25日，王世杰（字雪艇）访蔡元培，谈故宫文物赴英参加国际美术展览会事。"（雪艇）又言得郭复初函：英人拟于一九三六年在伦敦开一国际美术展览会，搜罗世界希有之品，不论公私所有，法、比、荷兰等国已允之。望中国加入，能将故宫选品及私人藏品送往最善。运输及保险均由国际间最有经验者担任，必无遗失之虑。经费由某公司垫付。预计收入之款，必有赢余，不烦各国政府筹款也。"[159]此时蔡元培已于1934年3月13日行政院第151次会议聘任为故宫博物院第二届理事会理事，虽然理事会未召开，还没有被推举为理事长，但从行政院任命的排名来说，应是确定他来做理事长的。王世杰也是故宫博物院第二届理事会理事。

4月4日，故宫博物院第二届理事会首次会议讨论了教育部关于选取故宫博物院书画、金石、陶瓷各项珍品运往英伦举行中国艺术展览会的提议。经会议讨论，决议：关于选取故宫物品参加英伦中国艺术展览会，如英国政府对于物品之安全自起运之地点起，能负责充分保障，则可赞同。[160]

9月26日，故宫博物院理事会第二届理事会第三次常务理事会议在南京召开。常务理事王世杰提关于选取本院物品参加伦敦中国艺术国际展览会办法，并附送该会筹划近况报告，请公决案（提案及报告印附）。决议：大体通过。关于安全问题，应由政府与英国政府及发起人商定妥善办法。关于物品之选择，在选择以前英方得提出标准，选定后，并得由英方提出意见以供中国方面决定。

附王世杰提交的《伦敦中国艺术国际展览会筹划近况报告》

一、伦敦中国艺展之缘起及其性质：伦敦中国艺术国际展览会，系由英国大学中国委员会及英伦学术界人士发起，目的在谋中国艺术品之国际欣赏，借以来扬我国文化，增进中英感情。前经于四月四日本会第一次理事会议报告，查此类艺术展览会，曾在伦敦举行者，业有意大利、法兰西、比利时、波斯、荷兰及芬兰等国，大都以各该国国有办理博物院所藏珍品为本，而征求各国团体及私人之收藏以补充之。前准我国与英郭公使报告，谓前次意大利艺术展览会，获益甚大，使英意过去之误会根本消除，两国由是亲善。意首相慕氏曾准以二万镑为该会经费，惟展览结果，该项经费迄未动交，且益获利三万七千镑（合我国币七十余万元）。我国艺术文化之精华，在欧洲国际大规模表见，此为首次，其于国际观念，中英感情获益必大，比之历次欧洲各国之展览，说者预料此次成功倘非过之，亦当相等。准英方发起人提送备忘录当经行政院第一五六次会议议决，允诺参加并即指定教育部会同外交、内政两部筹划一切。旋经迭电驻英郭公使详加磋商，并准郭公使寄到英方发起人第二、第三、第四、第五各次备忘录。教育部嗣即会同外交、内政两部拟具办法，提请第一七七次会议核准，并报告中央政治会议备案。

二、伦敦中国艺展组织大纲：该会组织由中英两国政府正式联合监导，而以英皇家艺术学院经理展览事宜。定以两国元首为监理，两国行政首长为名誉会长，两国政治社会领袖及外交、内政、教育等部部长为副监理，并设理事会管理一切。关于理事会理事长，双方共推李顿爵士担任，副理事长及理事则中英两国各任其半。我国方面另设一伦敦中国艺术国际展览会筹备委员会，直隶行政院，主持筹备事宜。以行政院秘书长或政务处长，内政、外交、财政、教育各部政务次长及故宫博物院院长为当然委员。筹备委员会组织大纲，业经行政院会议通过，日内即当成立。

三、艺术品之展览与安全：展览会期定由明年十一月始，约及六周，展览物品，拟以故宫所藏为本，另向各国博物院各地私人收藏家征选之。我方筹备会拟设专门委员七人至十人担任预选，预选完竣，将由中英合组之选择委员会重加抉择。装箱、包扎，均由专家监视指导。分批运往英伦，搬运登船，由船起卸，及由坞运送至展览会场，均附以必须之护卫，我方并派员随同监视。在英存储，有皇家艺术学院藏库，库有铁门，日夜均有充分之卫队巡守，备极安全。至于保险问题，现正在详商中（英方发起人对于保险一事，以为费用太重，有类浪费，且或因而感受重大经济困难，证诸过去六次国际展览会经验，在运输存储及展览期间，极少意外之事件发生，仅有关于柜架器具之细微损伤，经付赔偿，此项赔偿毫无困难云云）。

附王世杰提交的《关于选取本院物品参加伦敦中国艺术国际展览会办法》

一、提案：查伦敦中国艺术国际展览会，业经本国政府允诺参加，并决定选取本院所藏书画、金石、陶器各项珍品，运往展览有案。该展览会定期明年十一月举行，预计包扎装箱分批运送与布置会场，需时不下八阅月。选择工作亦需数月，始能抉取精华，集其大成。前准郭公使函，英方选择委员，拟于冬季前来，我方准备自不容缓。惟本院文物部份点收工作迄未开始，前据马院长报告，普通点收，需时五年，运沪匆忙亦需四月，倘选择工作随点收进行，则其势将不及，惟差由本院经验人员，就物品清册酌拟选单，先事选取，随选随点，庶可无误。至于选取物品之装箱运输护送与其费用，概由该展览会筹备委员会办理。合将选取物品参加伦敦中国艺术国际展览会缘由，连同拟具办法提请公决。

二、办法：1. 关于选送物品参加伦敦中国艺术国际展览会事，由马院长指定干员五人至七人会同展览会筹备委员会选择委员，就本院所藏物品之足以代表本国艺术文化者，拟定选单，进行选取。2. 选取工作应于行政院指定监视人员暨展览会筹备委员会代表人到达时开始，并尽于明年一月十五日以前完毕。3. 选送物品，应由院缮具清册报告本理事会备案。参加完毕，并须将经过情形具报。4. 提取物品与物品归库，均须遵照本院法定手续办理。5. 有必要时，本院得派员赴英监护物品之运输展览事宜。[161]

10月5日，马衡签发故宫博物院呈行政院及教育部部长兼院理事会常务理事王世杰函，阐明故宫关于文物赴英伦展览的意见：

案查本会第三次常务理事会议，王常务理事世杰提关于选取本院物品参加伦敦中国艺术国际展览会办法，并附送该会筹划近况报告请公决一案，经决议大体通过。其关于安全问题，应由政府与英国政府及发起人商定妥善办法。关于物品之选择，在选择以前，英方得提出标准，选定后，并由英方提出意见，以供中国方面之决定，纪录在卷。除分函行政院秘书处转陈，并王常务理事查照外，相应抄同原件，函达（密）呈阅，衡。[162]

10月12日，行政院令派王世杰、褚民谊、邹琳、甘乃光、段锡朋、徐谟、马衡、陈树人、曾仲鸣、张道藩、袁同礼等十一人为伦敦中国艺术国际展览会筹备委员，并指定王世杰为筹备会主任。[163]

11月4日，伦敦中国艺术国际展览会筹备委员会专门委员会议在北平团城召开。在平委员朱文钧、陈汉第、容庚、郭葆昌、唐兰、邓以蛰、杨振声出席。杨振声任主席。马衡列席会议，并报告此次预备展览的经过情形。主席且声明：因时期及地点关系，在京沪之委员一时不能参加，应保留其决议权。此地之议决案必须征求京沪各委员之意见。会议议决：

一、应如何规定展览之品类及各品类之标准案。议决：（1）品类之规定，先谈论大纲，经各委考虑后，下次会议再确定之；（2）请唐兰、容庚二先生先拟铜器展览标准；（3）请郭葆昌先生先拟瓷器展览标准；（4）请朱文钧、陈汉第、邓以蛰三先生拟书画展览标准。

二、向外征求之物品应如何妥慎保管案。议决：由本会建议筹备委员会向外征求之物品分存于各银行（中央、中国、交通等）之保险库，并由各银行组织保管委员会负责保管之。[164]

会议还制定了《伦敦中国艺术国际展览会筹备委员会征求公私收藏简章拟案》：

一、凡公私收藏，经本会专门委员会认为有展览上之特殊价值者，由本会征求之。

二、凡征求之物品，经本会专门委员会审查后，始得展览。

三、凡被征物品，须由主管机关或物主标明最小限度之价格。

四、凡被征各物，由本会专门委员会考定其名称及加以说明。

　　五、物品被征后，由保管委员会负责保管，其细则另定之。

　　六、凡展览物品，不得售卖、赠送及交换。

　　七、被征物品展览后，由保管委员会迅速交还各物主。

　　八、凡被征求之公私收藏，经出国展览后，得由本会呈请国府发给荣誉奖状。[165]

　　11月27日，故宫选送展览各种物品分类开列清册，计分缂丝、玉器、宋元明清瓷器、书画、乾隆珍赏物、青铜器、景泰琅、剔红等八种目录寄奉王世杰。[166]

　　12月6日，伦敦中国艺术国际展览会筹备委员会第二次会议，决议：

　　（1）在展览古物运出之前，在国内先行举行预展，回国时亦举行展览，以示公开。

　　（2）与本国文献有特殊重要价值之古物，不运往展览。[167]

　　12月7日至9日召开的故宫博物院第二届理事会第四次常务会议对于筹委会以上决议，予以同意。[168]

　　12月23日，马衡乘平沪通车返平，在车站与记者谈话："国际艺术展览会，已定明年十一月在英国伦敦开幕。我国参加展品决将存沪古物一部分运往陈列。惟关系国家珍宝，远涉重洋，倘有损伤，匪但使中国古物缺少，即世界文化上亦蒙极大影响，责任重大。该会为中英两国元首发起，倘不参加，于国际信用均有未合，迭经缜密研讨，已决定参加，展品未离国前先行在沪公开展览，英伦展会闭幕运回本国后，再行在京公开展览，然后入库保管，取信大众。"[169]

备选艺展品经过了严格的初选、复选与决选的过程。

故宫理事会在制定计划时提出工作要求：提取物品与物品归库均需遵照本院法定手续，这个法定手续就是故宫博物院颁布的《点收存沪文物规则》。工作人员由总务处主任斟酌情形预为支配。每日上下午均各出四组，其间有因特殊情形，酌减为三组或二组。每组或派三人，分任组长、查报物品及事务记载；或派二人，分任组长及事务记载，其查报物品一职，则由组长兼任。每次出组，均由总务处主任并派科员那志良会同监盘委员舒楚石按时莅场监视工作。

提选艺展品时，先按照拟选目录分类检明原装箱件，然后开箱提取。所有提取各件之品名及件数，除照点收文物手续分别点入清册外，每开一箱，须另缮提单两份，由总务处所派的监视人员及各组组长分别签字后，以一份封存原箱，另一份归由总务处汇存，以备查收。编制点选清册，严格按照《点收清册办法》，由出组工作人员及监盘委员分别签名盖章后，送交文书股缮印分发。其中，点收南迁抵沪文物时，已编定沪字号码的箱件*[170]，在本次编订的点收清册中则不再由监盘委员签名盖章。点收清册均依次编定字号及册数，为区别所提文物所属馆处起见，各馆处各用一不同字号起编。古物提出原箱后，均按类装箱并按次序编

---

* 南迁文物在北京装箱时，经手装箱单位为三馆一处（古物馆、图书馆、文献馆、秘书处），"已提归各馆之物自由各馆分类装入，散置在各宫之物，则由秘书处分类装入"，"因此文物运到上海，清理箱时，首先将这万余木箱分为四大部门，编成四个代表的简字。古物馆箱——沪字，图书馆箱——上字，文献馆箱——寓字，秘书处箱——公字。如此一来，文物便成了：沪上寓公"。

号。同样为区别所装文物所属馆处起见，各箱上各用一不同字号起编。

提选参展文物的工作地点设在故宫博物院在沪所租的天主堂街第一库房第五楼。王世杰在1934年10月3日的故宫理事会会议上报告提选物品办法时提出，"选取工作应于行政院指定监视人员及展览会筹备委员会代表人到达时开始，并尽于明年一月十五日以前完毕"[171]。但文物提选工作实际开始于1935年1月24日。

对照勾选入选的清单将相关文物提选出库之后，由艺展会预展会所聘的专门委员进行第一次实物复选。"我国内政部，现亦派定古物陈列所长傅以文等四人，于（1935年2月）九日由京到沪，会同点验古物之监盘委员舒楚石，于十一日起开始提选古物。"[172]"该会于前日（十九日）下午三时，在驻沪筹备处，开第五次专门委员会会议讨论审查展览物品等问题。出席者，为徐悲鸿、邓叔存、马衡、徐鸿宝（欧阳道达代）、李济、唐兰、杨振声、郭葆昌、容庚（唐兰代），列席者顾树森。决定议案三则：（一）审查初选目录，分书画、瓷器、铜器三类。（二）本星期在天主堂街审查，下星期在该会仓库审查。（三）分组审查，书画组由徐悲鸿、杨振声、邓叔存、顾树森、叶恭绰负责审查。瓷器组由郭葆昌、张昶云负责审查。铜器组由唐兰、李济、徐鸿宝、马衡负责审查。"[173]

2月28日上午，专门委员会又开审查会一次，复审古物。到马衡、杨振声、顾树森、郭葆昌、张煜全、叶恭绰、蒋祖诒、吴湖帆、徐鸿宝、唐兰等十余人。11时起，开始审查书画，至傍晚尚未完毕。3月1日，续审查铜器。[174]

初选时的原则，是从文物清单中选出"有展览上之特殊价值者"[175]，也即非精品不入选；而此次实物捡选的重点工作，则主要是贯彻伦敦中国艺术国际展览会第二次筹备会议的一项重要决议，"关于特别重要物品，本会有保留不予出国展览之权"[176]，也就是但凡只有一件之绝品不入选，所以像铜器中的散氏盘、新莽嘉量，"荆关董巨"四大家的画作名迹，均保留不入选。

初选勾选及复选审查两个过程之后，经艺展会预展会所聘专门委员审查备作送会展览者，均"按类编印清册"，以备送会时可以"照册点交"，其中"经专门委员初选审查保留之件概不列入"。该项清册，概以博字起编，从博字第1册编至博字第24册。

经过艺展会筹备会组成的审查会，会同院方有资历、有经验的"高级职员"逐件复选之后，共选出文物121箱1431件。提选出库的艺展品，经专门委员初选审查送会展览者，均按类分别另行装箱，以备移运。所有装运的箱件，同样以博字起编，从博字第1号编至博字第121号。其经专门委员审查保留之件，则仍封存原装所提艺展品之展字、图字、文字、秘字等号箱内。审查送会部分艺展品，在故宫博物院理事会收到行政院核准移运出库的函电之后，由总务处于1935年2月26日开始将所装博字号箱件分批由故宫博物院在上海所租的天主堂街第一库房移存至艺展会预展会在上海所租的外滩中国银行旧址仓库内。截至4月9日移运完毕。每次移运箱件出库，均由总务处主任派其职员分任点发箱件、押运箱件及点收箱件等职务，并会同伦敦艺展会筹委会所派人员及武装探捕随同押运。

参加决选的专家组由中英双方人员共同组成，英方分别为瓷器专家大维德、铜器专家獻摩福波罗士、玉器专家拉斐尔。经过中英双方专家最后一轮审查选择之后，共决选出735件故宫文物参加伦敦艺展，其中青铜器60件、瓷器352件、书画170件、缂丝28件、玉器65件、景泰蓝16件、剔红5件、折扇20件、木器3件、杂项16件[177]，占伦敦中国艺术国际展览会展品总数的77%。中英双方专家对参展品的选择存在着相当大的差异。如中方在初选时，有一图书类，将38种书籍全部审查送会，但经过决选之后竟全部遭到否决，最终无一参展。英方对瓷器、铜器偏好程度高。决选中，瓷器和铜器的入选比分别达到82.82%和65.22%，明显高于平均入选率51.36%，更是远高于图书（0）、剔红（16.67%）、玉器（31.55%）、折扇（33.33%）、景泰蓝（34.78%）、书画（39.44%）等。

除决选参展这部分展品要等待上海预展会结束之后方分别装箱运往伦敦外，经决选被退回的部分文物，则由艺展会筹委会驻沪办事处点交后归还故宫总务处，运回原仓库保存。备选艺展品中经决选退回之件同样有严格的审查点交手续，对它们的管理并不因为决选后剥离了伦敦艺展的筹备程序链就松懈下来。退回件的点交工作由艺展会筹委会与故宫博物院保管股主任郭莲峰会同办理。点交之时，双方按照复选后总务处编定的"博字清册"逐件与原件核对，依次点交。所有点交归还之件，均于"博字清册"所列品名上加盖"退回"二字印戳，由双方负责人员在该清册上签名盖章，并各执一份，备存查考。该项退回点交手续，截止到4月18日方办理完毕。这些退回箱件运还原库时，均按照移送出库手续，由总务处主任派本处职员分任点发箱件、押运箱件及点收箱件等职务，并会同艺展会筹委会所派人员及武装探捕随同押运。

筹委会对于伦敦中国艺术展览会预展会的安全保管等问题极为重视。1935年3月1日下午，复开专门委员及保管委员联席会议，出席蔡元培、马衡、欧阳道达、杨振声、顾树森、郭葆昌、张煜全、叶恭绰、蒋祖诒、吴湖帆、傅以文，列席唐惜分、郭莲峰共十余人。蔡元培主席，详细讨论会期，补充古物，以及古物陈列方法、安全设备。散会后，并偕同视察会场一周，各委对安全设备，均表示满意。此外，该会对陈列古物方法尤见满意，盖一切均请专家及专门工匠陈列，如各种古画之陈列与安置，即以卷画一项而言，若非内行，画幅必受损伤。[178] 尽管如此小心，还是出了意外。4月8日据本院驻沪办事处主任欧阳道达、古物馆科长庄尚严呈称：

> 三月二十六日职等派科员傅振伦、办事员李鸿庆等在伦敦中国艺术国际展览会预展会陈列本院运往该会瓷器去后，旋据该员等报告：是日开箱，陈列至吕字四四一号之二乾隆款洋彩如意旋转瓶（审定名称乾隆窑黄粉地三彩锦上添花镂空云螭转心瓶）时，发现瓶之颈部脱落，因瓶内中轴断折所致。等情前来，当由尚严前往查看，见其断折之处稍带黄色，颇类粘接痕迹，当饬暂封存箱内，收回入库；复于二十七日提请专门委员鉴别是否原伤粘接。据云该件脱落之处，审其痕迹，似系

因震脱下，如修理完整，仍可恢复旧观云云。查此器之制原分两部，中贯以轴，可以旋转。现折断之处系在瓶内中轴，是否原损粘接，在上端颈部未脱下之前无由察知，故于点收之时及专门委员在库鉴审之日均无觉察。是则此器中轴是否原断粘接或因震脱粘，且在何时脱落，现在殊难确定。除一面饬该员等暂将该件妥慎存入库外，应如何办理之处，理合呈请鉴核示遵。

马衡接到报告，经复查属实。惟此次发觉之瓶轴中断，由专门委员郭葆昌详加审辨，断为震脱，似属无疑，一经修整，尚可复原。除仍将该瓶妥慎存库以待修理，并切实诰诫在事人员嗣后务宜格外小心将事外，马衡还于4月15日具文将参展瓷器受损案呈请行政院鉴核。[179]4月18日，行政院院长汪精卫发令复云："令，国立北平故宫博物院呈，为提往伦敦中国艺术展览会陈列之乾隆洋彩如意旋转瓶中轴折断各情形，请鉴核备案由，呈悉。查所发觉之瓶轴中断，既经由专门委员详加审辨，断为震脱，一经修整，尚可复原，并据称业已切实诰诫在事人员在案。自可无庸置议，嗣后着加意审慎，不得稍有疏忽。除饬秘书处函知理事会外，仰即知照。此令。院长汪兆铭。"[180]

这次事故无论是对于故宫博物院，还是对于伦敦中国艺术国际展览会筹委会，都是一大警醒，万事大意不得，必须万分小心。故宫博物院院长马衡心中一直警醒着。他2月25日与记者谈话说道："中国古物参加伦敦艺展，在运输保护各方面上，自不无可虑之处，然此为两国政府直接之交涉，彼个人自不能作何反对，并谓平时存放故宫，彼即担负不轻之责任，古物出国，自更加重其心理上之责任，然因运输等事，皆由政府负责，彼个人亦不过能负由箱至橱之装包责任而已。"[181] 此番言论貌似轻松，其实可见他作为故宫院长保护古物的一种发自内心的强烈责任。

此次故宫参展文物还有一大特色，就是包装非常精美，选送伦敦中国艺术国际展览会的物品用锦匣、锦囊装置。为此，故宫博物院院长马衡呈行政院电请示：选送伦敦中国艺术国际展览会的物品须装置锦匣、锦囊，所需材料兹由本院在处分未完物品中提取绸缎共二百零三件，运沪应用。2月25日，行政院秘书处致北平故宫博物院理事会函云：

> 奉院长谕，北平故宫博物院巧代电陈，为此次选送伦敦中国艺术国际展览会物品，须装置锦匣、锦囊所需材料，由本院在处分未完之物品中提取绸缎二百零三件运沪应用，请准备案一案。查该院处分无关历史文化之皮货、药材、食品、绸缎等项物品，前经故宫博物院理事会解决并呈报本院有案。此次需用之绸缎既系在前项处分未完之物品中所提取，所请运沪应用一节自属可行。除由院指令准予备案外，应由秘书处函知故宫博物院理事会及伦敦中国艺术国际展览会筹备委员会等因。除分函外，相应抄同原电函达查照。此致国立北平故宫博物院理事会。计抄送原代电一件附清单。行政院秘书褚民谊。[182]

3月8日，北平故宫博物院理事会理事长蔡元培致该院公函。[183]后又有尚不敷用，续提六十一件运沪应用，准予备案的请示回复。

1935年4月8日，"伦敦中国艺术国际展览会上海预展会"开幕。这是自故宫博物院成立以来，珍藏的国宝第一次在上海展出。"故宫古物自由平迁沪后，曾拟公开展览一次，嗣以箱数众多，手续麻烦，又无适当地点，故未实现。兹以古物将提选运往英伦展览，特乘此机会，先在上海公开展览一次，俾社会人士得有鉴赏我国古物之机会，并得明了运英古物确数。展览地址在上海外滩中国银行。适外滩中国银行改造旧厦，迁移至三马路办公，艺展会筹备会乃向该行当局接洽租赁旧址，以为驻沪办事处，此时正好用来作为展览场馆。展览会场由名建筑师李锦沛义务设计布置。（即将在首都建筑之藏贮故宫博物院古物之仓库，造价六十万元，亦由李君计划打样。）并以一万余元，向大华铁厂，订制钢管玻璃橱六十四具，以为展览会陈列艺术物品之用。为古物安全起见，在会场及仓库出口处，加装铁栅，原有中国银行电灯、电线，悉行重新装制，以避免火警，工部局警务处亦特别派警保护。"[184]预展会于5月5日闭幕。

筹委会细致讨论并通过了中国参展文物出国期间保管的有关事项，确定由行政院特聘郑天锡任特派员，全面负责文物的安全；由教育部选派唐惜分任英文秘书，负责办理所有交涉事宜；故宫博物院选派庄尚严任中文秘书，同时负责运英文物的保管、护送、陈列、归国；并选派那志良、傅振伦、宋际隆、牛德明等四人任展览会中国艺术展品助理员，专门负责保管和陈列中国参展文物。中国参展文物共计1 022件，还有古物陈列所、北平图书馆、中央研究院、河南博物馆、安徽图书馆的文物以及张乃骥私人藏玉共287件。

英国政府很重视这次中国艺术国际展览会，答应了中国方面的要求，派出16 000吨、综合战斗力很强的海军舰艇"萨福克"号巡洋舰全权代理载运中国艺术精品赴英。1935年6月7日，"萨福克"号巡洋舰驶离上海港，文物开始了异乡之旅。7月25日晨，文物抵达英国朴茨茅斯军港（Portsmouth Dockyard）后，又用汽车运到伦敦。9月份开始逐一审查，因为参展艺术品太多、太杂，经过反复商议，决定选出3 080件艺术品参展，其中中国方面送展的艺术品占三分之一强，共857件，故宫所送选的展品基本上全部入选。

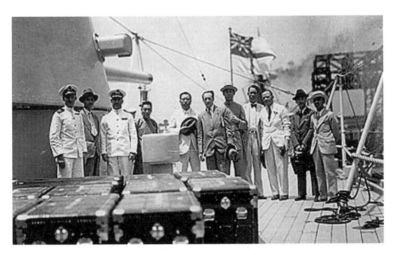

参加"伦敦中国艺术国际展览会"的中英工作人员与英国海军巡洋舰"萨福克"号合影（1935年6月6日）

左一为副舰长怀塔克，左二为庄尚严，左三为舰长曼那斯，左四为马衡，左五为郑天锡特派员，左六为英方筹委会专家伯希和，左八为唐惜芬。

11月1日，马衡致理事会公函报告英伦展览会情事云：

查本院参加伦敦中国艺术国际展览会所出展览物品，前于本年六月七日在沪启运，至七月二十五日抵英，先存皇家艺术学院地内库房。兹据本院派赴该会职员庄尚严等报告："本院运英物品已于九月十七日上午在英京皇家艺术学院开始启箱。当日到场人员，我方为特派员郑天锡、艺展理事王景春、秘书唐惜分、大使馆参事陈维城，英方为艺展会执行委员大维德、秘书兰姆（Lamb）、编目主任斯盘洛夫（Spendlove）、教授叶慈（Prof. Yetts）、艺术院宣传主任、事务主任及英海关职员一人，并有新闻记者多人到场摄影。本院职员五人全数到场工作，分任各种职务。每箱由库取出后，先行检查封锁情形，然后启箱，将古物逐件提出，校对账册照片讫，交由皇家艺术学院所派点收员斯盘洛夫点收。自九月十七日起至二十六日止，已将全数九十一箱开点完竣，各箱件数均经校对无误。在本院出品中，惟第三十六箱所装雄精天中瑞景山子，于开匣时见有脱片数小块，系由顶端前部脱下，一处最长约四五公分，一处最长约一公分，当将碎片另行包好，仍置原箱。所有开点各箱，当时均作记录，由中、英到场人员次第签名。附工作记录全份，呈请核阅。"又据报告："此次展品照片，有就本院原存片底晒印者，有在沪临时摄印者，当装箱时有少数照片尚未印出，不及与原件核对，以致稍有错误，计书画内第一六三号张宗苍仿黄公望山水及第一六七号永瑢山水二件，本院均各有同名之画，致此次所带照片与出展之件不符，已陈明郑特派员补行摄影。又，瓷器内第二八六号乾隆窑珐琅彩月季双安图高足杯一对，花卉布置均同，当时误将其中一件连照二次，另一件并未摄照，亦予补照。"各等情到院。相应将该员先后报告在英开箱点交及补摄照片情形，并印工作报告，备文送请察照。此致理事会。附工作记录一份（略）。院长马衡。中华民国二十四年十一月一日。[185]

伦敦中国艺术国际展览会从1935年11月28日开幕，至1936年3月7日结束，历时近4个月的时间。其间举办过20多次有关中国艺术品的讲演会，主讲人有24人次。展出期间，观众十分踊跃，有从欧洲各地甚至美洲赶来的，据统计参观者达到42万人次之多，在最后几个参观日里，平均每天都有2万余人参观，创下了皇家艺术学院的展览纪录。英国国王乔治五世及王后也亲自观看展览。展出海报印有宋太祖像，张贴在市内各大商店窗口，伦敦各大报刊媒体做了大量的专门报道。此次展览引起了极大的轰动，英国人十分惊叹于中国艺术品的古雅精美。

12月19日，庄尚严自伦敦致马衡函云：

敬陈者，此间艺展会自开幕以来，参观之人日形拥挤，每日售票恒在二千人以上，本院来英各员仍每日到会监察，以昭慎重。本月十六日，第一陈列室内，发现河南博物馆出品之蟠虺纹鼎（预展会编号第九九号）一耳断落，中有铅焊痕迹。查教部原目并无注明原有伤损字样，无从断定铅痕之新旧，又按此器系陈列于木柜下层，前面并未装按玻璃，任人均可动手，是否旧伤抑系新毁？现已由郑特派员与英方交涉此事。本院出品之雄精天中瑞景山子，开箱时发现微伤数处，曾经专函陈报，此器每有移动，即碎落细末，除在此移动力图谨慎外，将来回国装箱当另谋妥善办法。艺展会所印目录前已寄呈一册，该目录内错误甚多，其关于国内运来之品所有错误，均由本院来英各员查明，交该会再版时更正。至该目录背后之地图误将新疆、西藏诸省划出国外，亦已由郑特派员向该会交涉改正矣。谨呈院长马。科长庄尚严谨呈。[186]

展览会顺利闭幕后，文物就开始陆续装箱，英方派"蓝浦拉"号（Ranpura）邮轮装运，4月9日全部物品自英起运。在回国经过直布罗陀海峡时，邮轮由于严重搁浅，无法动弹，耽搁了三个星期。当时国内媒体不知情由，还以为文物被扣押，一时谣言四起，舆论大哗。最后庆幸的是，文物稍后顺利地运回中国，全部丝毫无损，5月17日到达上海。《申报》云："我国参加英国伦敦国际艺术展览会之古物一千零二十二件，共装九十一箱，已于昨晨由大英轮船公司'兰浦拉'号轮运抵上海。国府特派专员郑天锡暨秘书唐惜分、庄尚严三氏随轮监护。'兰浦拉'号于六时半，即停泊公和祥码头，前往欢迎及照料者，计有教育部司长雷震、故宫博物院院长马衡，及郭莲峰、喻德辉、舒楚石、欧阳邦华，及郑天锡家属等二十余人。水上公安局及公共租界捕房均派大队警员到场保护。"[187]

1936年6月1日至22日，按照事先的预定，在南京考试院明志楼展出三个星期。5月31日，"古物展览会，三十一日招待中央各机关长官，暨新闻参观。王世杰、马衡、郑天锡等均于晨八时前到场，会同职员招待。十时林主席先到会参观，十一时蒋院长偕夫人宋美龄及钱大钧亦莅止，均经王等陪同导入各室参观。闻林、蒋极满意，并多垂询，各历两小时，先后离会。下午二时至四时，到会者有冯玉祥、邓家彦、陈果夫、陈绍宽、王用宾、张群、罗家伦、魏怀、邵元冰、翁文灏等，暨外宾苏联大使鲍格莫洛夫及驻京各外交官员，共千余人。四时至六时，新闻界到者亦众"[188]。观众反响强烈。其后全部展品运回上海。

6月17日"下午七时，远东清洁公司工人杨有贵，在本会第二陈列室打扫，因天热汗多，致拖把柄尾滑出手中，冲至[宋]郭熙绢本设色山水画幅上，冲裂破痕一处，右长一八点五公分，左长一五点八公分，两裂处距离一一公分，尚未脱落。除立时督同荣宝斋工人当场修补完竣，完整如常"。此情况由伦敦中国艺展筹委会致函故宫博物院，故宫即呈报行政院备案，并呈函理事会。[189]7月8日，蒋介石签发行政院（字第2528号）指令："二十五年六月二十九日呈一件，为准伦敦中国艺展筹备委员会函达，南京展览会报称，[宋]郭熙画幅冲破修补各节，据情转呈，备案由。呈件均悉。附件存。此令。院长蒋中正。"[190]

6月29日，伦敦中国艺展筹委会致故宫博物院（公字第87号）函云："本会运赴英伦参加国际艺展之各展品，业经全部安全运回，并在京展览完毕，所有各方出品，亟须分别交还。关于贵院展品，铜器六十件，玉器六十五件，景泰蓝十六件，剔红五件，家具二件，文具十六件，折扇二十柄，瓷器三百五十二件，字画一百七十件，织绣二十八件，除已在京点交朱家济、那志良、傅振伦、宋际隆、牛德明五君接收完毕，装箱封固外，兹派员会同贵院人员，护送到上海天主堂街仓库。即希查收见复为荷。此致国立北平故宫博物院。主任委员王世杰。"[191]

8月5日，马衡签发庄尚严起草之故宫博物院参加伦敦中国艺术国际展览会展品照片误差说明呈行政院备案函云："窃查本故宫博物院参加伦敦中国艺术国际展览会出品，原定由会各摄照片，以资对照。惟展品装箱出国时，尚有少数照片未及印齐，不获与原件逐一核对。查嗣在伦敦查明书画内第一六三号张宗苍仿黄公望山水，及第一六七号永瑢山水二件，因本院各有同名之画，致此次所带照片与出展之件不符。当由该艺展会秘书本院科长庄尚严陈明郑特派员补行摄影。又瓷器内第二八八号乾隆窑珐琅彩月季双安图高足杯一对，花卉布置，均同，当时误将其中一件连照二次，另一件并未摄照，亦予补摄。本院接到此项报告后，当于二十四年十二月三日会同本伦敦艺展筹委会本内政部呈报钧院，并声明此项补摄照片，应俟将来呈送备案。兹此项补摄张宗苍仿黄公望山水、永瑢山水照片各一张，又珐琅彩月季双安图高足杯照片一张，业据送院，理合会呈，将此项照片三张，送请鉴核备案。再，此呈系本故宫博物院主稿，合并呈明。谨呈行政院。"[192]

此次伦敦艺展各国选送之中国古物为数奇多，均系历史名贵物件，中国古物流传国外，深堪痛惜。故宫院长马衡呈请政院转饬保管机关设法将国外名古物予以调查登记，设法收归国有。由内、教两部拟就调查办法：(一)函请外部饬令驻外各使馆随时调查驻在国公私收藏之中国古物。（二）函致全国各学术机关及各国留学生，具有于古物有学术兴趣者调查流传国外之重要古物。（三）调查各国与中国古物有关之出版物及目录，以备查考。[193]

1937年2月8日，马衡签发本院嘉奖令：科长庄尚严、科员那志良、办事员牛德明等赴英办艺展有卓著成绩，庄提二级，其他人提一级。[194]

故宫失窃案

马衡上任以后，在20世纪30年代，故宫博物院曾发生失窃案。

1934年国庆日特别开放期内，咸福宫西配殿遗失乾隆写生图小贴落一张。据上报故宫博物院理事会、行政院的呈文：

> 本月十五日，据本院站段守护队报告，本日上午九时一刻会同警察前往西路查照陈列文物至咸福宫西配殿时，发觉古物馆陈列之清乾隆御笔十七件内称字一四二号分号二三号乾隆写生图属未装裱小贴落一张，不知何时失去。惟此次双十节特别开放三日游，人拥挤，品类不齐，虽经各处馆添派人员监察照料，耳目究属难周等语，该又据古物馆呈同前情，并称本馆据报后当即驰往查看，属实。该件确系乾隆画墨笔花卉小贴落一小张，经长二尺一寸二分，宽一尺一寸九分，有御笔题款。各等情前来，当经本院报请

内六区警察署查勘，侦缉在案。一面仍由□□□同各该主管人员详加侦查。缘该小贴落一张，本非精美可珍之品，乃用图钉钉贴壁间，以资照缀，按本院陈列每届国庆纪念日中，东西三路均同时特别开放三天，任人游览。此三日中参观人数激增，派出监察照料人员亦倍徙士乎者。本年循例举行，从十月十日起至十二日止，三路因同时开放三日，仅照常开放中路，而咸福宫不在其内，十四日补行国庆例假，在此特别开放期内，照料监查虽极缜密，而百密尤虑一疏，诚为事实，亦难免该管人员职守所在疏忽之咎，究未可辞，除先将当日站段照料监察之书记杨宗荣、办事员南一雄、科员孙尚容等三员分别严予惩处，并仍会同警察署上紧侦缉彻究。[195]

10月28日，马衡发布第6号院令，分别给予咸福宫乾隆写生图遗失一案失职员工处分以示惩戒：

查咸福宫西配殿遗失称字一四二号分号二三号清乾隆写生图小贴落一幅一案，经各方查究未获满意之结果。惟根据各关系员工之负责报告可断言其遗失在十二日封门以前之可能性最大。盖以是日之站段及监察人员确有怠忽之处，易生事故也。查西配殿站段书记杨宗荣于十二日迭次擅离，殊属玩忽职务，本应严予惩处以儆将来，姑念其身患疾病后自知疏忽呈请处分，特从宽着记过二次，罚薪一月正。南一雄、孙尚容既发觉站段员有擅离职守情事徇私未报，封门上锁之前后未能细心查看，亦各有其失职之咎，着各记过一次，以示惩戒。此令。衡。十月廿八日。[196]

10月31日，故宫博物院文献馆科员孙尚容因咸福宫西配殿壁上一乾隆写生图被窃案而受过，对院令给他的处分不服，致马衡函，对此案发生、追究、处理加以全面分析诉讼。函云：

　　为奉今再陈案期必获仰祈钧鉴事。窃尚容于本月二十九日上午奉到钧令一件，内开因咸福宫西配殿清乾隆写生图小贴落一幅一案，根据各关系员工之负责报告，可断言遗失在十二日封门以前之可能性最大。将尚容记过一次，以示惩戒，理宜敬恪承受勿渎。但其中确有特种情形，为期此案之必获不得再为钧座陈之。

　　（一）令谓根据各关系员工之负责报告，可断言其遗失在十二日以前之可能性最大。尚容对于此点再戴罪加以私意妄陈。查该画用按钉按于南墙之上，该殿屋宇高大，其至低程度亦离地六七尺之高，其下再隔以三尺余高之玻璃陈列柜，当游人众多段员常川住守之一日，乃游人中谁敢出此盗窃之行为？即使有人敢为，该画钉于六七尺高之墙上，又有陈列玻璃柜之隔断，岂能伸手而得？谁谓不然，可以当场试验。再查该案发现时，墙上之按钉是否仍在，或留有几个该按钉，之上是不留有纸痕，墙上留有钉画之痕迹，是新是旧，实为应加研究之实料。凡事根据事实公理人情法律而探讨之，未有不能得其真相者。或请法院派明于法理者前来查照，当日当地实在情形而判断之，自可得确实之真相。此事一明，则各项问题自可迎刃而解。

（二）令谓既发觉站段员有擅离职守情事，徇情未报。查当日尚容于该段员暂离职守之时，一经遇见即超速前赴该殿查看，眼见该殿站段有人又无异情发现，曾经陈明在案。站段人员不准他人代替未见有规则之规定，且成以往之惯例。况尚容每到该殿一次，均见站段有人负责看守各种物品，又无破绽之可寻。站段原则不过如此而已，已实无报告之必要。又尚容前此因报告书记托人划到，曾受过重大之激刺，亦为不敢冒昧报告原因之一，附案陈之。查尚容于民国二十年供职文献馆时，于六月十二日眼见临时书记曹宗儒有托人划到情事，曾经据情报告，沈副馆长批曰函讦，并交一等科员黄鹏霄、二等科员王梅庄查复。尚容查《鲁论小注》讦者攻人阴私之也。展读之下，汗流浃背，自愧多事，追悔无及。后经该查复者据实查复，曹宗儒确有托人划到之事，到底未见有丝毫之结果。当时开罪长官经久不解腾笑，同人议论遗烛起。尚容受过此项重大激刺以后，即切缄口锥舌之戒，数年来只管本身，认真工作，对于书记之有怠忽者实在不敢一言上陈。此次尚容对于暂离职守之段员不敢冒昧报告原因之一。

（三）令谓复未能细心查看。尚容于十二日开门之后封门之前，曾经赴段五次之多，除开门时赴前院查看情形，并预备赴第四科询问段员有无请假情事，与南监察员分负责任，留伊在咸福宫候段员到时开门。至封门时，尚容站在院中四顾查看，深恐屋山墙南隐匿匪人，仅由总务科派员及南监察员并卫队段员封门外，共到该西配殿三次查看，且在南墙下详看佛经多时，实未见及该画被窃丝毫之踪迹，亦未见该段员有何事项之报告。该南墙所钉之画，开门时既无人告知，又无底册可查，无论尚容之愚鲁不能一望而知，即万分聪明之人亦不能意料而知此画之有无。况院中既无监察员点查物品之规定，又无此种惯例可循，谁愿冒昧多事以遭大家之不满。以监察员职务而论，固负查看之责，而无细心查看之任，更为时间上所不许。

（四）查此案发生于本月十五日，直至上星期一我钧座纪念周报告此案后，始悉此案之大概。随于星期二自动前谒钧座面为报告。尚容之监察情形又连次两上报告以备钧座之参考。查此案发生时不行通知尚容前往查看，似有始终不便尚容闻知之意。若无我钧座纪念周之报告，势必至今尚容尚不能闻悉此案情形。揆情夺理，其中必有重大之情，与敢望我钧座加以严切之根究。昨又查得该案发生于十五日上午十时半，其开门在于九钟一刻，其中难保无有别种情形；且发现此案者系守护队王某，其人平日行为之好坏固不必论，但伊以一人而查得该画之被窃是否合法？又经年世时将该王某身上搜查一过，是年世时即以王某有重大之嫌疑。既认王某有重大之嫌疑，即应会同警卫并尚容前往搜查，以表大公，以明责任，何以又以伊一人之单独而搜查之？其一人之搜查是否能认为谓合法？是否有卖情徇私之处？或故意借此搜查之手续以期掩盖大家之耳目？其中疑点甚多。人心日偷不皆君子，关于此点似确实乎亦有研究之价值（关于此点情契甚大，容尚容查明后再报）。

（五）今查该遗失之画系旧日陈列者，为时甚久，当开放时是否又加重新之整顿，其陈列之程式是否严密，是否合法，当开放三日之中，该陈列之负责者是否前往该殿加以详细之查看，前两日之监察员对于此画是否有详细之查看，该守卫等对于此画是否有详细之查看，理应一一而根究之。

（六）查该案发生之后，警卫科员白桂亮往见古物馆徐馆长云，此案如奉院长交我查办，其为甘心查。其口吻对于此案似有把握者。既奉钧座责令该员查办之后，迄今已经半月，其侦查之经过与程度何如，其中是否经过努力之侦查，有无徇情息职情事，非个中人不能察知。查白桂亮素称精明强干，对于此案如果认真查，万不能无丝毫之线索，此亦应注意及之也。

（七）查职权所在，责任自明。当开放之日，是否将段上之详查物品防备盗贼之一切职责，全行交与监察员、段员等完全负之？在平日负有警卫之专责者，于是日是否仍负责任？此外是否有负责之人？未见有详细明文之规定。该案发生之后，该负责警卫与他之负责者，有何种之表白？似亦应在根究之列。

（八）对于该案一切嫌疑之工役，是否应送公安局或法院严加审讯，非尚容所敢持议。又闻该小工上有呈文，谓当日曾有一度时间该西殿站段无人。使此言果实，该小工等为何不于尚容到段时，即为报告，在于何时以便转呈，即为详查。以尚容监察员之地位，尚不能邀小工等之重视，何有指挥段员之权乎？

（九）将尚容等记过惩戒之后，关于此案是否仍行严追，以期水落石出？若就此了事，在尚容之记过固所不辞，而借机行窃，假公济私，与希图将就卸责之辈，势必高唱得意，深恐以后彼以诈来此以欺往，而被窃之案送出不穷。

（十）尚容私意以为对于此案应综合先后情节，仍责成负责之警卫，限期侦察，万无侦察不出之理。俟此案大白后，根据院令之规定，以明责任之果于谁属，分别惩处。决不忍借以轻微之惩处，而使此重大之窃案消灭于无形。且此案关系院誉之前途其大，故敢重虑及之前数年中金如意之被窃，对于负责人员未见有如何之惩处，负有警卫之责者，亦未闻有何种努力之侦查，瞻徇情面，舍案不获，实足启宵小轻视之心。此次该画之被窃，岂非前事之滥觞？凡事不慎于始，势必遗害于终，理之然也。

以上冒昧之陈述是否有当，敬请鉴核施行。无任悚惶，迫切待命之至。谨呈院长马。科员孙尚容谨呈。十月三十一日。再者，尚容当日监察确有四个时间未在段上，上下午在本馆片刻之休息时，上午之吃饭时，下午之赴他处写封条时。合并声明。

马衡阅后于后批云：

所呈者点，颇有见地，是供参考。本院现对此案尚在继续侦查中，该员如有见闻足资研究者，仍望随时呈报。惟在未获确据以前，应慎重发言，免淆真相。衡。十一月三日。[197]

12月7日，故宫博物院召开第二届理事会第四次常务理事会。其中一项议题，行政院秘书处函："奉院长谕，据北平故宫博物院呈报，本年国庆日特别开放期内，咸福宫西配殿遗失乾隆写生图小贴落一张，及分别惩处在事人员情形，请鉴核备案一案，当经密令平市府转饬公安局协同侦缉，并指令该院严密追究，仍将惩处在事人员情形，分别具报，嗣后遇有特别开放日期，更须妥派人员照料，以免发生意外，兹据呈复惩处在事人员各缘由，应由处函知故宫理事会，函达查照案。"[198]

故宫文物西迁

1937年7月7日，"七七事变"爆发。8月13日，日军大举进攻上海，南京情势日趋危急。刚刚转迁到南京库房的文物，根据行政院命令，分三路向后方疏散。这些国宝不得不再次奔波，开始长达10年的漂泊。

南路。1937年8月14日，80箱文物在南京浦口码头装船起运，运送到汉口，然后转陆路运到长沙，存放在湖南大学新建的图书馆内，准备在岳麓山下的爱晚亭附近开凿山洞存贮。计划还没有实施，长沙已经有了空袭警报。1938年1月12日，这批国宝再次起运，经桂林、柳州迁往贵阳。由于战局的变化，侵华日军的魔掌不断伸向中国腹地，贵阳也有被日军轰炸之虞，已经不安全，马衡他们认为需要移到偏僻野外的安全地点存放：

　　同年（1938年）十一月，由我亲往视察，觉得终欠安全。

最安全的莫如山洞。但天下事有利必有弊，凡是山洞，无
有不潮湿的，若是因受潮而霉烂，是爱之过以害之了。贵
州境内，大小山洞，到处都有，费了七八天的工夫，看了
几十处山洞。才知道洞口轩敞的，潮湿程度比较好些。结
果在安顺朝南门外五里找到一个华严洞。洞外还有庙，可
以住人，是当地的名胜，附近都是汉人、苗人的村落，有
公路直达洞口，尚属合乎理想的地方，于是请了工程师设
计，在洞口搭盖两所板房，上盖瓦顶以泻滴水，下铺地板
以隔潮气，于二十八年一月，由贵阳移存其中。每到夏天，
内外气温相差太甚，洞口即有雾状的水气。幸板房内湿度
尚不甚高，而且此种特制之箱，缝口相当严密，文物尚未
受到影响。[199]

1939年1月，文物转移到贵阳以西95公里的安顺县，贮存在南门
外的华严洞内。华严洞是天然岩洞，距县城约1公里。2月4日，
日军飞机轰炸贵阳，万幸文物已经迁出。1944年12月5日，这批
文物第四次迁移，用15辆卡车于12月18日运抵四川巴县境飞仙
岩临时仓库。

中路。1937年11月19日，中路文物由水路起运，开始运往
汉口。又从汉口渐渐上移，运到了宜昌，然后又用小船转运到重
庆。由于文物数量大，直到1938年5月才全部运抵重庆。马衡随
这路同行，每批文物的存放地他都要亲自考察。运往重庆的文物
尚未完全到达，行政院就根据日机频繁空袭重庆的情况，命令限
期把文物迁出重庆，另觅储藏地点。马衡即与押运来渝的同仁到

刘峨士《安顺读书山华严洞图》

重庆以西各县寻找贮藏地点。他们溯长江而上，最后在距乐山城区20里的安谷乡，择定一寺（古佛寺）六祠（宋氏祠堂、朱潘刘三氏祠堂、赵氏祠堂、易氏祠堂、陈氏祠堂、梁氏祠堂）为存储仓库。从重庆到乐山，路途遥远，所有文物的转运工作无法在行政院规定的5月23日前全部完成，就利用重庆40公里以外的宜宾作为中转站，先把所有文物全部运往宜宾暂存，直到1939年9月全部运抵乐山安谷。这一路的押运人员中，朱学侃在途中殉职牺牲。

北路。1937年12月3日，北路文物沿津浦路北上，由徐州转陇海路到达陕西宝鸡，存放在西安行营的一个军火库内。北路的文物数量虽然没有中路多，但所运的大多是比较大的、重的，其中从国子监南迁来的石鼓，一个就重一吨以上。这批国宝多次遭遇危险，专列在徐州、郑州火车站停靠加水加煤，都遭遇敌机空袭，但似有神佑，最后都化险为夷。不久潼关告急，北路文物在宝鸡停留不足3个月，再次迁往汉中南郑。从宝鸡到南郑，要经过起伏绵延600公里险峻的秦岭山路，靠卡车翻山越岭，一辆卡车只能装20余箱文物，7 286箱文物需要300多车才能装完。文物运输得到西安行营的大力帮助，将之列入军运之内，还派了两位副官协助。当时正值冬天，时常下雪，路陡山滑，有些危险，而且这条公路当时正在翻修，随处堆有石子，行车不便。在这样的路段运输文物，又遇到恶劣的天气，困难可想而知。从1938年2月22日到4月10日，历时48天，分28次才将这批国宝转运完成。文物运到汉中南郑仅过了月余，敌机便轰炸了汉中机场，行政院要求立刻转运成都。1938年5月26日，国宝又一次装上汽车驶上川陕公路。

> 汉中到成都，是565公里，途中有5个渡口，没有桥梁，是用木船载汽车渡河，汽车上船之后，用人力把木船向上流拉一段路程之后，然后放了绳索，使木船顺流而下，借水势拢到对岸，危险费时。……我计算行程，由汉中开成都，须时两天。这是我的如意算盘。[200]

如果遇到刮风下雨，路上泥泞不堪，有时要走上10天半个月。一路上非常颠簸，翻车时有发生，不过都是回程空车；装运文物的

宝汉段运输情形

（二十七年二月二十二日——四月十日）

批次	日期	车数	箱数	押运人	备考	批次	日期	车数	箱数	押运人	备考
1	2月22日	23	493	梁廷炜		18	3月29日	10	258	那志良	
2	2月24日	10	200	那志良		19	3月31日	5	127	牛德善	
3	2月26日	8	169	吴玉璋		20	4月1日	16	362	刘承琮	
4	2月28日	8	182	牛德善		21	4月2日	12	266	吴闰生	
5	3月2日	21	515	刘承琮		22	4月3日	5	130	常惠琮	
6	3月3日	16	384	吴玉璋		23	4月5日	12	295	吴玉璋	
7	3月4日	15	361	牛德善		24	4月6日	18	493	牛德善	
8	3月5日	2	45	吴玉璋		25	4月7日	20	512	刘承琮	
9	3月10日	13	338	吴玉璋		26	4月8日	12	317	刘承琮	
10	3月14日	10	254	刘承琮		27	4月9日	17	379	吴闰生	
11	3月15日	6	148	吴玉璋		28	4月10日	11	172	吴玉璋	
12	3月17日	4	91	那志良		总计		305	7289		
13	3月18日	6	158	牛德善							
14	3月23日	6	141	刘承琮							
15	3月25日	4	109	吴闰生							
16	3月27日	11	298	吴玉璋							
17	3月28日	4	92	吴玉璋							

日期——48天

车数——

箱数——7289

宝鸡迁汉中记录（采自杭立武《中华文物播迁记》）

满载文物的卡车驶过四川广元城外川陕公路旁的千佛崖（1938年）

木船载文物卡车过河（1938年）

车辆曾经翻过一次车，那志良对此有详细记载：

> 装运古物的车，也曾翻过一次，新绥公司的一辆车，装着文物，经过绵阳附近的一个桥，这是一个简单的便桥，司机不慎，车翻了下去。押运员打电报报告，那时，恰好我在成都，便赶到现场去看，才知道有三件事是不幸中之大幸：
>
> 一、便桥搭得不高，车只是翻下来，震动不大，箱子未坏。
>
> 二、冬季河水甚少，翻车的地方没有水。
>
> 三、满车装的是文献馆的档案，及图书馆的书籍，不怕

震动。

有人说，文物是有灵的，炸弹炸不到它，每次都在文物运走之后，那个地方被炸；现在翻了车，也毁不到它。[201]

这一段运输，延迟的时间甚久，历时将近一年，到1939年3月才将存放汉中南郑的文物全部运抵成都。行政院又命令限在1939年5月底以前，将存成都文物全部运离，另觅妥当地点贮存。马衡立即布置，全部迁运峨眉。从成都到峨眉的崎岖山路有300多公里，还需要渡河四次，还是用汽车运输。由于期限太短，就选定距离成都约140公里的彭山作为中转站，先把箱件运到彭山，以符合5月底前将文物运离成都的要求。1939年6月，存放在成都的文物全部顺利运到彭山；7月11日，全部运抵峨眉，分别存放在峨眉县城东门外的大佛寺和西门外的武庙两处。1942年

满载文物的卡车在川陕公路上艰难行进（1939年）

冬天将藏于大佛寺的文物转移到峨眉城南4公里的许氏宗祠和土主祠（均在符汶乡大楠村）。

1937年12月13日，日寇侵入南京，开始了灭绝人性、惨绝人寰的"南京大屠杀"。由于码头人太多，怕场面失控，预订的船无法靠岸，故宫博物院的文物有2 900余箱没能运出，陷落南京。

抗战八年，西迁文物万里关山，多次险遭灭顶之灾，如由重庆运出的9 000多箱文物，寄存宜宾，分批往乐山运的时候，上游乐山及下游泸县皆受到敌机狂轰滥炸，独有处于中间地带的宜宾幸免；长沙湖南大学图书馆，自文物搬出后不到4个月即被炸毁；重庆的几个仓库，在文物搬出不到一个月，空房也被炸了；存在南郑文庙的文物运出才12天，文庙在一天里就落了七个炸弹，又炸的是空房。"像这一类的奇迹，简直没有法子解释，只有归功于国家的福命了。"[202]文物搬迁途中发生多次翻车事件，所幸都是有惊无险，文物未有损失。也许真的是古物有灵，炸不到，摔不碎。

抗战时期，故宫博物院原有的机构、体制不复存在，一切改成战时临时体制。故宫博物院总办事处设在重庆，院长马衡驻重庆负总责。存放文物的安顺、乐山、峨眉三处分别设立办事处，由向后方疏散时指定的各路负责人任各处主任。三个办事处成立之初，职员如下：贵州安顺办事处，主任庄尚严，员工朱家济、李光第、郑世文；四川乐山办事处，主任欧阳道达，员工刘官谔、梁廷炜、欧阳南华、曾湛瑶、牛德明、张德恒、李鸿文；四川峨眉办事处，主任那志良，员工吴玉璋、薛希伦。1944年12

月，安顺办事处所管文物运到四川巴县境内储存，同时设立故宫博物院巴县办事处，撤销安顺办事处。

文物有了安身之所，故宫博物院的职工最主要的工作就是妥善保管这些文物。马衡更是时刻注意，以求万无一失。他在1944年向故宫博物院理事会报告当时的工作状况说：

> 本院战时业务首在保持文物之完整，举凡库防戒备、庋藏保管、翻检整理诸端，经逐年规划，时加改善，已臻周密，无虞疏失。对于工作之进度，尤无时不在讲求效绩。盖自七七事变以后，本院留用员额仅及战前之半，而事务之繁杂转重于昔，已非通力合作人尽其用，无以竟其事功。故一般从业人员担负工作已颇相当繁重，绝鲜冗散不力之病。近年又经设置专理人事机构考核课功，益加严密认真，同时厉行奖惩，鼓励自奋，竞求进步，效绩颇彰。[203]

为了确保文物安全，西迁期间的存藏都有一定的工作程序，坚持遵循有关规则制度。为使工作有所遵循，故宫博物院于1939年岁暮公布各项章则，如本院附属办事处办事细则、库房管理暂行规则、开箱工作暂行办法、库房警卫暂行规则、接受委托保管及寄存公私文物暂行办法、库房招待参观暂行规则等，又于1940年4月制定南迁文物点收清册记载订误暂行办法。严格的制度，细致的管理，确保了文物管理未出差错。马衡在后来的讲演中专门予以说明：

> 要谈到后方的保存问题，这是一件最伤脑筋的事。我

们为的是敌机的空袭，不得不疏散到比较偏远的地方，而且都在郊外，或是乡下，这就要顾虑到治安问题了。四川的房子，多半是竹木的建筑，一遇火警，往往延烧数万家，这就要顾虑到火警问题了。关于前一点，我们请求军队驻扎各库附近，一方面联络地方上的感情，所以都能相安无事。关于后一点，我们选择四面凌空、不和民居毗连的大庙或是祠堂作为仓库。里头绝对禁止烟火，购置消防工具及灭火器，并且按时演习。所以有一次峨眉大火，烧去半个城，我们不但不遭波及，并且调齐员工士兵，帮助他们救火。所以这两种困难，都还不难克服。比较严重的，是西南的气候问题。四川在一年里头，有几个月是雨季，几个月是雾季，空气含着水分，到处感到潮湿，晴朗有日光的时候，平均不过半年，我们把怕潮湿的东西，终年检查，或是晒晾。周而复始，从不间断。还有四川老鼠，是昼夜公开活动。并且四川的猫能力薄弱，有时还会受老鼠之窘，寿命也比较短，有人说老鼠有毒，猫吃了就会生病。恐怕也有道理。还有白蚂蚁，是到处都有，尤其是重庆特别多。其害甚于老鼠百倍。常有箱柜里面的东西被吃光，而外面看不出来的。所以更是防不胜防。[204]

正由于有了如此严密的制度、严谨的作风以及严格地执行，才保证了以故宫为主的西迁文物的安全，也不断强化着故宫人认真细致、一丝不苟的工作作风。

1945年8月15日，日本无条件投降，宣告了世界反法西斯战争的最后胜利。抗战胜利后，三路故宫文物先后集中于重庆，于1947年12月全部运回南京朝天宫文物保存库。三批古物历经战火威胁及长途颠簸，没有一件严重破损或丢失，真可说是"天佑国宝"。这既有技术的因素，如包装高明，装箱坚持"装紧""隔离"等；更有人的作用，判断正确、命令果决、执行得力、配合到位。国民政府中枢如委员长蒋介石、行政院代院长宋子文给予了有力支持，三路西迁，多次转迁，每次转迁的命令都是行政院下达的。在文物途经或存放有关省市时，都得到当地军政负责人及相关机关如铁道、公路等部门的支持。在文物迁移途中与存放地，都有军人押送和守卫，起了安全保障作用。而没有文物存藏地民众的协力保护，要保护好这些文物是不可能的。当然，故宫职员认真负责的呵护更是职责所在。故宫文物西迁具有延续民族文化命脉的意义，对故宫文物的保护是社会各有关方面共同努力的结果。

故宫文物西迁是故宫博物院发展的特殊时期，在艰苦的环境中，故宫同仁以保护文物为职志，备尝艰难，险象环生，有人为之献出了宝贵的生命，但故宫人无怨无悔，忠于职守、慎微戒惧、悉力保护。强烈的责任感、神圣的使命感，使建院以来逐渐建立的典守精神，在文物西迁中不断强化。故宫人把故宫文物与中华民族的命运连在了一起，与民族独立、民族尊严连在了一起，深刻地认识到所保护的文物是"国家的福命"，培育和形成了故宫人"视国宝为生命"的典守精神。正如马衡所说：

本院西迁以来，对于文物安危原无时不在慎微戒惧、悉力维护之中，诚以此仅存劫后之文献，俱为吾国五千年先民贻留之珍品、历史之渊源，秘籍艺事，莫不尽粹于是，故未止视为方物珍异而已矣。[205]

1939年7月，故宫博物院从西迁的存安顺华严洞的80箱文物中，选送商周铜器、玉器、书画、织绣等文物100余件，17日由安顺华严洞启运，赴苏联参加展览。9月24日抵达莫斯科。1940年1月2日，中国艺术展览会在莫斯科开幕，1941年3月复在列宁格勒展出。1942年9月8日，展品回到重庆。为昭信国人，此次展品又参加了1942年12月间在重庆举办的第三届全国美术展览会。展览结束后文物仍运回安顺华严洞。此次展览由中苏文化协会和苏联文化协会共同促成，影响空前，起到了战时促进两国团结的作用。

雾季的陪都，敌机一般不来轰炸。马衡想利用这个机会在重庆搞一次故宫文物展览，鼓舞抗战士气。经教育部批准后，从存安顺的文物中选出142件精品，精心打包，运到重庆。1943年12月25日，"国立北平故宫博物院书画展览会"在中央图书馆（即今重庆图书馆外文资料部）开幕。展览分两期举行，首期展览共陈列书画80件，第一陈列室16件，以东晋王羲之的《平安帖》《何如帖》《奉橘帖》最为著名；第二陈列室29件，以宋代范宽的《群峰雪霁图》、梁楷的《泼墨仙人图》最引人注目；第三陈列室35件，以唐代卢鸿的《草堂十志图》开首。第二期共陈列书画62件[206]，都是中国古代书画中的珍品。一时观众如堵，各界

名流、市民、百姓争往参观。展览会开幕当天，《中央日报》以
"伟大的民族艺术遗产""活生生的中国艺术史"来赞誉这批"从
帝王的书房里解放出来""又从日寇的觊觎下抢救出来的伟大民
族艺术遗产"。[207] 展览于1944年1月上旬结束，展品在返回安顺
途经贵阳时，于4月12日至30日在贵阳"贵州艺术馆"展览一
次，称为"筑展"，后回到安顺华严洞。这一系列展览活动，如
马衡所说："结果不独在阐扬学术与国际声誉方面，已有相当
收获，即于启发民智、增进一般民族意识，亦已有影响，成效
颇彰。"[208]

存蜀古物返还南京

　　1945年8月15日，日本宣布无条件投降。10月10日，北平
地区中国军队接受日军投降的典礼在太和殿前广场举行。国民党
第十一战区司令长官孙连仲代表中国政府受降，日军华北方面司
令官根本博代表投降方在投降书上签字。是日十余万人目睹了这
一壮观的历史场面。

　　故宫博物院奉命复员。张庭济接马衡院长指令，于10月23
日会同国民政府教育部平津区特派员沈兼士办理北平本院各部门
接收工作。接收工作进展顺利。故宫工作人员基本上还是原班人
马，抗战前的旧人全部留任，只有伪院长及少数敌伪派驻的高级
职员免职。机构设置仍如旧制。人事方面，三大馆馆长、总务处
处长都恢复了战前的状况。

大足石刻考察团在宝顶山卧佛前留影（1945年4月30日）

前排左三戴礼帽、着西装者为马衡。

大足石刻考察团合影（1945年4月28日）

前排右二为马衡，后排左一为顾颉刚。

"功侔鲁壁"残匾

1946年4月，国民政府向乐山安谷乡七个文物存藏地颁赠了"功侔鲁壁"匾额，意为他们保护故宫文物的功绩可与当年孔子后裔将典籍深藏鲁壁之功媲美。

拼凑完整的"功侔鲁壁"拓片

  故宫博物院散储在乐山、峨嵋、巴县三处库房的文物箱件，从1946年1月下旬开始起运，1947年3月6日全部集中到重庆。1947年5月，开始分水陆两线运往南京，存进朝天宫的库房，到12月初结束。复员工作至此告一段落。而故宫北平及南京两院区的院务，也渐次恢复旧观。故宫博物院南京分院的各项工作渐渐地恢复和展开，当时主要办理的任务有三：一是将古物陈列所的5 415箱文物，移交给准备成立的中央博物院筹备处；二是点查1938年沦陷在南京未及西迁的2 954箱文物，除少数错误外，均完整无缺；三是开箱逐件清点已复员的文物，并与原始清册比对，结果并无缺失。从1937年11月开始西迁文物转移储存，到全部东归南京，这批文物在后方整整过了十年的分散保管时期，经历了难以想象的困难和艰辛，文物没有较大的损伤，创造了第二次世界大战时期人类保存文化遗产的奇迹。

马衡以恢复正常的故宫文物陈列工作为重点，对故宫藏品进行清理、归档、分类和布置重新开放。在他主持下，全院同仁做了开辟库房、提集登记集中管理、分类编目、分类分级分库储藏等几项主要工作。与此同时还展开了文物征集工作。

1944年，教育部在重庆成立了"清理战时文物损失委员会"（以下简称"清损会"），教育部次长杭立武是主任委员，马衡、梁思成、李济等任副主任委员。抗战胜利后，清损会于1945年9月间在重庆开了一次会，会上商定派往京沪、平津、武汉、广州等区的工作人员到达后如何开展工作，大致如下：（一）到达后立即成立该地区的办公处；（二）去藏有文物、图书的机构查询沦陷期间文物损失情况，要求开列清单上报；（三）各地区办公处在报上刊登通告，不论机关或个人，文物损失均应列目上报，登记备案，清损会将据此进行追查索偿工作；（四）了解调查日寇及德国纳粹分子匿藏的文物，查获后予以没收。[209]

抗战胜利之初，1945年8月30日《中央日报》刊登消息，称教育部在全国设立六个收复区复员辅导委员会，从事办理各收复区公立、私立及敌伪所办教育文化机关接收事宜，沈兼士为教育部平津区特派员。沈兼士还是清损会平津区代表。后教育部又宣布唐兰和傅振伦为平津区副代表，但由于交通困难二人始终没有到任。另外，在马衡与梁思成两位副主任委员的引荐下，王世襄被任命为平津区助理代表，作为具体承办人。1947年8月2日，沈兼士突然中风去世，清损会平津区办公处由马衡兼管。在清损会全体同仁的艰辛努力下，在短短数年的时间里，清理查收了大批流散文物，成果斐然。故宫博物院作为平津地区重要的文物单位，陆续接管和收购了许多散失在外的故宫旧有文物和物品，接收了一批私人收藏家捐献的文物，其中不少是具有极大的艺术价值和历史价值的珍品。接收个人捐献的，主要有杨宁史的"杨铜"和郭葆昌的"郭瓷"。

抗战时期，平津两地文物流失极为严重，除侵略者盗窃损毁外，还有外国商人趁火打劫，低价抢购，伺机外运。马衡对此十分关注，特别叮嘱王世襄抵北平后，务必注意察访这方面的情况，防范洋商借观察、考察文物之名，行盗窃、搜购文物之实。王世襄到了北平后，先在《华北日报》上刊登通告，向社会各界宣布了登记损失文物的地点和申请追寻的截止时间，但效果不彰。后来王世襄走访了几家古玩商，又在中山公园设宴招待知名的古玩商四五十人，请他们提供线索，声明有功者给予物质奖励，并消除其顾虑。有三家古玩商提供了一条重要情报：抗战时期，河南等地出土一大批青铜器，被德国禅臣洋行经理德国人杨宁史买去，准备运回德国。王世襄立即只身前往东城干面胡同禅臣洋行察看，时办公室内只有一位外籍女秘书在打字，王世襄在等待接见中凑上前去察看，由于他精通英文，一眼便看出打字的内容正是一份青铜器目录，便立即上前把它拿到手中，同时亮明自己身份，询问原由。女秘书说，目录是一位美籍德人罗越交给她打的，若需用这份目录，请找罗越索取。当罗越看到目录已在王世襄手中，只得承认目录是自己编的，但器物却是杨宁史所有。此时，杨正在天津，王世襄为防万一，立即持目录，带上罗越，直奔天津，会同当地敌伪产业处理部门，找到杨宁史对质。杨在人证、物证面前不得不承认有这批铜器，但仍不甘心交出，编排谎言，制造假象，意图搪塞，伺机外运。为收复这批青铜器，王世襄三赴天津，几次交涉未果，最后由行政院长宋子文亲自出面与杨宁史会谈，杨宁史才同意以"呈献"名义将所藏青铜器送交故宫博物院，我方同意他要有专门展室展出的请求，并准许两个德国人罗越和女秘书康斯顿继续到故宫完成其尚在编写的目录。

1946年1月22日，故宫派员将这批青铜器运回，直达御花园绛雪轩，在各界代表监督下，逐件清点、造册、验收，共241件，送存延禧宫库房。这批精品中，首推经唐兰定名为宴乐渔猎攻战纹的战国铜壶，壶高31.6厘米，腹径21.5厘米，铜壶侈口、斜肩、鼓腹，肩上有两只兽首衔环，乃战国时期魏国所造，制作技艺精湛。最为珍贵之处在于壶身上有四圈分别以采桑习射、宴乐打猎、水陆攻战等为内容的图饰，图中共178人，鸟兽鱼虫94只，内容庞博，形象生动，真实全面地反映了战国时期的社会风貌。此外还有商代饕餮纹大钺及鼎、卣、爵、杯、玉柄钺等，艺术价值也极高。

"郭瓷"系指郭葆昌所收藏的瓷器。郭葆昌（1867—1940），字世五，别号觯斋主人，河北定兴人，陶瓷制作及鉴定家。早年在北京古玩行做学徒，后在袁世凯门下任庶务司丞，袁复辟帝制期间委郭葆昌为"洪宪"帝国的陶务监督使，命其赴景德镇督烧"洪宪瓷器"。郭葆昌不仅富于收藏，而且擅长鉴别古物，尤其擅长鉴定古陶瓷，曾被聘为故宫博物院瓷器及书画审查委员。郭葆昌于抗战期间去世，藏瓷为其子郭昭俊等数人所有，长期存放在北京中南银行仓库中。马衡对这批文物素有了解而且非常重视，在重庆时就特地交代过王世襄："郭氏藏瓷是一批重要文物，其中宋瓷有的很精，清官窑古铜彩牺耳尊连故宫都没有，你到北平要注意这一批瓷器，向郭家的人恳切地谈一谈，最好不要让它散掉，将来完整地归公家收藏才好。"[210] 但是具体如何归公，马衡没有说，因为这不是敌产，除收购别无他法，而收购则需要一笔巨款，当时请专款收购古物几乎不可能。故仅示原则，并无具体措施，全看受托者见机而行了。王世襄先找到郭昭俊，郭谓：其家瓷器虽已分成几股，但并未散失，也未出售，若公家收购乃求之不得。惟因牵涉价格问题，一时无法开展。后通过朱启钤向行政院长宋子文就这批瓷器的价格问题面陈，委托宋帮助解决，宋当即表示同意，几经努力，后由行政院付给郭昭俊奖金十万美元，并为其在中央银行安插工作，才使得郭氏于1946年2月以"捐献"名义将422件珍贵的觯斋藏瓷交给故宫。经过四天逐件核对点验后，这批郭氏藏瓷被运回故宫列为国宝，存入延禧宫库房。这批郭氏藏瓷时间跨度大、种类繁多，有很多精美的宋瓷，几乎囊括了中国陶瓷史各个阶段的代表作品。

后来，故宫博物院在景阳宫后院御书房布置了新入藏的杨宁史铜器、郭葆昌瓷器两个专门陈列室。马衡于1946年7月3日从南京回北平，到后立即去库房观看了这两批新入藏的文物。

在此期间，故宫博物院还收集了一批文物，其中不乏精品。如1946年7月，接收溥仪留在天津张园的21匣珍贵文物，合计1 085件：包括玉器550件、瓷器35件、珠宝饰物72件、翡翠82件、朝珠手串39件、金器24件、书画5件、景泰蓝珐琅18件、洋表64件、烟壶44件、铜镜2件、图章70件、旧笔7件、文玩什物58件、杂项15件。[211]这批文物，均为溥仪1922年以赏溥杰的名义从故宫中拿出，大多属细软一类，件头小，数量多，价值高。其中商代的鹰攫人头玉佩、宋代马和之的《赤壁赋图卷》、元代邓文原章草真迹、元代赵孟頫的《秋郊饮马图卷》和《老子像道德经卷》均是无上精品，此外还有古月轩珐琅烟壶、痕都斯坦嵌宝石玉碗、嵌珠宝珐琅怀表、黄杨绿翡翠扳指等，也是价值连城，这些清宫旧藏终于回归故宫。

此外，还抢救了面临战火威胁的长春存素堂丝绣200余件。所谓长春存素堂丝绣，原为朱启钤于民国初搜集收藏的丝绣珍品，制作时代为宋至清代，均著录于《存素堂丝绣录》，后被张学良用巨款收购，存于东北边业银行，伪满洲国时将此定为"国宝"而名扬天下。朱氏丝绣入藏故宫博物院后，由于存素堂丝绣当年是由东北边业银行出资购买的，故1951年故宫将全部丝绣交换给辽宁省博物馆保存。另，收藏了北京孔德学校交来的清宗人府原存满汉文玉牒74册、清代八旗户口册690册、档簿70册，共计834册；福兰克福中国学院友谊会的741件古物图书；北平陈仲恕收存的501件汉印。

从1946年开始，追索被日寇掠走的文物成为清损会工作重点。同年8月，马衡接到南京清损会来信，准备派人去日本，交涉赔偿文物。原计划派博学精鉴的专家徐森玉去，但考虑到他年老体弱，加上不懂外文，必须另带翻译，将人为地增加编制，因此改派王世襄前去。12月，马衡指派王世襄以清损会派往日本专员的名义，到中国驻日代表团文化教育组工作，与日方交涉赔偿文物事宜。后因向日本有关方面追偿中国流失文物阻力重重，王世襄不得已于1947年3月回国，仅带回了南京中央图书馆在战时流失的一批善本书，弥补了中国文化遗产的局部损失，这批图书现存于台湾。

在当时的情况下，马衡在力所能及的情况下尽量保护故宫文物不致流失，并且尽可能地收购一些文物。溥仪在故宫时，曾以赏其弟溥杰的名义，将书画一两千件转移出宫。故宫博物院成立后，发现了这批书画的目录，印成《故宫已佚书画目》。抗战胜利后，这批书画在长春散出，古玩商纷纷去东北将书画贩到北平、上海等地出售，牟取暴利。由于这批书画本是故宫旧藏的文物，马衡认为应由故宫收购。为此，故宫博物院在1946年、1947年曾向南京行政院请款，作为收购书画之用，但只请到少量款项，所以收购东北书画收效甚微，只买到了一些不甚重要的书画。

在此期间，收购了两件比较有意义的文物：唐写本王仁昫《刊谬补缺切韵》和南宋宝庆刊本《四明志》的七、八两卷。其中南宋宝庆刊本《四明志》传世很少，是宁波地方最古也是最完备的志书，光绪二十年（1894）武英殿灾，有些书流失在外。故宫博物院成立后，在清点中即发现宋刊本《四明志》缺七、八卷。1946年，徐森玉在上海发现有人出售的家藏书中有宋刊本《四明志》七、八卷，正是故宫所藏《四明志》所缺一册。于是马上给马衡写信，马衡回信说不讲价钱，要求马上买下来。于是这部宋刊本《四明志》，散而复聚。[212]

原南洋公学监院、金陵大学校长福开森与马衡曾有师生情谊，福开森后来还担任过故宫博物院的专门委员，他曾经编辑了一本《历代著录画目》，为此他收集了一大批书画书。太平洋战争爆发后，福开森被遣返回国，他的女儿福梅龄也回到美国。抗战结束后，福开森已经去世，福梅龄回到协和医院工作。1948年，福梅龄有意将这批书画书捐献出去，但在捐献给故宫博物院还是金陵大学上犹豫不决。后经马衡与王世襄多次做工作，她终于答应将其父收集的图书捐赠给故宫博物院。这批图书约有20箱，主要是书画书。故宫博物院为此开辟了专室，在这批书的基础上，连同古物馆原有的书，成立古物馆图书资料室，成为当时收藏书画书最多的一个图书室。[213]

接收古物陈列所与故宫复原

1946年，马衡返回了离别近十年的北平故宫本院。他要办的第一件大事就是呼吁国民政府落实《完整故宫保管计划》议案，着手接收古物陈列所。民国成立后，紫禁城外廷部分（乾清门广场以南的部分，包括三大殿及其东西配殿、廊庑和外围的武英殿、文华殿、文渊阁）归民国政府内政部所管，在此基础上于1914年设立了第一家国立博物馆——古物陈列所，并将借自逊清热河（承德）避暑山庄和奉天（沈阳）故宫的文物拨交该所。1925年，在内廷（北至景山，南到紫禁城北半部的最南端乾清门）基础上成立了故宫博物院，长期以来前后不通。1930年10月，易培基院长向国民政府行政院提出《完整故宫保管计划》的议案，并以理事蒋中正领衔呈送国民政府，当即得到行政院的批准，同意将设立在紫禁城外朝的古物陈列所与故宫博物院合并。但由于时局不宁等复杂历史原因，这一计划被搁置下来。抗战胜利后，马衡通过各种方式呼吁，在南京开会时屡次提出以前一直未能解决的故宫博物院与古物陈列所合并一事，几经催促，到1947年9月，国民政府决定：将紫禁城全部，以及所属的天安门以内的端门、午门，以及大高殿、景山、太庙、皇史宬、清堂子等，全归故宫博物院；而古物陈列所存放在北平的文物，也全部由故宫博物院接管。故宫作为一个整体由故宫博物院统一管理。

马衡把两个单位的人员组成一个办事组，按件点收古物陈列所移交的文物。合并以后，午门、神武门、东华门、西华门同时售票，参观的人感到了很大方便。对原古物陈列所的陈列室也进行了一系列的调整。武英殿前殿原来大部分放的是瓷器，有少数陈列柜中为其他物品，现撤收其少数物品，补充瓷器，使武英殿前殿成为完整的"宋元明清瓷器陈列室"，并增加总说明的牌子（此前没有这个设施）。后殿则改为"工艺美术综合陈列室"，按玉器、漆器、珐琅器、铜镀金器、匏器、缂绣等分柜摆列。撤收不经之谈的所谓"香妃浴室"。恢复太和殿的历史原貌，撤掉袁世凯称帝时坐的"宝座"，原摆放在太和殿内不用陈列柜的大综合陈列也尽皆撤去。[214]

故宫博物院的复原工作，马衡通过对故宫的藏品进行清理、归档、分类和重新布置开放，使战后故宫的文物陈列工作逐渐恢复了正常。根据王世襄回忆，当时故宫古物馆在保管工作方面应做的工作可以归纳为"弄清家底，加强保管"八个字。[215]主要做了以下几项工作：

一、提集。因为古物馆的文物种类繁杂、数量很多，很多物品介于文物与非文物之间，如纸绢、成扇、如意、粗木家具等等，不易区分，而且文物也没有集中在一起，没有分类法，更未分类编目，所以比较杂乱，亟需进行集中清理。于是由古物馆的工作人员配合总务处的工作人员一起进行，将原来分散保存的物品提出来，加以区分后确认是文物后在总登记簿上登记，这样文物就集中起来，便于管理与清理。

二、开辟库房。当时古物馆只有延禧宫一处库房，是在火焚的宫殿旧址上修建的新式建筑，三面楼房，上下两层，但无法容纳古物馆的全部文物，就是专放精品，也是不够。如果文物北返，更是不够。为了逐步走向分类、分级、分库储藏，需要开辟大量库房。根据当时的具体条件，最后选定北五所作为古物馆次一级的文物库，延禧宫为一级文物库。

三、修缮房屋，添置储藏设备。当时北五所房子由于长期不用，积土盈尺，草树丛生，小房倒塌，大房渗漏，经过一段时间的清除整理，到1947年底才勉强修完。从其他地方搬来一些旧有的书格或货架，后来又添置了一些新制木柜，用于分类存放集中起来的文物。

四、分类编目，分类分级分库储藏。通过拟定古物馆分类法、拟定编号办法、拟定分类编目卡片、制定编目号签、拟定文物分类簿、拟定分类分级分库储藏办法、设置藏品指引卡等系列工作步骤，逐步规范了管理。另外，拟订了与保管工作相关的几种工作程序，也就是制订规章制度。

在此期间，因为南迁文物还没有返回，除了古物陈列所调整了部分陈列室外，原故宫内部陈列室少有变动。1946年，因新进两批文物，布置了"杨宁史呈献铜器及兵器陈列室""郭觯斋捐献瓷器陈列室"。1947年重新布置而改动较大的有御书房前院的陶瓷陈列室和景仁宫的铜器陈列室，当时的陈列完全是专题陈列。其时还修复了一些文物，一般是为了配合陈列，即需要陈列的文物尽量先修。

马衡拒不赴台与保护故宫文物

1948年9月下旬，中国人民解放军发动的辽沈战役行将解放东北全境，全国战局发生了根本性变化。到了年底，平津战役打响，北平被围，形势危急。行政院多次函电催促在北平的马衡

"应变南迁"，启程赴南京，并嘱选择北平故宫博物院的文物菁华装箱分批空运南京，与南京分院的文物一同迁往台湾。在这重要关头，马衡做出了保护国宝、拒绝赴台的决定。

1948年11月9日，马衡主持召开了故宫复员后的第五次院务会，讨论决定了一系列重大事项，如清除院内历年积存秽土，修正出组与开放规则，把长春宫等处保存原状辟为陈列室，增辟瓷器、玉器陈列室及敕谕专室，修复文渊阁，继续交涉收回大高殿、皇史宬等，镇定自若地继续推进各项业务工作。[216]

1948年11月10日，时任国民政府行政院院长兼故宫博物院理事长的翁文灏，常务理事朱家骅、王世杰、杭立武、傅斯年、李济、徐森玉等在南京开会，决定在故宫博物院南迁的文物中选择精品尽快运往台湾，并由理事会秘书杭立武负责筹划。1948年12月22日，第一批文物起运，由海军军舰"中鼎轮"运载，计有古物295箱，图书18箱，文献7箱，总共320箱，于12月27日到达台湾基隆；1949年1月6日，第二批文物起运，由招商局"海泸轮"运载，计有古物496箱，图书1 184箱，总共1 680箱，于1月9日到达台湾基隆；1949年1月29日，第三批文物起运，由海军部"昆仑舰"运载，计有古物643箱，图书132箱，文献197箱，总共972箱，于2月22日抵达台湾。

但北平本院的文物迁运工作却一拖再拖。马衡此时的态度与抗战时期积极组织文物南下并西迁的情况完全相反，采取了消极拖延的态度。他在职工警联谊会和高层职工的支持与配合下，先是布置古物馆、图书馆、文献馆的工作人员编写可以装运的文物

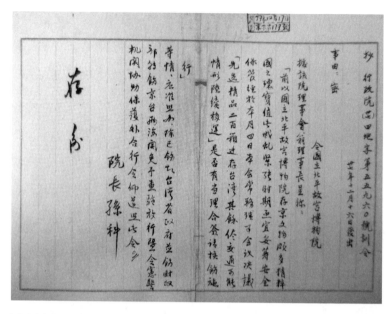

国民政府行政院批准文物运往台湾的训令（1948年12月16日）

珍品目录，报南京行政院审定；然后又让准备包装材料，并告诫有关人员"不要慌，不要求快"，绝不能因装箱而损伤文物；至于装箱工作进展如何，他却从未催问。南京分院函电催促，马衡以"机场不安全，暂不能运出"为由拖延。1948年12月14日，解放军完成对北平的包围，马衡下令关闭故宫及其所属太庙、景山所有大门，停止开放。同时，加强故宫防护，各陈列室重要文物均撤陈入库，并对文物库房进行了加固。他还于1948年底下令将故宫对外出入通道全部关闭，严禁通行，致使选装文物精品箱件无法运出。

　　1949年1月12日，守卫北平的国民党将领傅作义邀集一批学者、名流座谈，征询和战意见。马衡也在被邀之列，他继徐悲鸿诸人之后在会上发言，强烈要求以北平人民的安全为重，争取早日和平解放，务使文化古城免遭战火摧毁，希望傅作义将军以历史的伟大眼光果断地处理好当前北平的和平解决问题。1月18日，他与何思源、吕复、康同璧等十人作为北平城内的和平使者出城与叶剑英会谈，商量城内文物保护一事。[217]

1949年1月，北平对外交通断绝，南京政府派专机接运在北平的国民党高级官员和文化界知名人士，马衡也在其列。此前，故宫博物院理事会多次来电催促其起程，他一拖再拖，并托清华大学校长梅贻琦转达不能南飞之意。1月14日，马衡致函南京政府教育部政务次长、故宫博物院理事会秘书杭立武，以病后健康未复婉拒赴南京。信中说："弟于十一月间患心脏动脉紧缩症，卧床两周。得尊电促弟南飞，实难从命。因电复当遵照理事会决议办理，许邀鉴谅。嗣贱恙渐瘥而北平战起，承中央派机来接，而医生诚勿乘机，只得谨遵医嘱，暂不离平。"又望停止迁运文物赴台，并以第三批作为结束：

> 运台文物已有三批菁华大致移运。闻第一批书画受雨淋者已达二十一箱，不急晒晾即将毁灭。现存正由基隆运新竹，又由新竹运中。既未获定所，晒晾当然未即举行，时间已逾二星期，几能不有损失。若再有移运箱件则晾晒更将延期。窃恐爱护文物之初心转增损失之程度。前得分院来电谓三批即末批，闻之稍慰。今闻又将有四批不知是否确实。弟所希望者三批即末批，以后不再续运。其留存京库者，想不能尽量运清，拟与中博院存品庋藏一处，取同一步骤，敬请先生分神照顾。

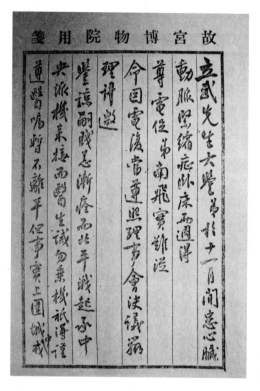

马衡致杭立武函首页
（1949年1月14日）

马衡又把他十分信任的欧阳道达推荐给杭立武，命其守护遗留的故宫文物。[218]

马衡之所以如此选择，是因为他一贯以研究与保护国家的历史文物为己任，完全从对祖国的利害得失，视政治形势的顺逆和人民的意愿而决定的。当南京政府忙于作逃离准备并挑选南迁文物拟运台时，在北平的马衡院长却镇定自若，继续推进各项业务工作。马衡院长以实际行动表达了自己的立场与决心。

注　释

◎

故宫掌门人1925—1949

序章　从皇宫到博物院

1　冯玉祥：《我的生活》，上海：上海教育书店，1947年，第509—510页。

2　冯玉祥：《我的生活》，上海：上海教育书店，1947年，第511页。

3　冯玉祥：《国事刍言》，《冯玉祥选集》（上卷），北京：人民出版社，1985年，第10页。

4　赵世炎：《冯玉祥配称革命么？（1924年11月7日）》，赵世炎著，中共中央党史研究室科研管理部编：《赵世炎文集》，北京：人民出版社，2013年，第149页。

5　《冯玉祥与柯乐文谈话》，《申报》1924年11月18日。

6　《易培基长教之由来》，《申报》1924年11月16日。

7　《北京通信：动机已佚之政治纠纷》，《申报》1924年11月13日。

8　冯玉祥：《我的生活》，上海：上海教育书店，1947年，第506—508页。

9　《北京通信：曹锟退职与摄阁成立之经过》，《申报》1924年11月9日。

10　冯玉祥：《冯玉祥日记》，北平：民国史料编辑社，1930年，第128—129页。

11　沈亦云：《亦云回忆》，台北：传记文学出版社，1980年，第201—204页。

12　李宗侗：《溥仪出宫的详情》，《李宗侗自传》，北京：中华书局，2010年，第146页。

13　李宗侗：《李宗侗自传》，北京：中华书局，2010年，第147页。

14　李宗侗：《李宗侗自传》，北京：中华书局，2010年，第147—150页。

15　《康有为致王士珍等人电》，中国第一历史档案馆：《溥仪出宫后图谋恢复优待条件史料》，《历史档案》2000年第1期。

16　《致冯玉祥电（1924年11月11日）》，广东省社会科学院历史研究所等编：《孙中山全集》（第十一卷），北京：中华书局，1986年，第302页。

17 《致段祺瑞电（1917年7月19日）》，中国社会科学院近代史研究所中华民国史研究室等编：《孙中山全集》（第四卷），北京：中华书局，1985年，第117页。

18 吴瀛：《故宫博物院前后五年经过记》卷一，北平：故宫博物院，1932年，第27页。

19 《张继等赞同令溥仪出宫电》，《申报》1924年11月15日。

20 《段祺瑞致冯玉祥等电（1924年11月5日）》，中国第一历史档案馆：《溥仪出宫后图谋恢复优待条件史料》，《历史档案》2000年第1期。

21 季啸风、沈友益主编：《中华民国史史料外编》（第2册），桂林：广西师范大学出版社，1997年，第272页。

22 [英]庄士敦著，惠春琳等译：《紫禁城的黄昏》（下），北京：紫禁城出版社，2010年，第517页。

23 《周作人致胡适（1924年11月9日）》《李书华、李宗侗致胡适（1924年11月19日）》，中国社会科学院近代史研究所中华民国史组编：《胡适来往书信选》（上），北京：中华书局，1979年，第270、275页；周鲠生：《清室优待条件》，《现代评论》第1卷第1期，1924年12月13日；王世杰：《清室优待条件的法律性质》，《现代评论》第1卷第1期，1924年12月13日；钱玄同：《告遗老》，《语丝》第4期，1924年12月8日；钱玄同：《三十年来我对于满清的态度之变迁》，《语丝》第1期，1925年1月5日。

24 《胡适致王正廷（1924年11月5日）》，中国社会科学院近代史研究所中华民国史组编：《胡适来往书信选》（上），北京：中华书局，1979年，第268页。

25 爱新觉罗·溥仪：《我的前半生》，北京：群众出版社，1964年，第179页。

26 《周作人致胡适（1924年11月9日）》，中国社会科学院近代史研究所中华民国史组编：《胡适来往书信选》（上），北京：中华书局，1979年，第270—271页。

27 《政府公报》1924年第3099号，第2—5页。

28 《政府公报》1924年第3104号，第4—5页。

29 《清宫查封近闻：加派委员三人，易培基保存古物办法》，《申报》1924年11月26日。

30 杨恺龄：《民国李石曾先生煜瀛年谱》，台北：台湾商务印书馆，1980年，第43页；《清室善后委员院方加派杨天骥袁同礼》，《申报》1924年11月19日。

31 溥仪内务府致内务部函底（1924年12月24日），中国第一历史档案馆：《溥仪出宫后图谋恢复优待条件史料》，《历史档案》2000年第1期。

32 韩信夫、姜克夫主编：《中华民国史·大事记》（第三卷），北京：中华书局，2011年，第2095页。

33 吴相湘：《孙逸仙先生传》下册，台北：远东图书公司，1982年，第1743页。

34 《清室物件将开始点查》，《申报》1924年12月30日；《清室善后委员会点查清宫物件规则（十三年十二月二十日议决)》，《故宫物品点查报告》第一编第一册，1925年，第3—4页。

35 杨恺龄：《民国李石曾先生煜瀛年谱》，台北：台湾商务印书馆，1980年，第44—45页。

36 庄严：《山堂清话》，台北："国立故宫博物院"，1980年，第74页。

37 《功载史册 不可磨灭——故宫博物院奠基人易培基的故事》，张鹏、任学周主编：《抢救国宝》，北京：知识出版社，1994年，第86页。

38 庄严：《山堂清话》，台北："国立故宫博物院"，1980年，第79页。

39 单士元：《我与初建的故宫博物院及院匾轶事》，《单士元集·第四卷·史论丛编》，北京：紫禁城出版社，2009年，第1168页。

40 《清室善后委员会宣言》，《申报》1925年8月17日。

41 《清室善后委员会议事录（1925年9月29日)》，故宫博物院档案；《清室善后委员会重要会议》，《申报》1925年10月2日。

42 严仁曾增编，王承礼辑注，张平宇参校：《严修先生自订年谱辑注》1925年10月3日："清室善后委员会组织博物馆，推先生为董事，谢绝之。"严修自订，高凌雯补：《严修年谱》，济南：齐鲁书社，1990年，第462页。

43 吴瀛：《故宫尘梦录》，北京：紫禁城出版社，2005年，第89页。

44 《故宫博物院开幕纪》，原载《益世报》1925年10月12日，转引自吴瀛：《故宫博物院前后五年经过记》卷一，北平：故宫博物院，1932年，第54页上。

45 《故宫博物院中东两路参观记》，《黄报》1925年10月12日。转引自吴十洲：《紫禁城的黎明》，北京：文物出版社，1998年，第139页。

第一章 李煜瀛：拨云见日的开拓者

1 中国国民党中央委员会党史委员会编：《李石曾先生文集》（下），第三编《石僧笔记·谈新旧人物》，台北：中国国民党中央委员会党史委员会，1980年，第97页。

2 郑彦棻：《一代高人李石老——纪念李石曾先生百年诞辰作》，朱传誉主编：《李石曾传记资料》（三），台北：天一出版社，1981年，第3页。

3 陈纪滢：《一代振奇人——李石曾传》，台北：近代中国出版社，1982年，第15页。

4 萧瑜：《李石曾先生的师友渊源》，朱传誉主编：《李石曾传记资料》（一），台北：天一出版社，1979年，第52页。

5 陈纪滢：《一代振奇人——李石曾传》，台北：近代中国出版社，1982年，第14—15页。

6 中国国民党中央委员会党史委员会编：《李石曾先生文集》（上），第二编《论著·〈李鸿藻先生年谱〉重文馆藏本题注》，台北：中国国民党中央委员会党史委员会，1980年，第432页。

7 中国国民党中央委员会党史委员会编:《李石曾先生文集》(下),第三编《石僧笔记·我与世界——由小己之我与小家乡到世界的大家乡》,台北:中国国民党中央委员会党史委员会,1980年,第32页。

8 萧瑜:《李石老之物质生活——李石曾先生传记之六》,朱传誉主编:《李石曾传记资料》(一),台北:天一出版社,1979年,第20页。

9 林斌:《李石曾先生与集文运动》,朱传誉主编:《李石曾传记资料》(一),台北:天一出版社,1979年,第14页。

10 中国国民党中央委员会党史委员会编:《李石曾先生文集》(下),第三编《石僧笔记·谈我的家乡》,台北:中国国民党中央委员会党史委员会,1980年,第23页。

11 台北"国史馆"编:《李煜瀛事略》,《"国史馆"现藏民国人物传记史料汇编》第一辑,台北:"国史馆",1988年,第77—79页。

12 陶英惠:《记民国四老——吴敬恒、蔡元培、张人杰、李煜瀛》,朱传誉主编:《李石曾传记资料》(一),台北:天一出版社,1979年,第54页。

13 中国国民党中央委员会党史委员会编:《李石曾先生文集》(下),第三编《石僧笔记·二十二岁出游四海》,台北:中国国民党中央委员会党史委员会,1980年,第73页。

14 李喜所《近代中国的留学生》置于1901年(北京:人民出版社,1987年,第251页),但《扩武自述》(《李石曾先生文集》(上),第437页)、《一代振奇人——李石曾传》(第34页)、《民国李石曾先生煜瀛年谱》(第14页)均系于1902年。

15 中国国民党中央委员会党史委员会编:《李石曾先生文集》(下),第三编《石僧笔记·空间之琐谈》,台北:中国国民党中央委员会党史委员会,1980年,第65—66页。

16 中国国民党中央委员会党史委员会编:《李石曾先生文集》(上),第二编《论著·扩武自述》,台北:中国国民党中央委员会党史委员会,1980年,第437页。

17 杨恺龄：《民国李石曾先生煜瀛年谱》，台北：台湾商务印书馆，1980年，第17页。

18 蒋复璁：《李石曾先生与国立故宫博物院》，朱传誉主编：《李石曾传记资料》（三），台北：天一出版社，1981年，第18页。

19 冯自由：《新世纪主人张静江》，《革命逸史》第二集，北京：中华书局，1981年，第210页。

20 朱中和：《欧洲同盟会纪录》，中国人民政治协商会议全国委员会文史资料研究委员会编：《辛亥革命回忆录》（六），北京：文史资料出版社，1981年，第17—18页。

21 杨恺龄：《民国李石曾先生煜瀛年谱》，台北：台湾商务印书馆，1980年，第17—18页。

22 陈锡祺：《孙中山年谱长编》，北京：中华书局，1991年，第405页。

23 萧瑜：《李石曾先生的师友渊源》，朱传誉主编：《李石曾传记资料》（一），台北：天一出版社，1979年，第52页。

24 秦孝仪：《革命学说和革命道路的证人：李石曾先生逝世十年祭》，朱传誉主编：《李石曾传记资料》（三），台北：天一出版社，1981年，第8页。

25 台北"国史馆"编：《"国史馆"现藏民国人物传记史料汇编》（第一辑），台北："国史馆"，1988年，第196页。

26 杨恺龄：《民国李石曾先生煜瀛年谱》，台北：商务印书馆，1980年，第19页。

27 《新世纪之革命》，张枬、王忍之编：《辛亥革命前十年间时论选集》（第二卷，下），北京：生活·读书·新知三联书店，1963年，第976页。

28 中国国民党中央委员会党史委员会编：《李石曾先生文集》（上），第一编《"新世纪"文徵·杂评（评预备立宪之上谕及中外日报论立宪)》，台北：中国国民党中央委员会党史委员会，1980年，第48页。

29 中国国民党中央委员会党史委员会编：《李石曾先生文集》（上），第一编《"新世纪"文徵·载沣时代之黑暗》，台北：中国国民党中央委员会党史委员会，1980年，第101—102页。

30 真：《答旁观子——代驳新世纪丛书革命之附答》，见张枏、王忍之编《辛亥革命前十年间时论选集》（第二卷，下），北京：生活·读书·新知三联书店，1963年，第976页。

31 民：《无政府说》，张枏、王忍之编：《辛亥革命前十年间时论选集》（第三卷），北京：生活·读书·新知三联书店，1977年，第170—171、177—178页。

32 中国国民党中央委员会党史委员会编：《李石曾先生文集》（上），第一编《"新世纪"文徵·来书（军魂）附答》，台北：中国国民党中央委员会党史委员会，1980年，第23页。

33 杨恺龄：《民国李石曾先生煜瀛年谱》，台北：台湾商务印书馆，1980年，第19页。这部分文章收录在《李石曾先生文集》之中，另有一部分收录于张枏、王忍之编：《辛亥革命前十年间时论选集》（第二卷，下），北京：生活·读书·新知三联书店，1960年。

34 郭湛波：《近五十年中国思想史》，济南：山东人民出版社，1997年，第262页。

35 民：《普及革命》，张枏、王忍之编：《辛亥革命前十年间时论选集》（第二卷，下），北京：生活·读书·新知三联书店，1963年，第1021—1041页。

36 真：《驳新世纪丛书"革命"附答》，张枏、王忍之编：《辛亥革命前十年间时论选集》（第二卷，下），北京：生活·读书·新知三联书店，1963年，第992—1003页。

37 张枏、王忍之编：《辛亥革命前十年间时论选集》（第二卷）序言，北京：生活·读书·新知三联书店，1963年，第18页。

38 中国国民党中央委员会党史委员会编：《李石曾先生文集》（下），第四编《演讲·中国国际学术问题》，台北：中国国民党中央委员会党史委员会，1980年，第272页。

39 杨恺龄：《民国李石曾先生煜瀛年谱》，台北：台湾商务印书馆，1980年，第21—22页。

40 孙中山：《建国方略》，《孙中山全集》第6卷，北京：中华书局，1985年，第193页。

41 陈纪滢：《一代振奇人——李石曾传》，台北：近代中国出版社，1982年，第111页。

42 杨恺龄：《民国李石曾先生煜瀛年谱》，台北：台湾商务印书馆，1980年，第23页。

43 陈纪滢：《一代振奇人——李石曾传》，台北：近代中国出版社，1982年，第45页。

44 张允侯、殷叙彝、李峻晨：《留法勤工俭学运动》（一），上海：上海人民出版社，1980年，第52页。

45 旅欧杂志社编，陈三井校订：《旅欧教育运动》，台北：中央研究院近代史研究所，1996年，第50—51页。

46 杨恺龄：《民国李石曾先生煜瀛年谱》，台北：台湾商务印书馆，1980年，第28页。

47 商文立：《李石曾先生之思想与行事》，载《李石曾先生纪念集》，第229页。

48 清华大学中共党史教研组编：《赴法勤工俭学运动史料》第一册，北京：北京出版社，1979年，第168、186、267页。

49 《国务院侨工事务局调查华工在法情形》，1918年11月。

50 张允侯、殷叙彝、李峻晨：《留法勤工俭学运动》（一），上海：上海人民出版社，1980年，第52页。

51 陈三井：《近代中法关系史论》，台北：三民书局，1994年，第209页。

52 旅欧杂志社编，陈三井校订：《旅欧教育运动》，台北：中央研究院近代史研究所，1996年，第71页。

53 《华法教育会大纲》，陈学恂主编：《中国近代教育史教学参考资料》中册，北京：人民教育出版社，1987年，第527页。

54　《教育公报》第四年第十三期，1917年10月20日。

55　保定市政协文史资料委员会编：《百年名校育德中学》，1994年，第
　　185页；保定市政协文史委员会编：《保定近代教育史略》，保定：河
　　北大学出版社，1992年，第84页。

56　参见李喜所：《近代中国的留学生》，北京：人民出版社，1987年，第
　　263—270页。

57　沈宜甲：《第一次报告书》，《安徽教育月刊》第24、25期，1919年12
　　月—1920年1月。

58　《留法勤工俭学之详况》，《时事新报》1919年10月15日。

59　清华大学中共党史教研组编：《赴法勤工俭学运动史料》第二册（上），
　　北京：北京出版社，1980年，第164页。

60　杨恺龄：《民国李石曾先生煜瀛年谱》，台北：台湾商务印书馆，1980
　　年，第34页。

61　薛世纶：《留法勤工俭学问题的讨论》，《时事新报》1919年12月29日。

62　《留法俭学报告书》，华法教育会广东分会，1920年。

63　《巴黎通信》，《工读》第二、三期，1920年1月。

64　《法国通信》，《工读》第六期，1920年3月。

65　张允侯、殷叙彝、李峻晨：《留法勤工俭学运动》（一），上海：上海
　　人民出版社，1980年，第386页。

66　张允侯、殷叙彝、李峻晨：《留法勤工俭学运动》（一），上海：上海
　　人民出版社，1980年，第234页。

67　清华大学中共党史教研组编：《赴法勤工俭学运动史料》第二册（上），
　　北京：北京出版社，1980年，第375页。

68　《法国通信》，《工读》第六期，1920年3月。

69　沈宜甲：《第一次报告书》，陈学恂、田正平编：《中国近代教育史资料

汇编 留学教育》，上海：上海教育出版社，1991年，第519页。

70 陈纪滢：《一代振奇人——李石曾传》，台北：近代中国出版社，1982年，第61页。

71 包振宇：《一般在法华工、学生、商人的组织和建设》，清华大学中共党史教研组编：《赴法勤工俭学运动史料》第二册，北京：北京出版社，1979年，第147页。

72 张允侯、殷叙彝、李峻晨：《留法勤工俭学运动》（一），上海：上海人民出版社，1980年，第384页。

73 恩来：《勤工俭学生在法最后之运命》，清华大学中共党史教研组编：《赴法勤工俭学运动史料》第一册，北京：北京出版社，1979年，第52页。

74 ［法］巴斯蒂著，陈三井译：《李石曾与中法文化关系》，《近代中国》（台北）1998年第126期。

75 叶隽：《异文化博弈——中国现代留欧学人与西学东渐》，第三章 《现代中国早期之无政府理想——李石曾的文化浪漫主义及其留法背景》，北京：北京大学出版社，2009年。

76 陈纪滢：《一代振奇人——李石曾传》，台北：近代中国出版社，1982年，第159页。

77 中国国民党中央委员会党史委员会编：《李石曾先生文集》（上），第一编 《"新世纪"文徵·革命风潮》，台北：中国国民党中央委员会党史委员会，1980年，第99页。

78 中国国民党中央委员会党史委员会编：《李石曾先生文集》（上），第二编 《论著·稚晖先生六十年来公谊私交之关系》，台北：中国国民党中央委员会党史委员会，1980年，第399页。

79 杨恺龄：《民国李石曾先生煜瀛年谱》，台北：台湾商务印书馆，1980年，第24页。

80 林能士：《辛亥革命时期北方地区的革命活动》，《中国现代史专题研究报告》（九），台北：中华民国史料研究中心，1979年，第134页。

81 杜元载主编:《革命人物志》(第十二集),台北:中国国民党中央委员会党史史料编纂委员会,1973年,第50页。

82 杜元载主编:《革命人物志》(第十二集),台北:中国国民党中央委员会党史史料编纂委员会,1973年,第50页。

83 杨恺龄:《民国李石曾先生煜瀛年谱》,台北:台湾商务印书馆,1980年,第25—26页。

84 中国国民党中央委员会党史委员会编:《李石曾先生文集》(上),第二编《论著·稚晖先生六十年来公谊私交之关系》,台北:中国国民党中央委员会党史委员会,1980年,第399页。

85 李宗侗:《李宗侗自传》,北京:中华书局,2010年,第146页。

86 《冯玉祥日记》第一编,北平:民国史料编辑社,1932年,第2版,第128—129页。

87 李宗侗:《李宗侗自传》,北京:中华书局,2010年6月,第147页。

88 李玄伯:《溥仪出宫情形》,《故宫周刊》第102期,1931年9月19日。

89 吴瀛:《故宫博物院前后五年经过记》卷一,北平:故宫博物院,1932年,第17页上。

90 "财政整理委员会就接收清室财产事致内务部礼俗司函"(1925年11月15日),中国第二历史档案馆编:《中华民国史档案资料汇编》(第三辑:文化),南京:凤凰出版社,1991年,第293页。

91 《清室物件将开始点查》,《申报》1924年12月30日。

92 [美]薛立敦,丘权政、陈昌光、符致兴译:《冯玉祥的一生》,杭州:浙江人民出版社,1988年,第184页。

93 杨恺龄:《民国李石曾先生煜瀛年谱》,台北:台湾商务印书馆,1980年,第45页。

94 《点查清物件之波折》,《申报》1924年12月31日。

95 《清室善后委员会宣言》,《申报》1925年8月17日。

96 蒋复璁：《李石曾先生与国立故宫博物院》，朱传誉主编：《李石曾传记资料》（三），台北：天一出版社，1981年，第6页。

97 《故宫博物院中东两路参观纪》，《黄报》1925年10月12日。转引自吴十洲：《紫禁城的黎明》，北京：文物出版社，1998年，第139页。

98 吴瀛：《故宫博物院前后五年经过记》卷一，北平：故宫博物院，1932年，第53页下。

99 那志良：《典守故宫国宝七十年》，北京：紫禁城出版社，2004年。

100 "清室善后委员会关于故宫博物院开院典礼的通电"（1925年10月10日），中国第二历史档案馆编：《中华民国史档案资料汇编》（第三辑：文化），南京：江苏古籍出版社，1991年，第293—294页。

101 蒋复璁：《李石曾先生与国立故宫博物院》，朱传誉主编：《李石曾传记资料》（三），台北：天一出版社，1981年，第6页。

102 中国国民党中央委员会党史委员会编：《李石曾先生文集》（下），第四编《演讲·清故宫须为活故宫》，台北：中国国民党中央委员会党史委员会，1980年，第241页。

103 蒋复璁：《李石曾先生与国立故宫博物院》，朱传誉主编：《李石曾传记资料》（三），台北：天一出版社，1981年，第6页。

第二章　庄蕴宽：岿然不动的守护者

1 高拜石：《古春风楼琐记》（第十集），台北：台湾新生报社，1979年再版，1981年四版，第335页。

2 中国第二历史档案馆编：《南京临时政府遗存珍档4》，南京：凤凰出版社，2011年，第1179、1191页。

3 《政府公报》1924年，第3104号，第4—5页。

4 杨恺龄：《民国李石曾先生煜瀛年谱》，台北：台湾商务印书馆，1980年，第43页。

5　《清室善后委员会点查清宫物件规则（十三年十二月二十日议决）》，《故宫物品点查报告》第1编第1册，北京：清室善后委员会，1925年，第3—4页。

6　《清室善后委员宣言》，《申报》1925年8月17日。

7　蒋复璁：《李石曾先生与国立故宫博物院》，朱传誉主编：《李石曾传记资料》（三），台北：天一出版社，1981年，第6页。

8　吴瀛：《故宫尘梦录》，北京：紫禁城出版社，2005年，第89页。

9　《清室善后委员会议事录（1925年9月29日）》，故宫博物院档案，jfqggdatsl00003。《清室善后委员会重要会议》，《申报》1925年10月2日。

10　《北京通信（所谓故宫博物院暂行保管问题）》，《申报》1926年8月21日。

11　袁同礼：《北平故宫博物院图书馆概况》，《图书馆学季刊》4卷2期，1930年6月。

12　《北京军警枪杀请愿团之大惨剧》，《申报》1926年3月20日。

13　杨恺龄：《民国李石曾先生煜瀛年谱》，台北：台湾商务印书馆，1980年，第51页。

14　《申报》1926年4月2日。

15　陈智超编注：《陈垣来往书信集》，上海：上海古籍出版社，1990年，第248页。

16　李煜瀛致陈垣函影印件，刘乃和等：《陈垣年谱配图长编》，沈阳：辽海出版社，2000年，第164页。

17　《申报》1926年4月8日。

18　《京城之炸弹恐慌》，《申报》1926年4月6日。

19　《北京通信（所谓故宫博物院暂行保管问题）》，《申报》1926年8月21日。

20　吴瀛：《故宫博物院前后五年经过记》卷二，北平：故宫博物院，1932年，第3—4页。

21　"函审计院送本院支出计算书及对照表"，故宫博物院档案室藏财务档案，编号：jfqggcw100001。

22 《申报》1926年4月30日。

23 《申报》1926年5月31日。

24 《国民军退后之北京治安问题》，《申报》1926年4月23日。

25 《国民军退后之北京治安问题》，《申报》1926年4月23日。

26 吴瀛：《故宫博物院前后五年经过记》卷二，北平：故宫博物院，1932
   年，第5页。

27 《各将领会议之问题》，《申报》1926年4月26日。

28 吴瀛：《故宫尘梦录》，北京：紫禁城出版社，2005年，第100页。

29 《院部筹备接收故宫博物院》，《申报》1926年8月15日。

30 《故宫保管委员会办法》《十四日之阁议》，《申报》1926年8月15日；
   《清室委员会改组，十四日阁议已通过办法及委员》，《申报》1926年
   8月18日。

31 《赵尔巽当选保管故宫委员长》，《申报》1926年8月25日。

32 吴瀛：《故宫博物院前后五年经过记》卷二，北平：故宫博物院，1932
   年，第8页上。

33 《清委会对移交故宫之意见：提出附带条件三项，并组织监督故宫博
   物院同志会》，《申报》1926年8月27日。

34 《故宫博物院问题》，《申报》1926年8月28日。

35 吴瀛：《故宫尘梦录》，北京：紫禁城出版社，2005年，第106页。

36 《京政府有将武装接收故宫说》，《申报》1926年9月9日。

37 吴瀛：《故宫博物院前后五年经过记》卷二，北平：故宫博物院，1932
   年，第9页上。

38 《京政府有将武装接收故宫说》，《申报》1926年9月9日。

39 《赵孙辞保管故宫委员长，清委员会已准备点交矣》，《申报》1926年

9月10日；《七日之国务会议》，《申报》1926年9月11日。

40　《故宫博物院组织点交委员会》，《申报》1926年9月12日。

41　《庄蕴宽因误会受惊：宪兵司令部坚请庄氏一谈，经于珍陈兴亚解围》，《申报》1926年12月6日。

42　《昨日之国务会议》，《申报》1929年3月2日。

43　《申报》1929年3月19日。

44　《行政院决议案》，《申报》1932年5月1日。

45　《申报》1929年1月13日。

46　《公牍：总务类：省政府秘书处函：第七一号（十八年一月十五日）：为本日上午九时江苏省通志编纂委员会开成立会希派员参加由》，《江苏省政府土地整理委员会公报》1929年第2期，第47页。

第三章　赵尔巽：时运不济的接管者

1　中国第二历史档案馆编：《中华民国史档案资料汇编》（第三辑：文化），南京：江苏古籍出版社，1991年，第294页。

2　北京市地方志编纂委员会编：《北京志·世界文化遗产卷·故宫志》，北京：北京出版社，2005年，第731页。

3　《故宫博物院开放三天，接收委员函请维持该院原案》，《申报》1928年7月14日。

4　吴瀛：《故宫博物院前后五年经过记》卷二，北平：故宫博物院，1932年，第7页下。

5　刘北汜：《故宫沧桑》，北京：紫禁城出版社，2004年，第67页。北京市地方志编纂委员会编：《北京志·世界文化遗产卷·故宫志》，北京：北京出版社，2005年，第666页。

6　《天津段祺瑞电》，《申报》1924年11月24日。

7 《申报》1924年12月25日。

8 松涛：《内外时评：善后会议开会》，《东方杂志》第22卷第3期，1925年，第1页。

9 中国第二历史档案馆编：《善后会议》，北京：档案出版社，1985年，第4—5页。

10 政之：《北京政局蜕嬗纪》（上），《国闻周报》第3卷第16期，1926年。

11 《院部筹备接收故宫博物院》，《申报》1926年8月15日。

12 《政府公报》1926年8月16日，第3716期，第4页。

13 《十四日之阁议》《故宫保管委员会办法》，《申报》1926年8月15日；《清室委员会改组，十四日阁议已通过办法及委员》，《申报》1926年8月18日。《故宫博物院暂行保管办法》，《政府公报》1926年8月16日，第3716号。

14 《教部主张故宫定为国产》，《申报》1926年8月22日。

15 《赵尔巽当选保管故宫委员长》，《申报》1926年8月25日。

16 《清委会对移交故宫之意见：提出附带条件三项，并组织监督故宫博物院同志会》，《申报》1926年8月27日。

17 《故宫博物院问题》，《申报》1926年8月28日。

18 吴瀛：《故宫尘梦录》，北京：紫禁城出版社，2005年，第106页。

19 《京政府有将武装接收故宫说》，《申报》1926年9月9日。

20 《京政府有将武装接收故宫说》，《申报》1926年9月9日。

21 《京政府有将武装接收故宫说》，《申报》1926年9月9日。

22 吴瀛：《故宫博物院前后五年经过记》卷二，北平：故宫博物院，1932年，第9页上。

23 吴瀛：《故宫博物院前后五年经过记》卷二，北平：故宫博物院，1932年，第9页上。

24 刘北汜：《故宫沧桑》，北京：紫禁城出版社，2004年，第68页。

25 《京政府有将武装接收故宫说》，《申报》1926年9月9日。

26 《赵孙辞保管故宫委员长》，《申报》1926年9月10日。

27 《七日之国务会议》，《申报》1926年9月11日。

28 《赵孙辞保管故宫委员长》，《申报》1926年9月10日。

29 《故宫博物院组织点交委员会》，《申报》1926年9月12日。

30 吴瀛：《故宫博物院前后五年经过记》卷二，北平：故宫博物院，1932年，第10页上。

第四章　江瀚：临危受命的担当者

1 《十四日之阁议》《故宫保管委员会办法》，《申报》1926年8月15日；
   《清室委员会改组，十四日阁议已通过办法及委员》，《申报》1926年
   8月18日。《故宫博物院暂行保管办法》，《政府公报》1926年8月16
   日第3716号。

2 《十四日之阁议》《故宫保管委员会办法》，《申报》1926年8月15日；
   《清室委员会改组，十四日阁议已通过办法及委员》，《申报》1926年
   8月18日。

3 《赵尔巽当选保管故宫委员长》，《申报》1926年8月25日。

4 《故宫博物院组织点交委员会》，《申报》1926年9月12日。

5 吴瀛：《故宫博物院前后五年经过记》卷二，北平：故宫博物院，1932
   年，第11页上。

6 吴瀛：《故宫博物院前后五年经过记》卷二，北平：故宫博物院，1932
   年，第11页下。

7 吴瀛：《故宫博物院前后五年经过记》卷二，北平：故宫博物院，1932
   年，第12页。

8 杨恺龄：《民国李石曾先生煜瀛年谱》，台北：台湾商务印书馆，1980

年，第52—53页。

9　《民党议决请汪精卫销假，推派代表劝汪回粤》，《申报》1926年10月20日。《申报》1926年10月23日。

10　《广州党联会之第五六日》，《申报》1926年10月29日。

11　《申报》1926年9月19日。

12　吴瀛:《故宫博物院前后五年经过记》卷二，北平：故宫博物院，1932年，第14页下。

13　吴瀛:《故宫博物院前后五年经过记》卷二，北平：故宫博物院，1932年，第17页下。

14　《致中华教育文化基金委员会请拨借补助费三分之一以资维持由》，故宫博物院档案室藏财务档案，编号：jfqggcw100013。

15　《函审计院送本院支出计算书及对照表》，故宫博物院档案室藏财务档案，编号：jfqggcw100001。

16　吴瀛:《故宫尘梦录》，北京：紫禁城出版社，2005年，第128—130页。

17　《申报》1927年4月13日。

18　吴瀛:《故宫博物院前后五年经过记》卷二，北平：故宫博物院，1932年，第20页下。

19　吴瀛:《故宫博物院前后五年经过记》卷二，北平：故宫博物院，1932年，第22页下。

20　吴瀛:《故宫博物院前后五年经过记》卷二，北平：故宫博物院，1932年，第22页下。

21　吴瀛:《故宫博物院前后五年经过记》卷二，北平：故宫博物院，1932年，第23页上。

22　吴瀛:《故宫博物院前后五年经过记》卷二，北平：故宫博物院，1932年，第23页上。

23　陈智超编注:《陈垣来往书信集》，上海：上海古籍出版社，1990年，第 255—256 页。

24　单士元:《回忆陈援庵师》,刘乃和主编:《历史文献研究》(北京新七辑),北京:北京师范大学出版社,1996 年。

25　吴瀛:《故宫博物院前后五年经过记》卷二,北平:故宫博物院,1932 年,第 24 页。

26　吴瀛:《故宫博物院前后五年经过记》卷二,北平:故宫博物院,1932 年,第 24 页下—25 页上。

27　《江瀚大发牢骚》,《申报》1927 年 8 月 31 日。

28　《沈瑞麟、刘尚清拟订整理故宫办法致大元帅呈》,《中华民国史档案史料汇编》(第三辑:文化),南京:江苏古籍出版社,1991 年,第 295—298 页。

29　吴瀛:《故宫尘梦录》,北京:紫禁城出版社,2005 年,第 138 页。

30　吴瀛:《故宫尘梦录》,北京:紫禁城出版社,2005 年,第 140 页。

31　《中央政治会议》,《申报》1932 年 8 月 4 日。

32　《中央政治会议》,《申报》1932 年 9 月 22 日。

33　《江瀚昨就故宫理事长》,《申报》1932 年 10 月 5 日。

34　《多奇云致故宫博物院函》,故宫博物院档案室藏院史档案,文物保管类,卷 46,第 9—14 页。

35　《平教育界请定北平为文化城》,《申报》1932 年 10 月 9 日。

36　《故宫古物移洛问题》,《申报》1932 年 11 月 25 日。

37　《江瀚谈故宫古物,反对移地保存,决以去留向中央力争》,《大公报》(天津)1932 年 11 月 25 日。

38　《平各团体反对故宫古物迁洛》,《申报》1932 年 11 月 26 日。

39　《故宫古物不迁洛,褚民谊电平辟谣》,《大公报》(天津)1932 年 12 月 1 日;《易培基否认故宫古物迁洛》,《申报》1932 年 12 月 1 日。

40　《故宫古物装箱》,《申报》1933 年 1 月 10 日。

41 《故宫博物院理事会议，易培基因病辞职照准，改推张人杰为理事长》，《申报》1933年7月16日。

第五章　王士珍：心无旁骛的维持者

1　政之：《北京政局蜕嬗纪》（上），《国闻周报》第3卷第16期。

2　《京师临时治安会之要电》，1926年4月20日。

3　《国务院拟具故宫博物院管理委员会条例致大元帅呈》，中国第二历史档案馆编：《中华民国史档案史料汇编》（第三辑：文化），南京：江苏古籍出版社，1991年，第294页。

4　《申报》1927年9月21日。

5　《故宫博物院管理委员会正副委员长及委员就职致内务部公函》，中国第二历史档案馆编：《中华民国史档案史料汇编》（第三辑：文化），南京：江苏古籍出版社，1991年，第295页。

6　《申报》1928年3月21日。

7　《申报》1928年3月28日。

8　《申报》1928年4月4日。

9　《故宫博物院开放三天，接收委员函请维持该院原案》，《申报》1928年7月14日。

10　《故宫古物曾有遗失》，《申报》1928年6月18日。

11　王毓超：《北洋人士话沧桑》，北京：中国文史出版社，1993年，第183页。

12　《申报》1928年6月2日。

13　《申报》1928年6月2日。

14　《奉张今晨二时出走》，《申报》1928年6月3日。

15　《东方社一日北京电》，《申报》1928年6月3日。

16　韩信夫、姜克夫主编：《中华民国史·大事记》（第五卷），北京：中华
　　书局，2011年，第3073页。《申报》1928年6月10日发表治安维持会
　　成立时的通电，但没有注明时间。

17　《中央日报》（上海）1928年6月11日。《革命文献》第21辑，总第
　　4007页。

18　《革命文献》第21辑，总第4013页。

19　《申报》1928年7月22日。

20　《国府会议纪要》，《申报》1928年6月16日。

21　《申报》1928年6月16日。

22　《申报》1928年6月20日。

23　《中央政治会议》，《申报》1928年9月20日。

24　《中央政治会议》，《申报》1928年9月25日。

25　《遗嘱希望和平统一》，《申报》1930年7月2日。

第六章　易培基：奋发蹈厉的贡献者

1　长沙市地方志办公室编：《长沙市志》，长沙：湖南人民出版社，2002
　　年，第138页。

2　中共湖南省委党史研究室、新民学会成立会旧址管理处主编：《风华正
　　茂的岁月——新民学会纪实》，长沙：湖南人民出版社，2008年，第
　　94页。

3　长沙市地方志办公室编：《长沙市志》，长沙：湖南人民出版社，2002
　　年，第138页。

4　中国革命博物馆、湖南省博物馆编：《新民学会资料》，北京：人民出
　　版社，1980年，第256页。中共湖南省委党史研究室、新民学会成立

会旧址管理处主编：《风华正茂的岁月——新民学会纪实》，长沙：湖南人民出版社，2008年，第146—147页。

5　[美]埃德加·斯诺著，李方准等译：《红星照耀中国》，石家庄：河北人民出版社，1992年，第108页及注释。

6　本书编写组编：《湖南第一师范校史　1903—1949》，上海：上海教育出版社，1983年，第149页。

7　韩信夫、姜克夫主编：《中华民国史·大事记》（第四卷），北京：中华书局，2011年，第2414—2415页。孙敦恒、闻海选编：《三一八运动资料》，北京：人民出版社，1984年，第69—77页。

8　《申报》1927年5月12日。

9　《申报》1927年9月7日。

10　《中央政会重复办公》，《申报》1928年1月12日。

11　《中央政治会议，特任内政农矿工商三部长，推于右任为国府审计院院长》，《申报》1928年2月23日。

12　《中央政治会议》，《申报》1928年6月14日。《北京各机关之接收》，《申报》1928年6月15日；《国府会议纪要》，《申报》1928年6月16日；《时事新报》1928年6月16日。

13　《申报》1928年6月16日。

14　《申报》1928年6月20日。

15　《申报》1928年6月29日。

16　《经亨颐提议废除故宫博物院》，《申报》1928年6月28日。

17　韩信夫、姜克夫主编：《中华民国史·大事记》（第五卷），北京：中华书局，2011年，第3120页。

18　吴瀛：《故宫博物院前后五年经过记》卷二，北平：故宫博物院，1932年，第32页、34页上—37页上。

19　《申报》1928年7月14日。

20 吴瀛：《故宫博物院前后五年经过记》卷二，北平：故宫博物院，1932年，第33页上。

21 《中央政治会议》，《申报》1928年9月20日。

22 《中央政治会议》，《申报》1928年9月25日。

23 杨恺龄：《民国李石曾先生煜瀛年谱》，台北：台湾商务印书馆，1980年，第66页。

24 《昨日之国务会议》，《申报》1929年3月2日。

25 《命令》，《申报》1930年9月25日。

26 《命令》，《申报》1930年12月5日；《命令》《蒋梦麟易培基改任大学校长》，《申报》1930年12月5日。

27 《申报》1931年3月18日；《北平晨报》1931年3月20日。

28 《国务会议决议改组湖北省政府》，《申报》1931年5月27日。

29 《申报》1930年10月22日。《行政院九十一次会议》报道中没有此项内容，但故宫博物院存有相关档案。

30 《故宫博物院停止办公》，《申报》1932年8月24日。

31 《故宫标卖各物之价值》，《申报》1931年11月29日。

32 《平政委会例会，对张辞职决予慰留》，《申报》1932年8月24日。

33 《故宫博物院建筑特别仓库，易培基报告拍卖零物情形》，《申报》1932年8月25日。

34 《易培基被人控讦》，《申报》1932年8月30日。

35 《故宫停售古物，视察委员会开会决定，易培基到京陈述一切》，《申报》1932年9月1日。《故宫博物院出售古物问题》，《申报》1932年9月4日。

36 《故宫停售古物，视察委员会开会决定，易培基到京陈述一切》，《申报》1932年9月1日。

37 《上海大学教授询问出卖古物》，《申报》1932年9月2日。

38 《易培基否认处分古物》，《申报》1932年9月5日。

39 《故宫博物院出售古物问题》，《申报》1932年9月4日。

40 《故宫博物院声明书，历述保存古物之苦心，迁移抵押说尽属无稽》，《申报》1932年9月7日。

41 《故宫博物院拍卖金器经过》，《申报》1932年9月8日。

42 《关于故宫售卖金器事于学忠之声明》，《申报》1932年9月8日。

43 《平政委会力主彻查故宫》，《申报》1932年9月10日。

44 《监院调查故宫失物案》，《申报》1932年9月26日。《监委彻查故宫事件》，《申报》1932年11月3日。《故宫售物案监院决提弹劾》，《申报》1932年11月10日。

45 《监院彻查盗卖古物案》，《申报》1932年11月5日。

46 《申报》1932年11月13日。

47 《故宫售物案调查竣事，高周两监委已先后离平，调查结果俟呈报后发表》，《申报》1932年12月6日。

48 《监院弹劾故宫出卖金器，请将易培基移付惩戒》，《申报》1933年2月1日。

49 《易培基发表一文对古物案声辩，认调查报告为有意周纳》，《申报》1933年2月5日。全文见《易培基答复周高两监委文》，《申报》1933年2月6日。

50 《易培基辞故宫博物院长职》，《申报》1933年6月23日。

51 《故宫博物院理事会议》，《申报》1933年7月16日。

52 《最高法院调查易培基舞弊案》，《申报》1933年7月6日。

53 《京法院开始侦查易培基被控案》，《申报》1933年7月12日。《故宫博物院舞弊案，被告无从传案》，《申报》1933年7月26日。《故博舞弊案法院传关系人无着》，《申报》1933年8月7日。

54 《古物案侦查中，张继在平发表谈话》，《申报》1933年8月20日。

55 《张崔振华控案，易培基提反诉，指发崔郑串卖，上诉各级机关》，《申报》1933年10月18、19日。

56 《易培基再请罢免郑烈》，《申报》1933年10月22日。

57 《监院通过弹劾易培基案》，《申报》1933年12月6日。

58 《最高法院检察署通令严缉易培基归案》，《申报》1934年1月1日。

59 《最高法院通缉李宗侗令》，《申报》1934年2月4日。

60 《故宫珠宝盗换数量可惊》，《申报》1934年10月20日。《故宫盗宝案起诉书》，《申报》1934年11月5日。吴瀛：《故宫尘梦录》，北京：紫禁城出版社，2005年，第260—261页。

61 《尹起文控告易培基案昨日江宁法院开审》，《申报》1934年11月30日。《故宫盗宝案开审》，《申报》1934年12月1日。

62 《盗卖古物案中政会饬查究》，《申报》1934年12月10日。

63 《于右任提请严惩故宫盗宝事件》，《申报》1934年12月6日。

64 《中政会决议》，《申报》1934年12月6日。

65 《古物保委会呈请进行易案裁判》，《申报》1934年12月14日。

第七章　马衡：晨兢夕厉的典守者

1 王素：《马衡先生对早期甲骨学的贡献》，《故宫博物院院刊》2019年第8期。

2 华人德：《北京大学书法研究社》，《华人德书学文集》，北京：荣宝斋出版社，2008年，第267页。

3 《北京大学日刊》1918年3月1日。

4 《北京大学日刊》1918年2月27日。

5 《北京大学日刊》1922年2月15日。

6　陈以爱：《中国现代学术研究机构的兴起》，南昌：江西教育出版社，2002年，第92页。

7　《北京大学日刊》1922年4月20日。

8　杨天石主编：《钱玄同日记（整理本）》，北京：北京大学出版社，2014年，第404页。

9　《北京大学日刊》1922年5月25、27日。

10　王学珍、郭建荣：《北京大学史料》第二卷第二册，北京：北京大学出版社，2000年，第1518页。

11　《北京大学日刊》1922年6月19日。

12　王国维、马衡著，马思猛辑注：《王国维与马衡往来书信》1922年7月28日，北京：生活·读书·新知三联书店，2017年，第76页。

13　《清代官印集存》拓印本现藏故宫博物院。

14　王国维、马衡著，马思猛辑注：《王国维与马衡往来书信》1923年6月28日，北京：生活·读书·新知三联书店，2017年，第104页。

15　《研究所国学门通告》，《北京大学日刊》1923年9月28日。

16　马思猛编著：《马衡年谱长编》，北京：故宫出版社，2020年，第182页。

17　黄卉：《北京大学与清宫物品点查》，《辽宁大学学报（哲学社会科学版）》2012年第4期。

18　马衡：《故宫博物院开放》，《晨报》1925年10月12日。

19　《申报》1926年8月27日。

20　《晨报》1926年9月23日。

21　故宫档案，章制纪录类。

22　《晨报》1927年4月28日。

23　《晨报》1927年4月29日。

24 蓝文徵：《清华大学国学研究院始末》，马强才选编：《蓝文徵文存》，南京：江苏人民出版社，2012年，第268页。

25 杨天石主编：《钱玄同日记（整理本）》，北京：北京大学出版社，2014年，第695页。

26 《申报》1928年3月12日。

27 上海《民国日报》1928年3月28日。

28 《晋军入北京之前后》，《申报》1928年6月10日。

29 《民国日报》（上海）1928年6月14日。

30 《申报》1928年6月20日。

31 故宫档案，档案图书文书类。

32 《益世报》1928年6月24日。

33 《申报》1928年6月29日；庄尚严：《接收清史馆报告》，故宫档案，档案图书文书类。

34 唐向荣：《七十年前故宫博物院的存废之争》，《相知》1999年第4期；《书摘》1999年第8期。

35 《申报》1928年7月14日；马衡：《马衡等五人致社会各界传单》，故宫博物院编：《马衡诗抄·佚文卷》，北京：紫禁城出版社，2005年，第168页。

36 《申报》1928年9月21日。

37 《京报》1929年3月19日。

38 故宫档案，组织人事类。

39 《故宫博物院古物馆办事细则》，马衡手稿，故宫收藏。

40 展览部：《故宫博物院八十年展览项目简表》，故宫博物院编：《故宫博物院八十年》，北京：紫禁城出版社，2005年，第270—272页。

41 以上古物馆的工作情况，参阅《北平故宫博物院古物馆概览》，北平：故宫博物院，1932年。

42　故宫档案，文物保管类。

43　故宫档案，行政事务其他类。

44　郑欣淼：《钢和泰与故宫博物院》，《中国文化》2015年第1期。

45　故宫档案，档案图书文书类。

46　郑欣淼：《钢和泰与故宫博物院》，《中国文化》2015年第1期。

47　《傅振伦遗藏的燕下都考古旧照（一）》，《紫禁城》2009年第9期；仓石武四郎著，荣新江、朱玉麒辑注：《仓石武四郎中国留学记》，北京：中华书局，2002年，第166页；杨天石主编：《钱玄同日记（整理本)》，北京：北京大学出版社，2014年，第767页。

48　故宫档案，组织人事类。

49　《申报》1931年1月25日。

50　故宫档案，文物保管类。

51　故宫档案，领导指导类。

52　故宫档案，章制纪录类。

53　故宫档案，档案图书文书类。

54　《世界日报》（北平）1932年10月6日。

55　《申报》1932年10月9日。

56　《申报年鉴1933年》"一年来国内外大事概述，国内之部"，A六一，上海：申报馆特种发行部，1934年。

57　高叔平：《蔡元培年谱长编》（第四卷），北京：人民教育出版社，1998年。

58　故宫档案，文物保管类。

59　庄严：《山堂清话》，台北："国立故宫博物院"，1980年，第135页。

60　马衡：《凡将斋金石丛稿》，北京：中华书局，1977年，第177页。

61　故宫档案，章制纪录类。

62 《古物保管委员会工作汇报》。

63 故宫档案，机构设置及干部聘任类。

64 故宫档案，组织人事类。

65 《北平晨报》1933年8月26日。

66 故宫档案，组织人事类。

67 故宫档案，组织人事类。

68 故宫档案，组织人事类。

69 《申报》1933年8月1日。

70 《申报》1933年7月22日。

71 《申报》1933年7月24日。

72 《申报》1933年7月27日。

73 1934年6月呈行政院及本院理事会的报告底稿，故宫博物院档案室存。

74 《益世报》1934年1月20日。

75 《益世报》1933年12月28日。

76 故宫博物院编：《故宫博物院档案汇编·工作报告（1928年至1949年）》第2册，北京：故宫出版社，2015年，第527页。

77 故宫档案，领导指导类。

78 《申报》1934年6月6日。

79 故宫档案，计划、总结、表报类。

80 故宫档案，章制纪录类。

81 故宫档案，章制纪录类。

82 故宫档案，章制纪录类。

83 故宫档案，组织人事类。

84 故宫档案，文物保管类。

85 故宫档案，组织人事类。

86 故宫档案，组织人事类。

87 故宫档案，组织人事类。

88 故宫档案，组织人事类。

89 《益世报》《北平晨报》1934年7月24日。

90 《申报》1934年7月24日。

91 《申报》1934年7月28日。

92 《北平晨报》1934年7月29日。

93 故宫档案，章制纪录类。

94 那志良：《典守故宫国宝七十年》，北京：紫禁城出版社，2004年，第
   77页。

95 故宫档案，章制纪录类。

96 故宫档案，组织人事类。

97 故宫档案，档案图书文书类。

98 故宫档案，章制纪录类。

99 故宫档案，章制纪录类。

100 故宫档案，章制纪录类。

101 故宫档案，章制纪录类。

102 故宫档案，章制纪录类。

103 故宫档案，章制纪录类。

104 《申报》1934年10月12日。

105 1936年4月15日，故宫博物院第三届理事会首次全体理事会议记录，
   马衡《国立北平故宫博物院简明工作报告（二十四年四月一日起至

二十五年三月底止)》，故宫档案，章制纪录类。

106 1936年11月16日，马衡院长向故宫博物院第三届理事会第三次常务理事会议提交《平沪点收文物情形报告》，故宫档案，章制纪录类。

107 1937年5月3日，故宫博物院第三届理事会第二次全体理事会议，附《马院长报告平沪京文物点收情形》。

108 欧阳道达著，王硕整理:《故宫文物避寇记》，北京：紫禁城出版社，2010年，第27—29页。

109 欧阳道达著，王硕整理:《故宫文物避寇记》，北京：紫禁城出版社，2010年，第45页。

110 故宫档案，章制纪录类。

111 《申报》1936年7月11日。

112 故宫档案，文物保管类。

113 故宫档案，文物保管类。

114 1937年5月3日，故宫博物院第三届理事会第二次全体理事会议，《马院长报告存沪文物箱件运储京库经过》。

115 故宫档案，组织人事类。

116 故宫档案，章制纪录类。1937年2月3日，故宫博物院第十一次院务会议。

117 《欧阳道达致马衡函（1937年1月16日)》，故宫档案，文物保管类。

118 这些呈报件均存故宫档案，档案图书文书类。

119 故宫档案，档案图书文书类。

120 故宫档案，章制纪录类。

121 故宫档案，文物保管类。

122 故宫档案，文物保管类。

123 故宫档案，文物保管类。

124 故宫档案，领导指导类。

125 故宫档案，领导指导类。

126《申报》1934年6月10日。

127《北平晨报》1934年6月22日。

128《申报》1934年7月11日。

129《申报》1934年12月15日。

130《华北日报》1934年12月24日。

131 故宫档案，章制纪录类。

132 故宫档案，章制纪录类。

133 故宫档案，章制纪录类。

134 故宫档案，章制纪录类。

135《申报》1935年9月14日。

136《华北日报》1935年9月22日。

137 故宫档案，章制纪录类。

138 1936年4月15日，故宫博物院第三届理事会首次全体理事会议记录，
   故宫档案，章制纪录类。

139《马衡复翁文灏函（1936年1月2日）》，故宫档案。

140 故宫档案，财务类。

141 1936年2月15日，北平故宫博物院第二届理事会第八次常务理事会会
   议记录，故宫档案，章制纪录类；《翁文灏日记》上册，北京：中华
   书局，2023年，第18页。

142 1936年4月15日，故宫博物院第三届理事会首次全体理事会议记录，
   故宫档案，章制纪录类。

143《申报》1936年4月16日。

144 《新民报》（南京）1936年9月22日。

145 马思猛编著：《马衡年谱长编》，北京：故宫出版社，2020年，第702页。

146 《新民报》（南京）1936年9月27日。

147 1936年4月15日，故宫博物院第三届理事会首次全体理事会议记录，故宫档案，章制纪录类。

148 1936年5月30日，北平故宫博物院第三届理事会第一次常务理事会议记录，故宫档案，章制纪录类。《蔡元培致马衡函（1936年6月4日）》，故宫档案，财务类。

149 《申报》1936年9月30日。

150 故宫档案，财务类。

151 《益世报》1936年10月4日。

152 故宫档案，章制纪录类。

153 故宫档案，章制纪录类。

154 《益世报》1937年5月30日。

155 故宫档案，财务类。

156 庄严：《前生造定故宫缘》，北京：紫禁城出版社，2006年，第127页。

157 《半月来教育消息（自二月一日至十五日）》，《进修半月刊》第四卷，第九期，第58页。

158 王世杰：《伦敦中国艺术国际展览会筹划近况报告》，故宫档案，章制纪录类。

159 王世儒编：《蔡元培日记》，北京：北京大学出版社，2010年，第376页。

160 故宫档案，领导指导类。

161 《国立北平故宫博物院理事会第三次常务理事会议纪录》，1934年9月26日，故宫档案，章制纪录类。

162 故宫档案,陈列展览类。

163 《申报》1934年10月13日;《申报》1934年10月22日。

164 《伦敦中国艺术国际展览会筹备委员会专门委员会第一次会议录》,
1934年11月4日,故宫档案,陈列展览类。

165 《伦敦中国艺术国际展览会筹备委员会征求公私收藏简章》,1934年
10月4日,故宫档案,陈列展览类。

166 故宫档案,陈列展览类。《马衡致王世杰函（1934年11月27日）》。

167 故宫档案,陈列展览类。

168 故宫档案,章制纪录类。

169 《华北日报》1934年12月24日。

170 庄严:《前生造定故宫缘》,北京:紫禁城出版社,2006年,第124—
125页。

171 《故宫博物院古物馆概览》,北平:故宫博物院,1932年10月10日
刊行。

172 《半月来教育消息（自二月一日至十五日）》,《进修半月刊》第四卷,
第九期,第58页。

173 《申报》1935年2月22日。

174 《申报》1935年3月2日。

175 《伦敦中国艺术国际展览会筹备委员会公函》,1934年12月19日。

176 《国立北平故宫博物院理事会第四次常务理事会议公函》,1934年12
月23日。

177 《国立北平故宫博物院驻沪办事处提取存沪文物选送伦敦中国艺术国际
展览会展览品经过情形报告》,1935年4月,故宫档案,陈列展览类。

178 《申报》1935年3月2日。

179 中国第二历史档案馆民国档案;故宫档案,文物保管类。

180 故宫档案，文物保管类。

181 《北平晨报》1935年2月26日。

182 故宫档案，陈列展览类。

183 中国第二历史档案馆，理字第101号。

184 《申报》1935年2月22日。

185 故宫档案，档案图书文书类。

186 故宫档案，陈列展览类。

187 《申报》1936年5月18日。

188 《北平晨报》1936年5月31日。

189 《伦敦中国艺展筹委会致故宫院（公字第78号）函》，故宫档案，陈列展览类。

190 故宫档案，章制纪录类。

191 故宫档案，陈列展览类。

192 故宫档案，陈列展览类。

193 《申报》1936年7月17日。

194 故宫档案，组织人事类。

195 10月29日，故宫博物院就咸福宫乾隆写生图被窃一案分别上报故宫博物院理事会、行政院呈文，故宫档案，文物保管类。

196 故宫档案，文物保管类。

197 故宫档案，文物保管类。

198 故宫档案，章制纪录类。

199 马衡：《"抗战时期故宫文物之保管"讲演稿》，故宫博物院编：《马衡诗抄·佚文卷》，北京：紫禁城出版社，2005年，第91—92页。

200 那志良：《我与故宫五十年》，合肥：黄山书社，2008年，第118页。

201 那志良：《我与故宫五十年》，合肥：黄山书社，2008年，第123页。

202 马衡：《"抗战时期故宫文物之保管"讲演稿》，故宫博物院编：《马衡诗抄·佚文卷》，北京：紫禁城出版社，2005年，第105页。

203 "国立北平故宫博物院理事会1944年度会议记录"，中国第二历史档案馆藏。

204 马衡：《"抗战时期故宫文物之保管"讲演稿》，故宫博物院编：《马衡诗抄·佚文卷》，北京：紫禁城出版社，2005年，第100—102页。

205 "国立北平故宫博物院理事会1940年度会议记录"，中国第二历史档案馆藏。

206 参阅《国立故宫博物院书画展览会展品目录》，1943年。

207 《琳琅满目美不胜收 故宫书画展揭幕》，《中央日报》（重庆）1943年12月25日。

208 "国立北平故宫博物院1944年度业务检讨报告"，中国第二历史档案馆藏。

209 王世襄：《回忆抗战胜利后平津地区文物清理工作》，《锦灰堆：王世襄自选集》第二卷，北京：生活·读书·新知三联书店，1999年，第548页。

210 王世襄：《回忆抗战胜利后平津地区文物清理工作》，《锦灰堆：王世襄自选集》第二卷，北京：生活·读书·新知三联书店，1999年，第551页。

211 李经国：《文博大家王世襄追国宝》，《炎黄春秋》2003年第12期。

212 朱家溍：《我记忆中的马衡院长》，《中国博物馆》1984年第一期创刊号，第76—77页。

213 王世襄：《一九四七年三月至一九四九年八月回忆录》，《锦灰二堆：王世襄自选集》第一卷，北京：生活·读书·新知三联书店，2003年，第18页。

214 朱家溍：《我记忆中的马衡院长》，《中国博物馆》1984年第1期。

215 王世襄：《一九四七年三月至一九四九年八月回忆录》，《锦灰二堆：王世襄自选集》第一卷，北京：生活·读书·新知三联书店，2003年，第13页。

216 "国立北平故宫博物院第五次院务会议记录"，故宫博物院档案室藏。

217 施安昌主编：《马衡日记手稿》（上），北京：紫禁城出版社，2005年，第32、42页。

218 马衡：《致杭立武先生函》，故宫博物院编：《马衡诗抄·佚文卷》，北京：紫禁城出版社，2005年，第176页。

附　录

◎

故宫掌门人1925—1949

故宫博物院组织架构

（1924—1949）[*]

（一）清室善后委员会

（1924 年 11 月 20 日—1926 年 9 月 2 日）

委员长：　李煜瀛（1924 年 11 月 6 日摄政内阁聘任，11 月 20 日就任—1926 年 3 月 26 日）

卢永祥（1926 年 3 月 26 日清室善后委员会委员、监察员联席会议推举，辞，未到职）

副委员长：　庄蕴宽（1926 年 3 月 26 日清室善后委员会委员、监察员联席会议推举，又名维持员^{**}。1926 年 4 月 5 日就任—1926 年 9 月 2 日）

---

* 1924 年 11 月 5 日溥仪出宫后成立的清室善后委员会，促成故宫博物院的成立，又是故宫博物院建院初期的领导机构，因而"故宫博物院组织架构"从善后会开始记述。

** 维持员应是庄蕴宽上任后自己命名的，有给自己定位的意义。他还编印了"维持员名册"，自己的职别就是"维持员"，以下为董事：严修、卢永祥、蔡元培、熊希龄、张学良、张璧、庄蕴宽、鹿钟麟。

委员： 汪精卫（到京以前由易培基代）、蔡元培（到京以前由蒋
梦麟代）、鹿钟麟（兼常务委员）、张璧（兼常务委员）、
范源濂、俞同奎、陈垣、沈兼士（兼常务委员）、葛文濬
（1924年11月16日摄政内阁聘任—1926年9月2日）

绍英（兼常务委员）、载润、耆龄、宝熙、罗振玉（五人
为清室代表）（1924年11月16日摄政内阁聘任—1924年
12月21日五人缴还聘书）

杨天骥、袁同礼（1924年11月18日国务院加派—1926
年9月2日）

监察员： 京师警察厅总监、京师高等检察厅长、北京教育会长
（以上为法定监察员）（1926年11月16日摄政内阁聘任—
1926年9月2日）

吴敬恒、张继、庄蕴宽（以上为聘请员）（1924年11月
16日摄政内阁聘任—1926年9月2日）

助理员： 各院、部得派一人或二人为助理员，辅助常务委员分办
各项事务（1924年11月14日摄政内阁公布的《清室善后
委员会组织条例》规定）

各部遴派重要员司四人会同点查；但每日非有二人到会
不可（1924年12月24日国务会议议决）

国立图书馆、博物馆筹备会主任：

易培基（1924年12月22日清室善后委员会根据《组织
条例》聘任—1925年9月29日）

国立图书馆、博物馆筹备会筹备员：

汪兆铭、沈兼士、范源濂、袁同礼、张继、刘馥（1924

年12月22日清室善后委员会根据《组织条例》聘任—
1925年9月29日）

工厂筹备会主任： 吴敬恒（1924年12月22日清室善后委员会根据《组织
条例》聘任— ）

工厂筹备会筹备员：

石瑛、孙鸿哲、俞同奎、陈阳杰、彭济群、顾孟余
（1924年12月22日清室善后委员会根据《组织条例》聘
任— ）

故宫博物院临时董事会董事：

于右任、王正廷、汪大燮、吴敬恒、李煜瀛、李仲三、
李祖绅、范源濂、胡若愚、许世英、梁士诒、庄蕴宽、
鹿钟麟、张璧、张学良、黄郛、蔡元培、熊希龄、卢永
祥、薛笃弼（1925年9月29日清室善后委员会会议推
举—1926年4月5日）

严修（1925年9月29日清室善后委员会会议推举。未接
受聘书）

严修、卢永祥、蔡元培、熊希龄、张学良、张璧、庄蕴
宽、鹿钟麟*（1926年4月5日？—1926年9月2日）

故宫博物院临时理事会理事：

李煜瀛（1925年9月29日清室善后委员会会议推举—
1926年4月5日）

---

* 因看到的"维持员名册"只有一页，或许后面还有，该名单有可能不止八人。

黄郛、鹿钟麟（1925年9月29日清室善后委员会会议推举—1926年9月2日）

易培基（1925年9月29日清室善后委员会会议推举为古物馆馆长—1926年4月5日？）

陈垣（1925年9月29日清室善后委员会会议推举为图书馆馆长—1926年9月2日）

张继（1925年9月29日清室善后委员会会议推举为古物馆副馆长—1926年9月2日）

马衡（1925年9月29日清室善后委员会会议推举为古物馆副馆长—1926年9月2日）

沈兼士（1925年9月29日清室善后委员会会议推举为图书馆副馆长—1926年9月2日？）

袁同礼（1925年9月29日清室善后委员会会议推举为图书馆副馆长—1926年9月2日）

庄蕴宽（1926年4月5日任古物馆馆长？—1926年9月2日）

（二）故宫博物院保管委员会

（1926年8月14日—1926年10月1日）

委员长： 赵尔巽（1926年8月21日故宫博物院保管委员会会议选举，国务院聘任，9月2日到院就职—1926年10月1日）

副委员长： 孙宝琦（1926年8月21日故宫博物院保管委员会会议选举，国务院聘任，9月2日到院就职—1926年10月1日）

委员： 赵尔巽、王士珍、汪大燮、颜惠庆、孙宝琦、王宠惠、庄蕴宽、范源濂、载洵、梁启超、李兆珍、宝熙、刘若曾、李家驹、汤尔和、田应璜、马君武、江瀚、孟广炘、高金钊、梁士诒（1926年8月14日国务院函聘—1926年10月1日）

（三）故宫博物院维持会
（1926年12月9日—1927年10月21日）

会长： 江瀚（1926年12月9日故宫博物院维持会推举，12月17日到院就职—1927年10月21日）

副会长： 庄蕴宽（1926年12月9日故宫博物院维持会推举—1927年10月21日）

王宠惠（1926年12月9日故宫博物院维持会推举，12月17日到院就职—1927年4月10日辞）

叶恭绰（1927年4月10日故宫博物院维持会推举—1927年10月21日）

委员： 江瀚、庄蕴宽、王宠惠、王士珍、孙宝琦、赵尔巽、颜惠庆、柯劭忞、汪大燮、熊希龄、梁士诒、汤尔和、潘复、任可澄、卢永祥、张学良、韩麟春、于珍、顾维钧、梁启超、许世英、范源濂、蔡元培、叶恭绰、张弧、胡若愚、何煜、陈垣、杨度、俞同奎、马衡、袁同礼、吴瀛、沈兼士、汤铁樵、李宗侗、吴承仕、汪燨芝、吴家驹、祁耀川、杨廷溥、王琦、陈兴亚、邢士廉、李垣、彭济群、吴宗濂、夏仁虎、江庸、罗文干、王式通、曾维藩、余绍宋、赵椿年、冯耿光、祝椿年、王克敏、范殿栋、高家

骥、孙润宇（1926年12月9日—1927年10月21日）

基金委员： 顾维钧、叶恭绰、潘复、何煜、赵椿年、夏仁虎、胡若愚、
汤铁樵（1926年12月9日维持会推举—1927年10月21日）

常务委员： 王式通、江庸、汤铁樵、沈兼士、袁同礼、陈兴亚、邢
士廉、吴瀛、李宗侗、马衡、俞同奎、余绍宋、陈垣、
范殿栋、彭济群（1926年12月17日会长指定—1927年
10月21日）

（四）故宫博物院管理委员会
（1927年9月20日—1928年6月21日）

委员长： 王士珍（1927年9月20日国务院聘任—1928年6月21日）

副委员长： 王式通（1927年9月20日国务院聘任—1928年6月21日）

袁金铠（1927年9月20日国务院聘任—1928年6月21日）

委员： 沈瑞麟、鲍贵卿、胡惟德、张学良、傅增湘、江庸、刘
哲、赵椿年、陈兴亚、胡若愚、汤铁樵（1927年10月1
日国务院聘任—1928年6月21日）

刘尚清（1927年10月1日国务院聘任—1927年10月15
日因改任奉天省长而免）

莫德惠（1927年10月15日国务院聘任—1928年6月21日）

顾维钧、范源濂（1927年10月21日国务院聘任？—1928
年6月21日）

干事： 马衡、俞同奎、彭济群、颜泽祺、恽宝惠、张玮、谭祖
任、张鹤、梁玉书、许宝蘅、袁同礼、徐鸿宝、张允亮、

沈兼士、陈庆龢、孙树棠、陈宝泉、杨策、张凌恩、瞿宣颖、李升培、许福奎、凌念京、伦明（1927年10月24日故宫博物院管理委员会聘任—1928年6月21日）

古物馆馆长： 江庸（1927年10月24日故宫博物院管理委员会聘任—1928年6月21日）

古物馆副馆长： 马衡（1927年10月24日故宫博物院管理委员会聘任—1928年6月21日）

俞同奎（1927年10月24日故宫博物院管理委员会聘任—1928年6月21日）

图书馆馆长： 傅增湘（1927年10月24日故宫博物院管理委员会聘任，11月4日到任—1928年6月21日）

图书馆副馆长： 袁同礼（1927年10月24日故宫博物院管理委员会聘任—1928年6月21日）

许宝蘅（1927年10月24日故宫博物院管理委员会聘任，11月29日到任—1928年6月21日）

总务处处长： 袁金铠（兼）（1927年10月24日故宫博物院管理委员会聘任—1928年6月21日）

总务处副处长： 恽宝惠（1927年10月24日故宫博物院管理委员会聘任—1928年6月21日）

（五）接收北平故宫博物院委员

（1928年6月13日中央政治会议议决，1928年6月15日国民政府委员会常会议决—1929年3月17日）

易培基

（六）国立北平故宫博物院第一届理事会

（1928年10月8日—1934年4月4日）

理事长： 李煜瀛（1929年2月6日故宫博物院理事会第一次会议上当选，1929年3月5日国民政府行政院令准—1932年6月8日辞，1932年6月12日理事会准，1932年8月3日中央政治会议准）

黄郛（1932年8月3日中央政治会议任。辞，未到任）

代理理事长： 张群（1932年8月3日中央政治会议议决："黄郛到任前，张群代。"1932年8月7日、8月25日辞，未到任）

江瀚（1932年9月21日中央政治会议议决："江瀚暂代故宫博物院理事长。"10月4日就任—1933年7月26日）

理事长： 张人杰（1933年7月15日理事会推举，1933年7月19日中央政治会议准—1934年4月4日）

常任理事： 张继（1929年2月6日故宫博物院理事会第一次会议上当选—1934年4月4日）

理事： 李煜瀛、易培基、黄郛、鹿钟麟、于右任、蔡元培、汪精卫、江瀚、庄蕴宽、吴敬恒、谭延闿、李烈钧、张人杰、蒋中正、宋子文、冯玉祥、阎锡山、柯劭忞、何应钦、戴传贤、张继、马福祥、胡汉民、班禅额尔德尼、恩克巴图、赵戴文（1928年10月8日国民政府任—1934年4月4日）

薛笃弼（1928年10月8日国民政府任—1933年7月21日国民政府准辞）

蒋梦麟、马衡、沈兼士、俞同奎、陈垣、李宗侗、张学良、胡若愚、熊希龄、张璧、王宠惠（1929年2月6日

故宫博物院理事会第一次会议通过新加理事十人。蒋梦
麟以后的名单有误，待考—1934年4月4日）

孙科、朱家骅、顾孟余、居正、吴鼎昌、袁同礼、叶恭
绰、刘守中、钱新之、褚民谊、史量才、周作民、叶楚
伧、朱启钤、蒋伯诚、张嘉璈、蒋梦麟、任鸿隽、徐鸿宝
（1933年7月15日理事会增补—1934年4月4日）

监事会*： 行政院参事陈铣，军事委员会秘书黄任，中央研究院周
仁，上海市参议会刘云舫、周寰轩，上海地方法院欧阳
澍，故宫博物院俞同奎**、庄尚严（1933年7月15日理事会
决定设立，7月22日成立—　）

（七）国立北平故宫博物院第二届理事会
（1934年3月13日—1936年4月15日）

理事长： 蔡元培（1934年4月4日理事会第一次会议推举—1936
年4月15日）

常务理事： 李书华、陈立夫、蒋梦麟、罗家伦、王世杰、黄绍竑（1934
年4月4日理事会第一次会议推举—1936年4月15日）

秘书： 叶楚伧（1934年4月4日理事会第一次会议推举—1935
年4月22日）

代理秘书： 褚民谊（1934年5月8日第一次常务理事会同意叶楚伧
委托代理—1935年4月22日）

---

*　1933年7月15日故宫博物院理事会议决定设立监事会，由行政院代表一人、军委会一人、
中央研究院一人、故宫博物院二人、上海参事会二人、上海地方法院一人组成。姑且置于此。
**　俞同奎为故宫博物院派出的监事尚未见到一手文献证明，抑或马衡院长兼当然委员？

秘书：　　　褚民谊（1935年4月22日理事会第二次会议推举—1936年4月15日）

理事：　　　王正廷、朱启钤、李元鼎、李书华、李煜瀛、李济、吴敬恒、吴鼎昌、周作民、周诒春、陈立夫、陈垣、翁文灏、黄郛、张人杰、张伯苓、张嘉璈、张继、傅斯年、褚民谊、叶楚伧、蔡元培、蒋梦麟、罗家伦、顾颉刚（1934年3月13日行政院第151次会议聘任—1936年4月15日）

史量才（1934年3月13日行政院第151次会议聘任—1934年11月13日遭暗杀身亡）

黄节（1934年3月13日行政院第151次会议聘任—1935年1月24日病故）

傅汝霖（1935年2月26日行政院第201次会议聘任—1936年4月15日）

（八）　国立北平故宫博物院第三届理事会
（1936年3月17日—1938年7月13日）

理事长：　　蔡元培（1936年4月15日理事会第一次会议推举—1938年7月13日）

常务理事：　陈立夫、蒋梦麟、罗家伦（1936年4月15日理事会第一次会议推举—1938年7月13日）

李书华（1936年4月15日理事会第一次会议推举—1936年6月9日）

秦德纯（1936年6月9日行政院第266次会议聘任—1938年7月13日）

蒋作宾（1936年4月15日理事会第一次会议推举—1937

年11月20日免内政部部长）

何键（1937年11月20日任内政部部长—1938年7月13日）

王世杰（1936年4月15日理事会第一次会议推举—1938年3月6日？免教育部部长）

秘书：　翁文灏（1936年4月15日理事会第一次会议推举—1938年7月13日）

理事：　李济、吴敬恒、吴鼎昌、周作民、周诒春、陈立夫、陈垣、翁文灏、傅汝霖、张人杰、张伯苓、张嘉璈、张继、傅斯年、褚民谊、叶楚伧、蔡元培、蒋梦麟、罗家伦、顾颉刚、马超俊、张道藩、王世杰（1936年3月17日行政院第254次会议聘任—1938年7月13日）

王正廷、蒋廷黻（1936年3月17日行政院第254次会议聘任—1936年5月19日行政院第263次会议准辞）

李书华、吴焕昌（1936年3月17日行政院第254次会议聘任—1936年6月9日行政院第266次会议准辞）

刘哲、秦德纯（1936年5月19日行政院第263次会议聘任—1938年7月13日）

宋哲元（1936年6月9日行政院第266次会议聘任—1938年7月13日）

蒋作宾（1936年3月7日行政院第266次会议聘任—1937年11月20日免内政部部长）

何键（1937年11月20日任内政部部长—1938年7月13日）

（九）　国立北平故宫博物院第四届理事会[*]

（1938年5月3日—1940年5月17日）

理事长：　　蔡元培[**]（1938年7月13日理事会第一次会议推举—1940年3月5日）

代理理事长：　孔祥熙（1938年7月13日理事会第一次会议推举—1940年5月17日）

常务理事：　　何键、陈立夫、朱家骅、翁文灏、蒋梦麟、罗家伦、傅斯年（1938年7月13日理事会第一次会议推举—1940年5月17日）

秘书：　　　?（1938年7月13日理事会第一次会议推举—1940年5月17日）

理事：　　　蔡元培、吴敬恒、李煜瀛、张人杰、叶楚伧、张伯苓、张继、蒋梦麟、罗家伦、翁文灏、张嘉璈、李书华、李济、褚民谊、顾颉刚、朱启钤、傅斯年、周作民、周诒春、刘哲、傅汝霖、陈垣、马超俊、朱家骅、张道藩、魏道明、何键、陈立夫（1938年5月3日行政院第361次会议聘任—1940年5月17日）

滕固（1938年5月3日行政院第361次会议聘任—1938年7月13日理事会第一次会议准辞）

孔祥熙、王世杰、杭立武（1938年7月13日第一次理事会加聘—1940年5月17日）

---

* 按：本次理事会会议记录误将第四届理事会记为第三届理事会。以后历届理事会的届次均误。

** 按：蔡元培远在香港，离任国内一切职务，此次换届理事会推举其任理事长实为礼仪性质，孔祥熙虽为代理实为接任。

蒋廷黻（1938 年 7 月 13 日理事会第一次会议，行政院训令：国立北平故宫博物院理事会理事滕固电请辞职，应予照准。兹经本院函聘蒋廷黻为该院理事—1940 年 5 月 14 日）

（十） 国立北平故宫博物院第五届理事会
（1940 年 5 月 17 日—1942 年 5 月 28 日）

理事长： 孔祥熙（1940 年 5 月 17 日理事会第一次会议推举—1942 年 5 月 28 日）

常务理事： 朱家骅、陈立夫、王世杰、周钟岳、张继、吴敬恒、张伯苓、叶楚伧（1940 年 5 月 17 日理事会第一次会议推举—1942 年 5 月 28 日）

秘书： ?（1940 年 5 月 17 日理事会第一次会议推举—1942 年 5 月 28 日）

理事： 孔祥熙、周钟岳、陈立夫、李煜瀛、张人杰、叶楚伧、张伯苓、吴敬恒、张继、蒋梦麟、邵力子、王世杰、翁文灏、张嘉璈、朱家骅、李书华、李济、顾颉刚、朱启钤、傅斯年、周作民、周诒春、刘哲、傅汝霖、陈垣、马超俊、张道藩、魏道明、蒋廷黻、罗家伦、杭立武（1940 年 5 月 14 日行政院第 465 次会议聘任—1942 年 5 月 28 日）

滕固（1940 年 5 月 14 日行政院第 465 次会议聘任—1941 年 5 月 20 日病逝）

（十一）国立北平故宫博物院第六届理事会
（1942 年 5 月 28 日？—1945 年 12 月 5 日）

理事长： 孔祥熙（1942 年 5 月 28 日理事会第一次会议推举—1944

年11月24日）

代理理事长： 王世杰（1944年11月24日理事会第三次会议推举—1945年12月5日）

常务理事： 朱家骅、陈立夫、王世杰、周钟岳、张继、吴敬恒、张伯苓、叶楚伧（1942年5月28日理事会第一次会议推举—1944年11月24日）

吴敬恒、朱家骅、陈立夫、张厉生、张继、邵力子、马超俊、刘哲、杭立武（1944年11月24日理事会第三次会议推举—1945年12月5日）

秘书： 陈仪（1942年5月28日理事会第一次会议推举—1944年11月24日）

蒋廷黻（1944年11月24日理事会第三次会议推举—1945年12月5日）

理事： 孔祥熙、周钟岳、陈立夫、李煜瀛、张人杰、叶楚伧、张伯苓、吴敬恒、张继、蒋梦麟、邵力子、王世杰、翁文灏、张嘉璈、朱家骅、李书华、李济、顾颉刚、朱启钤、傅斯年、周作民、周诒春、刘哲、傅汝霖、陈垣、马超俊、张道藩、魏道明、蒋廷黻、陈仪、罗家伦、杭立武

（十二）国立北平故宫博物院第七届理事会
（1945年12月5日？—1948年8月12日）

理事长： 朱家骅（1945年12月5日理事会第一次会议推举—1948年8月12日）

常务理事： 吴敬恒、张伯苓、张继、王世杰、朱家骅（1945年12月5日理事会第一次会议推举—1948年8月12日）

叶楚伧（1945年12月5日理事会第一次会议推举—1946年2月15日病逝）

秘书： 杭立武（1945年12月5日理事会第一次会议推举—1948年8月12日）

理事： 朱家骅、吴敬恒、张伯苓、顾孟余、胡适、张继、邵力子、翁文灏、李济、李煜瀛、蒋梦麟、王世杰、李书华、朱启钤、段锡朋、杭立武、沈尹默、叶恭绰、傅斯年、陈垣、张道藩、罗家伦（1945年　月　日行政院第718次院务会议通过—1948年8月12日）

叶楚伧（1945年行政院第718次院务会议通过—1946年2月15日病逝）

熊斌（1945年行政院第718次院务会议通过—1946年10月23日免北平市长）

何思源（1946年10月22日任北平市长—1948年6月21日免北平市长）

刘瑶章（1948年6月21日任北平市长—1948年8月12日）

马超俊（1945年行政院第718次院务会议通过—1946年11月6日免南京市长）

沈怡（1946年11月6日任南京市长—1948年8月12日）

张厉生（1945年行政院第718次院务会议通过—1948年6月22日免内政部长）

彭昭贤（1948年6月22日任内政部长—1948年8月12日）

（十三）国立北平故宫博物院第八届理事会

（1948年7月28日—　　）

理事长： 翁文灏（1948年8月12日理事会第一次会议推举—　　）

常务理事： 朱家骅、彭昭贤、胡适、邵力子、王世杰、傅斯年、李济、陈方（1948年8月12日理事会第一次会议推举—　　）

秘书： 杭立武（1948年8月12日理事会第一次会议推举—　　）

理事： 朱家骅、彭昭贤、吴敬恒、张伯苓、顾孟余、胡适、邵力子、翁文灏、李济、李煜瀛、蒋梦麟、王世杰、李书华、朱启钤、段锡朋、沈尹默、马超俊、傅斯年、陈垣、张道藩、杭立武、罗家伦、张君劢、陈方、刘瑶章（1948年7月28日行政院会议通过—　　）

（十四）国立北平故宫博物院抗战前行政

（1929年3月5日—1937年7月）

院长： 易培基（1929年2月6日故宫博物院理事会第一次会议上当选，1929年3月5日国民政府行政院令准—1933年6月22日辞，1933年7月15日理事会准，1933年7月19日中央政治会议准）

代理院长： 马衡（1933年7月15日理事会推举，1933年7月26日中央政治会议准，国民政府聘任，8月25日就任—1933年9月21日，国民政府任命马衡为国立北平故宫博物院代理院长—1934年5月8日训令，先行代理院长职务，待铨叙部审查合格后，明令任命）

院长：   马衡*（1934年10月3日行政院任命—— ）

古物馆馆长：   易培基（兼）（1929年3月5日国民政府行政院任——1933
                年6月22日辞）

古物馆副馆长：   马衡（1929年3月5日国民政府行政院任，3月17日就职。
                5月14日退回委任命，但似实际未辞，待考——1933年7月）

                俞同奎（兼代）（1930年7月25日——1930年10月19日？）

古物馆馆长：   马衡（1933年9月21日——1933年10月2日）

                徐森玉（1934年7月5日第二届理事会第二次常务理事
                会任——1937年7月，撤离北平后自动消除）

图书馆馆长：   庄蕴宽（1929年3月5日国民政府行政院任。未到任）

图书馆代馆长：   江瀚（1930年3月——1932年3月）

图书馆副馆长：   袁同礼（1929年3月5日国民政府行政院任，3月17日就
                职——1934年7月5日）

图书馆馆长：   江瀚（1932年4月30日行政院第26次会议通过，1934年
                5月13日国民政府任——1934年7月5日）

                袁同礼（1934年7月5日第二届理事会第二次常务理事
                会任——1937年7月，撤离北平后自动消除）

文献馆馆长：   张继（兼）（1929年3月5日国民政府行政院任，3月17
                日就职——1934年6月？）

文献馆副馆长：   沈兼士（1929年3月5日国民政府行政院任，3月17日就
                职——1933年10月2日？）

---

* 马衡自1934年10月3日任院长，直到1949年10月1日中华人民共和国成立，职务没有变化。

文献馆馆长：　沈兼士（1934年7月5日第二届理事会第二次常务理事
　　　　　　　　会任—1937年7月，撤离北平后自动消除）

秘书处秘书长：　李宗侗（1929年4月11日就任—1931年5月26日）

　　　　　　　　李宗侗（1931年5月26日国民政府行政院任—1933年7月4
　　　　　　　　日行政院第114次会议准辞，7月8日国民政府准免）

　　　　　　　　徐森玉*（1933年7月28日任，即日就任—1934年7月14日）

秘书：　　　　　吴瀛（1929年—1933年12月26日？）

　　　　　　　　李宝圭（1929年—　　）

　　　　　　　　程星龄（1931年—　　）

　　　　　　　　王士铎（1933年8月28日任—1933年11月4日）

　　　　　　　　俞同奎（1933年11月4日—　　）

代理秘书：　　　张庭济（1934年9月3日任—1934年10月23日）

秘书：　　　　　张庭济（1934年10月23日行政院第183次会议通过—
　　　　　　　　1934年12月26日）

　　　　　　　　赵儒珍（1934年12月28日任—　　）

总务处处长：　　俞同奎（1929年3月国民政府行政院任，4月11日就任—
　　　　　　　　1933年11月4日）

总务处代处长：　王士铎（1933年11月4日—1934年12月26日）

　　　　　　　　张庭济（1934年12月26日—1935年3月）

总务处处长：　　张庭济**（1935年4月—1945年10月？）

临时工程处处长：俞同奎（兼，1929—1931年）

---

* 按：秘书处1933年12月26日撤销，但秘书长一席仍然保留。
** 1937年北平沦陷后，张庭济留守北平本院，仍称总务处处长。

临时工程处副处长：汪申（1929—1931年）

临时警卫处处长：　俞同奎（兼，1931年）

临时警卫处副处长：钱桐（1931年）

出版处处长：　　　李宗侗（兼，1931年）

太庙分院（暂行兼管）：

　　　　　　　　　虞和寅（1934年4月25日—　）

驻沪办事处主任：

　　　　　　　　　欧阳道达（1933年11月9日—1936年12月31日）

驻京办事处主任：

　　　　　　　　　程宗德（1933年12月27日—1934年12月25日？）

　　　　　　　　　王志鸿（1934年12月26日—　）

　　　　　　　　　黄念劬（1935年？）

　　　　　　　　　程宗德（1936年5月26日—1937年1月19日）

南京分院：　　　？（1937年2月3日？—1937年11月？）

　　　　　　　　　黄念劬（暂时管理，1937年5月29日前—　）

（十五）国立北平故宫博物院战时临时体制
（1937年7月—1945年10月？）

院长：　　　　　马衡

（重庆）总办事处总务主任：

　　　　　　　　　励乃骥（1938年　月　日—1946年　月　日）

贵州安顺办事处主任：

> 庄尚严（1938年4月2日—1944年12月5日？）

四川乐山办事处主任：

> 欧阳道达（1939年9月24日？—1947年3月6日？）

四川成都办事处主任：

> 那志良（1939年2月27日？—1939年6月17日？）

四川峨眉办事处主任：

> 那志良（1939年7月11日？—1946年9月12日）

四川巴县办事处主任：

> 庄尚严（1944年12月18日？—1946年1月　日）

（十六）教育部平津区教育复员辅导委员会特派员
（1945年8月29日—1947年8月2日）

> 沈兼士

（十七）国立北平故宫博物院复员后行政
（1945年　月　日—1949年9月30日）

院长：　　　　马衡

古物馆馆长：　徐森玉（1945年10月？—1949年2月？）

图书馆馆长：　袁同礼（1945年10月？—1948年12月21日）

图书馆代馆长：　张允亮（1948年12月22日？—　）

文献馆馆长：　沈兼士（1945年10月？—1947年8月2日病逝）

姚从吾（1948年8月6日第一次理事会通过任命，未到任？）

总务处处长： 张庭济（1945年10月？—1949年5月）

总务处代处长： 赵儒珍（1949年5月—1949年8月）

张景华（1949年8月—1949年9月）

（附一）沦陷时期的北平故宫博物院
（1937年7月7日—1942年6月13日）

总务处处长： 张庭济

（附二）沦陷时期的北平故宫博物院
（1942年6月13日？—1945年10月23日）

代理院长： 祝书元（1942年6月13日？伪华北政务委员会任—1945年10月23日）

临时理事： 罗韵孙、桂森、王允诚、刘潜、孙季瑶、李殿璋、周迪平、张国靖（1942年6月13日？伪华北政务委员会任—1945年10月23日）

临时监事： 史兆德、汪祖泽（1942年6月13日？伪华北政务委员会任—1945年10月23日）

秘书： 齐之彪（1942年6月13日—1945年10月23日）

注：故宫博物院组织架构成立及人事任命起止时间系笔者多方考证所得，有的尚付阙如，有的不确切，或有讹误，其他如秘书、驻渝办事处、南京分院、太庙分院等机构职位，或因均以科长分任，或因资料奇缺，均付阙如，有待继续完善。

后 记

◎

故宫掌门人1925—1949

于宫阙之间寻绎中华文化的
栖居之地

历经六个多世纪风雨的北京故宫，依然保持着原有的风貌，雄伟壮丽，气势恢宏，格局严整。故宫占地72万平方米，有房屋8 000余间，历史上曾作为明清皇家宫城的核心区域，是中国明清官式木结构建筑的最高典范，也是世界上现存规模最大、保存最完整的古代宫殿建筑群。1987年，它以"中国古代皇宫的唯一完整实例以及它的世界遗产价值"，被列入世界文化遗产名录。故宫最耐人寻味之处，不仅在于古建筑群本身，更在于它早已成为中国传统文化精神的物质载体。故宫的古建筑、文物藏品、历史遗存以及在此出现过的人和事，共同构成了一个不可分割的文化整体。在故宫，人们能够感受世界上唯一没有中断过的文明。

雄伟壮丽的建筑与精巧至极的营造技艺

故宫的城池与建筑堪称一件体量最大的藏品。当人们走进故

雨花阁上摄神武门景山全景（1928年前）

宫，该如何看懂这件特殊的藏品呢？

自明成祖朱棣肇建以来，这座城池经受了多次雷击、火灾等灾难的侵害，也见证了沧桑巨变，至今岿然不动。这不仅震撼了人们的内心，也促使人们对紫禁城的营建进行深入的思考。

这座伟大城池，是当时作出决策的皇帝，明确礼制、管理工程的大臣，从事设计、测绘、画样、烫样的建筑师，以及五行八作中负责营建的众多工匠合力而成的杰作。在明清时期，这座宫殿是皇帝处理国家政务的场合，也是其家庭居住、休息、娱乐以及进行其他活动的场所。故宫的建筑群规模庞大，按照朝政礼仪、生活起居、宗教祭祀、园林休憩、内务管理等皇家的各种功能需求与礼仪制度，形成不同的功能片区与围合的院落单元。紫禁城于明清两朝皇家使用期间，空间功能格局基本保持不变，建筑物历经修葺、改建和增建。真实、完整保存至今的宫殿建筑群及其空间场所，是明清宫廷制度的形象见证。面对故宫，人们会发思古之幽情，那么还原其历史场景，就有着满足人们探知历史诉求的意义。

尽管故宫规模庞大的建筑群几乎包含了宫、殿、楼、阁、堂、亭、台、轩、斋、馆、门、廊等全部中国古代官式建筑类型与相关营造技艺，人们却能从中看到一种一以贯之的建筑设计理念：以严谨的布局、严格的建筑等级，合乎儒家礼数。总体布局以尊礼为尚，单体建筑也同样受到"礼"的制约与影响。

紫禁城是北京的中心，太和殿就是紫禁城的中心。太和殿

雨花阁旧照

是紫禁城最雄伟的建筑，从地面到屋脊高35.05米，是整个皇宫中的最高值。现在的太和殿是17世纪康熙朝所重建的，共55间，由72根柱子支撑。屋顶是宫殿中等级最高的四大坡庑殿顶，两重房檐，斗拱的数量也最多。上檐用九踩斗拱，下檐用七踩斗拱，屋面为二样黄色琉璃瓦，体制最尊，琉璃构件也最大。

紫禁城里的单体建筑因为用途和使用者不同，在间架、屋盖、构造、装饰、彩画等方面也处处体现着严格的等级差别。

例如，从面阔间数（单体建筑中每四根柱子围成一间），能够看出建筑的等级地位。面阔九间、进深五间的建制是最尊贵的，称"九五之尊"，通常只有皇帝才能用。极个别皇帝赐建的建筑也会采用"九五之尊"的形制，如曲阜孔庙大成殿。

修建于宫门与宫殿之间的丹陛桥也可以反映建筑等级。丹陛桥是一种建于地面之上的高台式建筑，大致呈南北向，以砖石砌成，因留有拱券而被称为"桥"。台面的中间为御道，以青条石铺设，两侧则以青砖墁地。

建筑的屋顶形式同样与等级相关。紫禁城里那么多单体建筑，它们的房屋屋顶是属于不同等级的。明清时期官式建筑的房顶分九级，由高到低依次是：重檐庑殿顶、重檐歇山顶、单檐庑殿顶、单檐歇山顶、卷棚歇山顶、尖山式悬山顶、卷棚悬山顶、尖山式硬山顶、卷棚硬山顶形式。房屋屋顶形式的选用与房屋的用途和使用房屋的人的地位必须相称，不能违制。重檐庑殿顶是最高规格的，太和殿、乾清宫、坤宁宫、皇极殿采用此种房顶形式。重檐歇山顶与重檐庑殿顶相比档次是降了一格的，太和门、天安门采用此种房顶形式。单檐庑殿顶的档次是又降了一格的，体仁阁、弘义阁、景阳宫、咸福宫采用此种屋顶形式。东西六宫基本采用单檐歇山顶形式。

就连走兽这一安装在垂脊檐角上的装饰，其数量的多少都和等级绝对相关，数量越多级别越高。太和殿有十个走兽，规格最高，脊端为骑凤仙人，然后依次是龙、凤、狮、天马、海马、狻猊、押鱼、獬豸、斗牛、行什。皇帝寝宫乾清宫有九个，较次一级，皇后寝宫坤宁宫有七个，东西六宫有五个。根据走兽的数量，我们就可以判断建筑的等级。

和等级密切相关的，还有建筑彩画，包括纹样、颜色、用金子的数量等。一般以和玺彩画最为尊贵，旋子彩画为其次，苏式彩画再次。慈禧太后居住使用的宫殿较多的使用苏式彩画。彩画类型和等级与建筑使用功能有关系，不能简单地说是慈禧太后喜欢苏式彩画的原因。

明清两代的皇宫旧称紫禁城早已为众所知，现在通常的解释是：我国古代认为三垣星座中的紫微垣是天帝所居，"王者立宫，象而为之"，紫微、紫垣、紫宫等便成了帝王宫殿的代称。出于维护皇帝权威和安全的考虑，富丽堂皇的皇宫同时也修筑得壁垒森严，使常人不能进入。皇宫既喻为紫宫，又是禁地，紫禁城因此得名。而这显然是望文生义的解读。"紫禁城"一词出现得很晚，万历《明会典》是目前所见明代唯一正式使用"紫禁城"这一名称的官修书，明末太监刘若愚所写的《酌中志》中也如此称呼，除此之外，整个明代没有几个人使用过。清室入主明故宫，从原来大明统治下偏于一隅的地方割据政权，一变而为全国的统治者，且自顺治时期开始，清廷所有文献都使用"紫禁城"来专指这座城池，其用意值得深究。

从皇室私有到对公众开放

从物质层面看，故宫只是一座古建筑群，但它不是一般的古建筑，而是皇宫。中国历来讲究器以载道，故宫及其皇家收藏凝聚了传统的，特别是辉煌时期的中国文化，是几千年来中国器用典章、国家制度、科学技术以及学术、艺术等积累而来的结晶，既是中国传统文化精神的物质载体，也成为中国传统文化最有代表性的象征物，就像金字塔之于古埃及、雅典卫城神庙之于古希腊一样。

如今，故宫不只是中国最大的文化艺术博物馆，而且是世界上极少数同时具备艺术博物馆、建筑博物馆、历史博物馆、宫廷博物馆等功用及特色，符合国际公认的"原址保护""原状陈列"基本原则的博物馆和文化遗产，是一座博大精深的中国历史文化宝库。

1 863 404件（套）可移动文物由故宫博物院珍藏着。其难得之处，不仅在于数量庞大，更在于品质之高，其中属于国家珍贵文物的数量超过82%，占全国珍贵文物总量的四成以上。这些文物藏品绝大部分是清宫遗存，它们历史序列整齐，特别是其中的许多艺术珍品，都是流传有序的传世文物，见证着中华文明的历史进程，蕴藏着中华民族历史文化与艺术生活的多种内涵及其丰富史料，可谓我国五千年文明的物质载体。不仅是历朝历代工匠精神的集中体现，也象征着各个时期工艺水准的最高规格。而清宫造办处汇聚海内外能工巧匠，以"内庭恭造"高标准、严要求，专门为皇家制造的御用品，是宫廷生活的直接见证，既有典章文物、宗教文物，更多的是生活文物。当时的匠役们有意识地发扬和提高传统美术工艺技术，并尽量吸收西方的科技工艺知识，从而将宫廷艺术品的办造推向历史巅峰，代表了当时工艺美术的最高水平，引领了时代的工艺风尚潮流，也成就了今天故宫博物院珍藏的主体。

今天海峡两岸故宫博物院收藏的艺术珍品的历史来源，以书画作品为例来说，它的底子主要是由乾隆年间的书画收藏打下的。这一时期的书画收藏主要有三个来源：一是前代宫廷旧藏的延续，二是清宫书画作品的新创，三是宫外书画藏品的流入。经过李自成率领的明末农民起义军的破坏，明代宫廷的书画收藏留到清代直接为皇室继承的，为数寥寥。乾隆皇帝继承的旧藏，主要是延续了他父祖辈的旧藏。清宫内部的创作，留下的数量相当多。宫廷里经常组织高水平的职业画家专门绘制作品，这些画画人主要集中在"如意馆"，这里甚至出现了"中西合璧"的绘画现象——郎世宁、王致诚、艾启蒙、贺清泰、安德义、潘廷章等很多有着西洋传教士身份的画家，将西方的绘画方法带到宫里。内廷的绘画往往会在落款时将"臣"字添写在自己的名字前面，作"臣某某恭画"的字样。不过在帝王后妃的肖像画上，画家不署自己的名款。至于来自宫廷之外的书画收藏，由官员们进贡的占了不小的比重，一种被称为"宫中进单"的档案对此有过记录，而我们现在看到的"宫中进单"，大约一半是乾隆年间的，而且抄没罪臣家产进宫书画的数量可能超过臣子的进贡。皇帝也会购买书画，比如《富春山居图》无用师卷就是乾隆帝买下的，虽然当时皇帝和他的词臣们认定它是赝品。可以说，正是通过各种手段并举，乾隆朝宫中书画收藏达到了清朝历史上的最高峰。

明清宫廷还纂修了内容宏富的书籍。例如乾隆帝纂修的《四库全书》，耗费十年的时间，成为规模空前、集中国古代典籍之大成的丛书。《四库全书》所依凭的底本，有很多是珍贵的善本书，尤其是宋、元时代的刻本和旧抄本，有的甚至是从古书内辑录而出，如从《永乐大典》中辑录出而收入《四库全书》的就有385种，很多已经失传的书籍因此得以保存下来。《四库全书》的编纂在整理古籍的方法上创新迭出，在辑佚、校勘、目录学等方面都泽被后来的学术界。其典籍的装帧，包括书夹、书匣等，构思精巧，工艺绝伦，也体现了清代在书籍装帧方面的出色技能。这部卷帙浩繁将近10亿字的巨型丛书，当时就抄写了7部，分藏在南北七阁。紫禁城里的文渊阁就是专为收藏这部巨著构筑的藏书楼。历史的原因，1933年文渊阁所藏的《四库全书》与其他文物一起南迁，后来又到了宝岛台湾，珍藏在台北"故宫博物院"。今天，当我们走进文渊阁瞻仰藏书古楼的风采时，便会情不自禁地产生《四库》回楼的企盼。

故宫还收藏着大量的档案文书。以刚刚搬离故宫西华门内办公楼的中国第一历史档案馆为例，其藏有1 000多万件清宫档案。这是20世纪初与殷墟甲骨、居延汉简、敦煌经卷一起，被誉为"中国近代文化史上的四大发现"。故宫博物院与其他单位还共同藏有"样式雷"建筑图档10 000余幅。其中包含有宫殿、皇城、行宫苑囿、陵寝、衙署、王府、庙宇、营房、桥梁、河道、内外檐装修以及在庆典中临时支搭的楼阁戏台等的工程项目图样，有展现为平面图的地盘样，有相当于立面、轴侧图或透视图的立样，有展示结构的大木立样等。按设计阶段可分为糙样、糙底样、底样、细底样、进呈图样等。这部分建筑图档，集中反映了清代国家建筑工程设计的标准程序及雷式画样的图学成就，真实记录了清代皇宫的建筑设计及其营建活动。故宫所藏升平署档案与剧本则是研究清宫演戏的宝库，此外还有演员的扮相脸谱、穿戴提纲，演剧的道具行头，戏台，晚清演剧名角的唱片等，这些都是清朝宫廷戏曲活动的实物证明。根据这些档案和实物，能够尽可能地复原当时是怎么演戏的。这对于恢复清宫演戏旧貌、发扬中国戏曲传统，有着极其重要的意义。

故宫博物院史的初步探索

　　辛亥革命导致清朝覆灭。1912年2月12日，清室颁布《清帝逊位诏书》。根据《清室优待条件》，逊帝溥仪暂居紫禁城的内廷，并允许其在居留地保留皇帝尊号，沿用宣统年号。溥仪小朝廷由此在紫禁城维持了13年。1924年冯玉祥发动"北京政变"，驱逐溥仪出宫。1925年10月10日，故宫博物院成立，对公众完全开放，使得汇中国古代建筑艺术精华于其中的明清宫殿建筑群、皇宫内廷禁地原状和珍藏在深宫各处的大量珍贵文物，一一展现在广大人民面前。故宫博物院在中国近现代的历史文化舞台上扮演着无可比拟的重要角色，在中国现代历史，特别是文化史上有着特殊而重要的地位，不仅构建了中国现代博物馆的雏形，也描绘了中国博物馆未来的发展图景，开辟了中国博物馆事业的新纪元。

故宫博物院是中国现代博物馆发展史上的一个里程碑。故宫博物院史作为一家机构的历史，是一个历史时期的产物，博物院的发展与此一时期的政治、经济、军事、文化和社会各方面的历史进程息息相关，密不可分。政治军事集团的兴亡，民族国家的危难，国民党对国家统治权的控制以及后来失去这一统治权，都影响，甚至决定着故宫博物院的走向，当时社会的政治态势、民族矛盾、西学中用、国际关系、派系斗争、公共意识，都在故宫博物院的身上得到直接的反映，封建与民主、帝制与共和、私有与公有、国家与团体、政争与文人种种历史的客观现象，给后人留下了无数有待分析、论定的课题。研究故宫博物院建立、发展的曲折历程，无疑是中国现代史、中华民国史研究的重要领域之一。但与此不太相称的是，故宫博物院史的研究长期处于一种进行迟缓的状态，成为史学研究中被忽略的领域，无论是中国现代史、中华民国史，还是中国文化史，民国时期的故宫博物院都没

故宫博物院石匾施工（1930年8月）

有能够占有一席之地，这是由于学界对博物馆文化事业关注不
够，人们对于故宫博物院的价值认识不到位。但故宫博物院已逐
渐引起学界的关注，著作也越来越多，从最早的《故宫博物院前
后五年经过记》开始，《中华文物播迁记》《故宫沧桑》《故宫博
物院历程》《故宫七十星霜》《紫禁城的黎明》《故宫跨世纪大事
录要》《故宫博物院八十年》《中国宫廷博物院之权舆——古物陈
列所》《故宫院史留真》《故宫博物院早期院史（1925—1949年）》
《故宫国宝南迁纪事》《故宫博物院九十年》《紫禁涅槃：从皇宫
到博物院》《文物光华：1935年—1936年伦敦中国艺术国际展览
会研究》《故宫文物南迁时代忆往：从〈华严洞图卷〉和〈庄严

日记〉谈起》《变局与新局：伦敦中国艺术国际展览会始末》，以及《故宫志》的院史部分等，特别是郑欣淼先生在院史方面多有挖掘，深入阐发，为我们树立了很好的标杆。屈指一数，成果越来越多，加上年轻的博硕士的加入，故宫博物院院史已越来越成为学界关注的内容。随着研究的推进、成果的增多，对故宫博物院内涵的深入挖掘，故宫博物院在中国文化中的地位将越来越深地为我们所认知。

如今，故宫博物院即将走过百年历程，历任掌门人的职务名称并不都是"院长"。1925年故宫博物院成立时虽然成立了临时董事会、临时理事会，但负责人的职务是清室善后委员会委员长；之后，故宫保管委员会、故宫博物院管理委员会时期都称委员长；北伐胜利后，南京国民政府接管故宫博物院后，通过《故宫博物院组织法》，故宫博物院的行政负责人才称院长。因而，李煜瀛、赵尔巽、王士珍、易培基、马衡五位，是民国时期故宫博物院的历任掌门人。而1926年"三一八"惨案后，李煜瀛遭通缉被迫离职，故宫博物院推举卢永祥、庄蕴宽为清室善后委员会正、副委员长，接替李煜瀛主持院务。1926年12月组织成立的故宫博物院维持会，集合群力，赓续负责典守。还有北平沦陷时期，1942年6月13日故宫博物院被日伪接收，日伪华北政务委员会任命祝书元为故宫博物院代理院长。庄蕴宽与江瀚，可视为故宫博物院的准掌门人。而国立北平故宫博物院八届理事会的理事长，也理应归为掌门人，只是本书只写了第一届理事会理事长，而且没有写他这一时期的作为与贡献，只能留待以后了。民国时期故宫博物院的这些掌门人，除了马衡经常被提起外，其他人已经慢慢地从我们的记忆中淡忘了。介绍这些掌门人的生平行事，既是对他们的一种纪念，也是对故宫博物院历史的一种尊重。由此，我们可以更深切地感受到保护这座承载中华文明的故宫的不易，对这些文明守护者生出由衷的敬意。

笔者1998年调入故宫博物院，就为故宫的博大精深所折服，马上进入了如饥似渴的学习状态。与故宫博物院史结缘，还是得益于编辑《故宫尘梦录》这部书稿。当时，有关故宫院史的书还很少，只有《故宫博物院历程》《故宫沧桑》《紫禁城的黎明》寥寥可数的几本。而《故宫尘梦录》是故宫前辈的回忆著作，是我自告奋勇接过的编辑活。在编书的过程中，我对院史有了更多的了解，也加深了对民国时期故宫博物院复杂性的认识。我对书稿的修改主要是删减人事的纠纷，遗憾的是当年的书稿档案出版社后来全部处理掉了，我自己没有留存，今天再也找不出来了。后来我到新成立的故宫学研究所工作，从一开始考虑研究所的科研方向和重点，我就把院史放在了很重要的位置。研究所开的第一个学术研讨会是"辛亥革命与故宫博物院建院学术研讨会"，以后又连续召开过多个以院史为主题的学术研讨会，民国时期故宫博物院史学术研讨会、故宫博物院学术史研讨会、文化名人与故宫博物院学术研讨会、古物陈列所百年纪念学术研讨会、故宫博物院90年暨万寿盛典学术研讨会、故宫博物院史学术研讨会等，这些会议的召开，促使我看了更多的书和档案资料，也让我对既有的院史叙述框架产生了质疑，并试图重新建构故宫博物院史的框架结构。我还得到了北京市社会科学基金的支持，立项《民国时期故宫博物院史》课题，因而得以搜集、在电脑中录入了数百万字的资料，先后发表了十多篇论文，本书就是该课题的研究成果之一。这些成果也成为我讲课、讲座的重要内容。《民国时期故宫博物院掌门人》大部分都曾先后在期刊上发表，《故宫人》报在2015、2016年也连载了一年半。这期间，我认识了不少故宫前辈的家人，也听到很多有关院史的口述故事，但我基本上还是以文献为依据，没有把口述内容写到书里来。

由于我太"好学"，故宫又是学术的富矿，时时处处激发我的学习兴趣，心老有旁骛，犯了治学的大忌，致使这本小书一直压在手头。感谢中华书局的认可，尤其是贾雪飞、吴艳红、周天三位女士，她们的执着、宽容和耐心，她们的认真、求实与奉献，作为出版界的同行，着实让我感佩。在浮躁的当下，编辑如此认真，作者何其有幸。我还要感谢为本书配图给以各种支持的朋友，河北大学杜浩教授和他的博士马野超专程到河北正定王士珍家乡代我搜集资料、拍摄照片，赵珩先生允我拍摄他刚复制的赵尔巽的照片以及赵尔巽当年的用印，马学良博士代我寻求江瀚后人提供照片……要感谢的人还有好多，就不一一具名，铭记在心。

本书与当下故宫博物院史的叙述有很多不同的地方，特别是附录《故宫博物院组织架构（1924—1949）》，这并不是我标新立异，而是秉持根据史料立论的立场，有一分材料说一分话，或许还不成熟，甚至存在错误，我愿意从善如流，继续努力，逐渐完善。期待读者批评指正。

图　说

◎

故宫掌门人1925—1949

李煜瀛像

监视神武门内军警检查的部分人员合影（1924年11月8日）

驻守在宫中的军警（1924年11月）

清室善后委员会第一次正式出组，点查人员在乾清宫前合影（1924年12月24日上午）

第一排右一陈去病，右二蒋梦麟；第二排右一徐森玉，右二胡鸣盛，右四董作宾，右六庄蕴宽，右八庄尚严；第三排右二李宗侗，右四黄文弼。

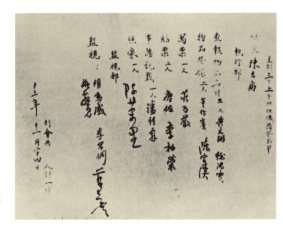

清室善后委员会第一次正式出组名单（1924年12月24日）

清室善後委員會議事錄

民國十四年九月二十九日開委員會委員到會者十二人

胡若愚　蔣夢麟代表蔡元培
易培基代表沈兆銓
李煜瀛　徐鴻寶代表徐謙
　　　　沈兼士
陳垣　黃郛
萬兆濤　于右任
鹿鍾麟　袁同禮代表張繼

委員長報告今日應行開會討論事項如左

一　故宮博物院事
二　文淵閣事
三　清室財產事

關於第一項
由委員長報告籌備經過情形並
應討論開院日期及本院各項事程草案

通過故宮博物院臨時組織大綱

通過故宮博物院臨時董事會章程
故宮博物院臨時理事會章程

通過臨時董事名單以筆畫多少為次序

于右任　王正廷　汪大燮　吳敬恆
李煜瀛　李仲三　李祖紳　范源濂
胡若愚　許世英　果士詒　莊蘊寬
鹿鍾麟　張璧　張志良　黃郛
蔡元培　熊希齡　盧永祥　薛篤弼
嚴修

通過臨時理事三人

李煜瀛　黃郛　鹿鍾麟
古物圖書兩館副館長為會員任事

關於第二項　由委員長報告政府欲將文淵閣
四庫全書移交京師圖書館并本會曾在
閣前建築界外牆情形

黃委員郛謂文淵閣四庫全書止此一部
決不能移出宮外至謂凡宮內物件一概不
能移出如書籍可移出將來古物等
項亦可移出萬一不可此事應由本會
將本反對情形佈諸各報

蔣委員夢麟贊同此議

李委員長提議請陳委員垣起草登報

衆贊成

關於第三項　李委員長報告調查清室財產
分為內外兩部份宮內各物業經審查為薄
儲私物件者經溥儀於出宮時先後取
出外其餘俱為公物應歸各物圖書兩館保
管至宮外各產散在各處敷為複雜現仍
繼續清理惟各銀行抵押物品清室方面
未與本會酌商辦法辦理暫為擱置至
清室一切不動產均應作為博物院基金
歸專門委員會中之基金委員會
管理此項辦法在本委員會組織之初及
提議圖書博物館之際已得攝政內閣

《清室善後委員會議事錄》（1925年9月29日）

故宫博物院建院北门情形（1925年10月10日）

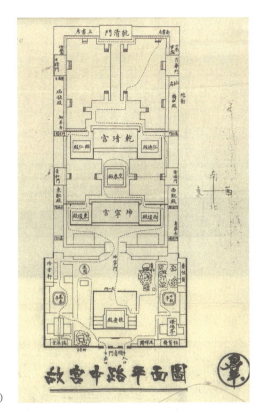

故宫中路平面图（1925年4月10日）

清室善后委员会在乾清宫前合影（1925年10月15日）

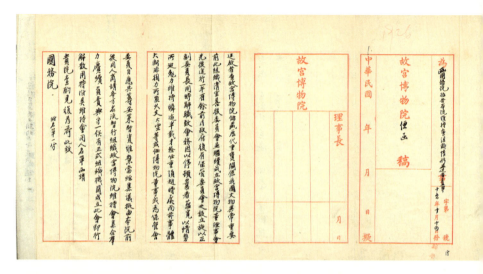

汪大燮、熊希龄等七人致国务院函（1926年10月14日）

故宫博物院管理委员会委员合影（1927年10月25日）

皇极门（1925—1927年）
门两侧各悬挂着"图书馆文献部"木牌。

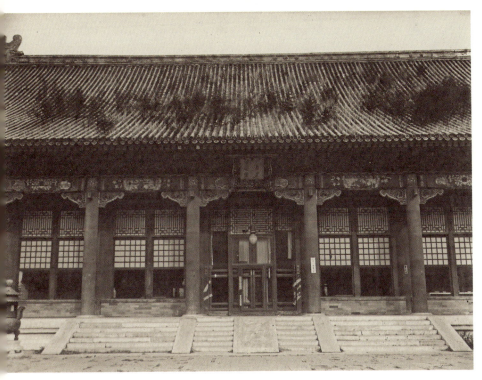

乐寿堂外景（1927年11月8日前为图书馆文献部第二展览室）

养心门外景（1927年11月前为图书馆文献部展览处）

养心殿东暖阁（1925年点查以后）

宁寿宫内部西面（约1928年）

室内悬挂名臣图象，图中可见有张良、韩信、周亚夫、班超、岑彭、祭遵、寇恂、诸葛亮等人画
轴，目前这些展品依然保存在故宫。

雨花阁上摄神武门景山全景（1928年前）

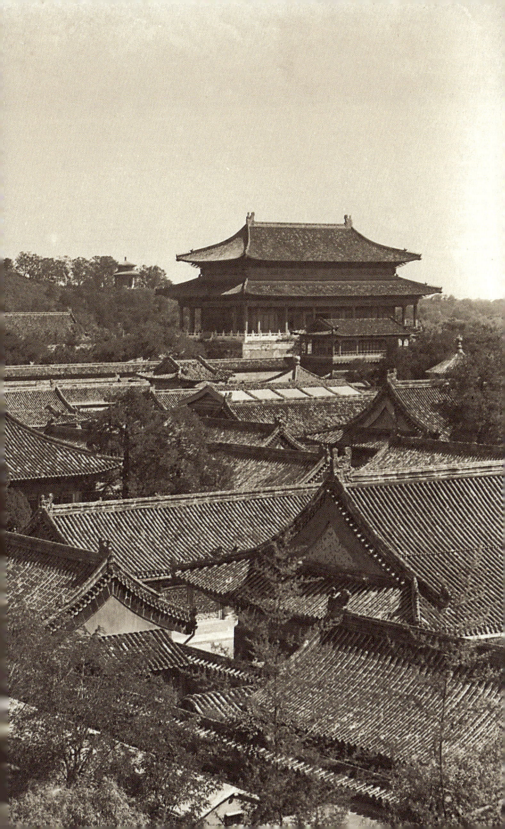

第一次理事會

十八年二月六日在故宮博物院駐京辦事處開第一次會

議到理事譚延闓蔡元培蔣夢麟易培基李煜瀛薛篤弼趙戴文馬福祥鹿鍾麟胡漢民　主席李煜瀛
議決各筆如下

一、通過故宮博物院組織法
二、通過故宮博物院理事會條例
三、報告十七年度預算書
四、李守煜瀛當選為理事長
五、通過新加理事蔣夢麟等十人

六、張繼當選為常任理事副院長其他理事得同意再推
七、通過處分無關歷史文化物品由院長辦理
八、易培基當選為院長呈　行政院轉　國府特任
九、通過聘用專門委員
十、大學院長為當然理事大學院既政教育部則教育部長應為當然理事

故宮博物院第一次理事会（1929年2月6日）

承乾宫瓷器陈列室（1929年）

李煜瀛理事长在御花园招待中外来宾（1929年10月24日）

故宫博物院游园会来宾进招待会（1930年10月21日）

承乾宫外部施工情况（1930年）

故宫全景（1930年8月30日以后）

故宫博物院分院——太庙（1931年）

易培基院长在御花园招待张学良副总司令（1931年4月29日）

整理内阁大库档案工作情形（1931年）

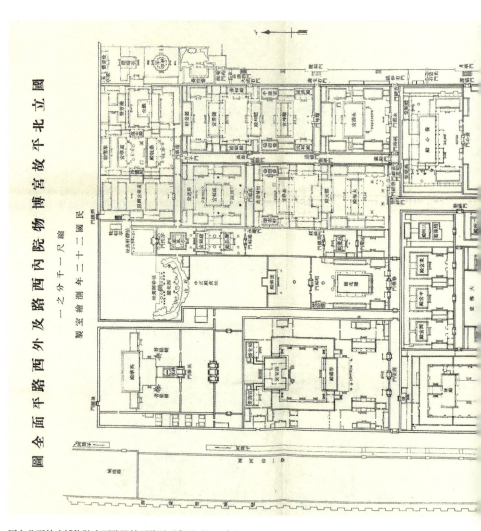

國立北平故宮博物院內西路及外西路平面全圖

縮尺一尺千分之一

民國二十二年測繪室製

国立北平故宫博物院内西路及外西路平面全图（1933年）

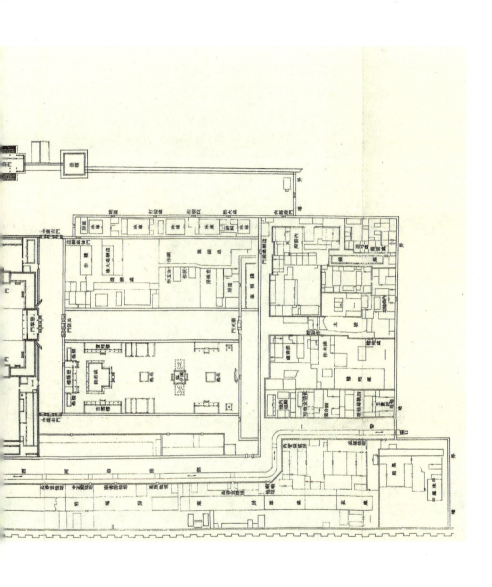

满载文物的卡车驶过四川广元城外川陕公路旁的千佛崖（1938 年）

木船载文物卡车过河（1938年）

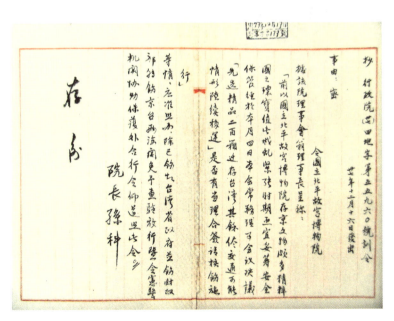

国民政府行政院批准文物运往台湾的训令（1948年12月16日）

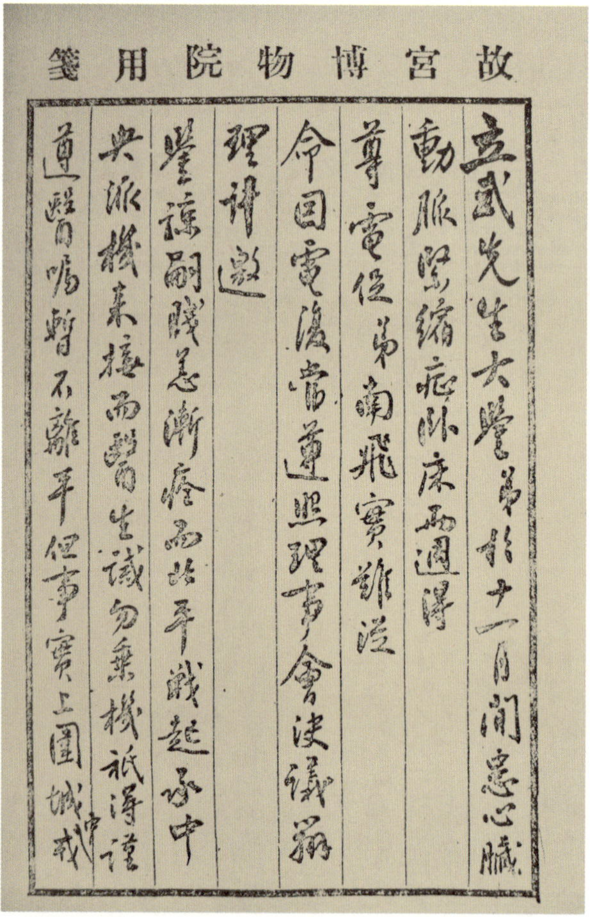

立武先生大鑒弟於十一月間患心臟

動脈硬化症卧床兩週得

尊電位弟南飛實難從

命回電複常運興理事會決議屬

理事會

豐諸同瘼漸瘥而始平戰起承中

央派機來接而弟已議勿乘機祗得謹

遵醫囑弟不難平但事實上圖城戒

马衡致杭立武函首页（1949年1月14日）